Bernhard Asmuth · Luise Berg-Ehlers

Stilistik

Grundstudium Literaturwissenschaft
Hochschuldidaktische Arbeitsmaterialien

Herausgegeben von

*Heinz Geiger, Albert Klein und Jochen Vogt unter Mitarbeit von
Bernhard Asmuth, Horst Belke, Luise Berg-Ehlers und Florian Vaßen*

Band 5

Westdeutscher Verlag

Bernhard Asmuth · Luise Berg-Ehlers

Stilistik

2., verbesserte Auflage

Westdeutscher Verlag

2., verbesserte Auflage, 1976

© 1976 Westdeutscher Verlag GmbH, Opladen
© 1974 Verlagsgruppe Bertelsmann GmbH / Bertelsmann Universitätsverlag,
   Düsseldorf
Druck und Buchbinderei: Lengericher Handelsdruckerei, Lengerich
Printed in Germany

ISBN 3-531-29275-7

Inhalt

Vorbemerkung

Die Reihe „Grundstudium Literaturwissenschaft" gibt dem Thema Stilistik eine besondere Ausrichtung. Erstens bietet dieser Band keine normative, auf die eigene Schreib- und Redepraxis abgestellte Stillehre. Im Vordergrund steht vielmehr Stil als Gegenstand der wissenschaftlichen Analyse. Zweitens fassen wir den Begriff „Stil" nicht nur im Sinn von Sprachstil, wie es in der Philologie sonst meist geschieht, sondern beziehen auch solche Stilelemente mit ein, die sich in Texten zwar notwendigerweise sprachlich äußern, grundsätzlich aber außersprachlicher Art sind (z. B. Bauformen).

Teil I setzt sich mit Aspekten des Sprachstils auseinander. In diesem Zusammenhang ist nicht an eine Katalogisierung einzelner sprachlicher Elemente gedacht, die bei stilistischen Verfahren ihre Bedeutung erweisen. Vielmehr sollen der Begriff des Stils selbst und die Möglichkeiten einer Stiluntersuchung problematisiert und zum Gegenstand dieser Darstellung gemacht werden. Darum wird im folgenden eine Übersicht gegeben über Entstehung und Ausformung einzelner Stildefinitionen; ferner werden die verschiedenen, z. T. kontroversen Methoden der Stilanalyse kritisch referiert und auf ihr jeweiliges Leistungsvermögen hin überprüft.

Um die interdisziplinäre Sonderstellung der Stilistik deutlich zu machen, war es darüber hinaus notwendig, Linguistik wie Literaturwissenschaft mit ihren kooperativen Bemühungen im Bereich „Stil" zu behandeln.

Teil II behandelt die außersprachliche bzw. sprachübergreifende Stilistik. Weil umfassende Entwürfe hierzu nicht vorliegen, erschien es angebracht, einen eigenen Ansatz zu entwickeln.

In Teil II a wird versucht, aus der Art der Sache, genauer gesagt, aus dem jeweiligen Verhältnis von Gegenstand und Kommunikationssituation, verschiedene Textarten und Darstellungsprinzipien abzuleiten. Auch die den Textarten entsprechenden formalen Elemente sind sachbedingt, also nicht oder jedenfalls nicht ohne weiteres abwählbar und damit von allenfalls begrenztem Ausdruckswert. Als Motto für den gewählten Ansatz dient der Spruch: „Achte auf die Sache, die Worte ergeben sich dann." (Cato der Ältere: „Rem tene, verba sequentur.")

In II b werden dann die von vornherein stilistisch wirksamen, sachunabhängigen Formen besprochen. Sie werden z. T. neu gruppiert (Wahrheits-, Kontrastfiguren) oder schärfer als üblich voneinander abgegrenzt (Tropen/Sinnbilder). Nicht berücksichtigt sind die metrischen und gattungsspezifischen Formen, die zwar ebenfalls stilistisch bedeutsam erscheinen, jedoch in den Bänden 6 bis 9 der Reihe „Grundstudium Literaturwissenschaft" gesondert behandelt werden. Der abschließende Teil III enthält allgemeine Überlegungen zur Praxis der Stilanalyse und Stildidaktik.

Die drei Teile sind voneinander unabhängig und also auch in anderer als der gewählten Reihenfolge lesbar. Engzeilige Passagen können, soweit es sich nicht um Textzitate handelt, bei erster Lektüre übergangen werden. Titel von Veröffentlichungen, die in den Anmerkungen verkürzt erscheinen, sind im Literaturverzeichnis am Ende vollständig aufgeführt. In Fremdwörtern ist die zu betonende Silbe gelegentlich durch einen Akzent gekennzeichnet.

Die Teile I und III b wurden von Luise Berg-Ehlers, die Teile II und III a von Bernhard Asmuth verfaßt.

Zur 2. Auflage

Wir haben den Text geringfügig überarbeitet, sachliche und Druckfehler beseitigt und im Literaturverzeichnis sowie gelegentlich in den Anmerkungen Ergänzungen vorgenommen.

I. Sprachstilistik

a) Sprache und Stil

Vorbemerkung

Ein wenig unsicher beansprucht die Stilistik ihren Platz innerhalb des Gefüges philologischer oder, besser gesagt, textorientierter Wissenschaften: Linguistik wie Literaturwissenschaft suchen gleichermaßen ihre Rechte geltend zu machen. In dem Maße aber, wie beide Disziplinen sich nicht mehr als Kontrahenten oder als Zulieferer betrachten, sondern die Kooperation anstreben, erhält die Stilistik einen konkreten Stellenwert bei der Analyse literarischer oder — allgemein — schriftlich gefaßter Kommunikation.

Stilistik oder die Wissenschaft vom Stil: sie kann zweierlei als Aufgabe haben — einmal einen Text auf sprachliche Merkmale hin zu untersuchen, zum anderen einen Schreiber erst in den Stand zu setzen, einen Text zu verfertigen.

Wenn es in einem Urteilsspruch hieße:
Der Angeklagte wird zu drei Jahren verknackt;

wenn in der Gebrauchsanleitung für eine Waschmaschine stünde:
Mit behutsamer und liebevoller Zuwendung nehme man sich dieses wunderschönen Gegenstandes an;

wenn ein Jubilar mit den Worten geehrt würde:
Na Junge, 50 Jahre sind doch eine verdammt lange Zeit,

dann kämen den Adressaten dieser Sätze gewiß Bedenken, ob hier die Sprache in der richtigen Weise gehandhabt worden wäre — ihr Stilempfinden regte sich. Stil wäre hier das Bewußtsein von bestimmten sprachlichen Normen, wie sie eben seit alters her von der didaktischen Stilistik in Sprachbücher oder ‚Briefsteller' (Anleitungen zum

Briefeschreiben) eingebracht wurden. Stilanalysen werden jedoch nicht nur vom Rotstift schwingenden Lehrer unternommen, der nach sprachlichen Ungeschicklichkeiten späht, sondern auch vom Wissenschaftler, dessen Aufmerksamkeit jenen Spracheigentümlichkeiten gilt, mit denen ein Autor einen Text ausgestattet hat. Auf der einen Seite Stil als didaktische Normierung, auf der anderen Stil als freie Entfaltung des sprachnutzenden Individuums. Diese Kontrastierung ist jedoch zu pauschal, und sie negiert alle inzwischen unternommenen Bemühungen, die Stilistik in den Rahmen der modernen Literaturwissenschaft und ihrer Didaktik einzupassen.

Die Stilistik beschäftigt sich damit, wie, aus welchem Anlaß und zu welchem Zwecke Sprache gebraucht wird oder gebraucht werden kann — unabhängig davon, ob das sprachlich Konstituierte in schriftlicher oder mündlicher Form zu begutachten ist. Stil, so ließe sich vorab simplifizierend sagen, ist die Art und Weise, wie jemand schreibt[1], oder, weiter gefaßt, wie jemand spricht. (Der Einfachheit halber soll aber im folgenden nur auf schriftliche Sprachäußerungen Bezug genommen werden.) Die einfache Stildefinition macht eines vor allem deutlich: Stil ist ein Phänomen, das für jede Art sprachlicher Manifestation gilt, sei sie fiktionaler oder expositorischer Natur (expositorisch = einen vom Text unabhängigen Gegenstand herausstellend). Deshalb ist jeglicher Text für eine Stilanalyse tauglich, da jeder Text ‚Stil' hat.

Die Einfachheit der genannten Stildefinition läßt die Fragen anschließen nach der Bedeutung von Stilanalyse und Stildidaktik. Da aber Stil seinem Wesen und seinem Mittel nach nicht von der Sprache zu trennen ist, durch die er erst gewissermaßen ins Sein gelangt, muß vorab einiges zur Sprache und ihrer Didaktik gesagt werden.

Nun ist hier nicht der Ort, um ausführlich die unterschiedlichen Sprachtheorien zu entwickeln; es sollen nur einige Grundtatbestände genannt werden, auf deren Hintergrund dann die Problematik des Stils dargestellt werden kann.

---

1 Vgl. Richard Ohmann: Generative Grammatiken und der Begriff Literarischer Stil. In: Ihwe (Hrsg.): Literaturwissenschaft und Linguistik: Ergebnisse und Perspektiven. Bd. 1. Frankfurt/M. 1971. S. 213–233.

1. Sprache im sozialen Kontext

Zusammenfassend gesehen wird Sprache (spätestens seit de Saussure[2])
als ein Zeichen- und Regelsystem verstanden, das die Kommunikation
unter den Menschen herstellt und aufrechterhält. Auch andere Möglichkeiten des Zusammenhangs von Zeichen und Kommunikation
(z. B. Verkehrszeichen, Signale, aber auch Kunstwerke) können
‚Sprache' konstituieren — sie teilen etwas mit, geben eine Nachricht.
Zu einer gesprochenen Sprache gehört aber entscheidend hinzu, daß
sie sich in Einheiten gliedert, „die mit einem semantischen Gehalt
und einem lautlichen Ausdruck, den Monemen, ausgestattet sind".[3]
Diese Kombination zweier Eigenschaften als Charakteristikum der
kleinsten, bedeutungtragenden Einheit der Sprache geht auf den
Saussureschen Entwurf vom ‚Zeichen' als Zusammenstellung eines
Begriffs oder Inhalts (Signifikat, „Bezeichnetes") und eines akustischen Ausdrucks oder Schriftbildes (Signifikant) zurück. Die Verbindung beider Seiten ist beliebig (arbiträr) und wird in jeder Sprache
durch Konvention und Tradition festgelegt. Alle diese Zeichen sind
Bestandteile eines Sprachsystems, von Saussure „langue" genannt.
Ein solches sprachliches Zeichensystem steht gewissermaßen allen
Sprechern als eine Art verbales Reservoir zur Verfügung. Ob es jedoch von allen gleich genutzt wird, ist abhängig von vielen Faktoren,
z. B. von altersbedingten Fähigkeiten (Kleinkind), sozialem Vermö-
gen (Sprachbarrieren). Eine solche ‚Nutzung' ist der konkret aktuali-
sierte Sprachgebrauch (nach Saussure „parole"), wie er sich in Rede,
Gespräch, Zeitungsartikel usw. zeigt. In der generativen Transformationsgrammatik (sie beschreibt den Erzeugungsprozeß sprachlicher
Äußerungen) werden die beiden Begriffe „langue" und „parole" erweitert. Nach Chomsky[4] ist weniger das allgemeine Zeichensystem
als solches wichtig, sondern die Fähigkeit der Menschen, aus einer li-
mitierten (begrenzten) Menge von Wörtern und grammatischen Re-

---

2 Ferdinand de Saussure: Grundfragen der allgemeinen Sprachwissenschaft.
  2. Auflage. Berlin 1967.
3 Andre Martinet (Hrsg.): Linguistik. Ein Handbuch. Stuttgart 1970. S. 25.
  Monem ist nach Martinet die kleinste Bedeutungseinheit. Zu einzelnen linguistischen Begriffen vgl. Carl Heupel: Taschenwörterbuch der Linguistik.
  München 1973.
4 Noam Chomsky: Aspekte der Syntax-Theorie. 2. Auflage. Frankfurt/M.
  1970.

geln eine unlimitierte Menge sprachlicher Äußerungen zu schaffen. Chomsky nennt diese Fähigkeit „Kompetenz". Das Realisieren solcher (idealen) Fähigkeiten im alltäglichen Kommunikationsvorgang ist die „Performanz" (= tatsächlicher Sprachgebrauch). Da alle *konkreten* sprachlichen Äußerungen des Menschen, sei es politische Rede, Drama oder Essay, dem Bereich der Performanz zugehören, ist auch der Stil, das „Beschaffenheitsmerkmal" dieser Sprachakte, hierhin zu rechnen.[5]

Eine soziale Relevanz erhält die Sprache durch ihre kommunikative Funktion. Die Sprachzeichen ergeben in je unterschiedlicher Kombination sprachliche Einheiten je unterschiedlicher Größe, in denen Information, Mitteilungen, ‚Nachrichten' übermittelt werden. ‚Nachrichten' gelangen vom Sender (Sprecher, Autor) zum Empfänger (Hörer, Leser). Diese Vorstellungskategorien, bildhaft der Funktechnik entlehnt, erklären bestimmte Formen sozialen Handelns, genauer: Sprachhandelns. Im Kommunikationsmodell (von Karl Bühler[6] entwickelt, inzwischen mehrfach modifiziert) sind folgende Positionen zu besetzen: ein Sprecher, der eine Nachricht (Text) übermitteln will; ein Hörer, der als Adressat fungiert; mögliche Inhalte der beabsichtig-

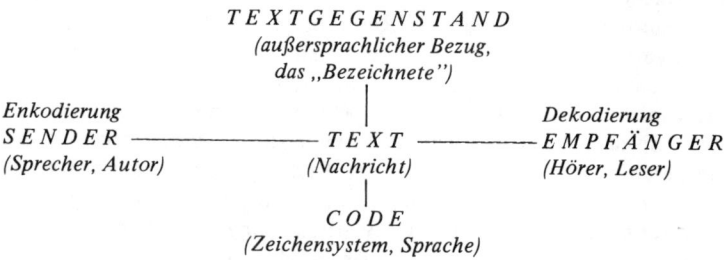

TEXTGEGENSTAND
(außersprachlicher Bezug,
das „Bezeichnete")

Enkodierung   *Dekodierung*
SENDER ——————— *TEXT* ———*EMPFÄNGER*
(Sprecher, Autor)   *(Nachricht)*   *(Hörer, Leser)*

CODE
(Zeichensystem, Sprache)

---

5 Vgl. dazu Lubomír Doležel: Ein Begriffsrahmen für die statistische Stilanalyse. In: J. Ihwe (Hrsg.): Literaturwissenschaft. Bd. 1. S. 256.
„Die stil-formenden Prozesse sind als eine wichtige Komponente der sprachlichen Performanz anzusehen: der Stil hat seinen Ursprung in dem Produktionsprozeß (= Enkodierungsprozeß) eines Textes oder Diskurses durch einen bestimmten Sprecher. Deshalb ist die stilistische Theorie ein substantieller Teil der Theorie der sprachlichen Performanz."
6 Karl Bühler: Sprachtheorie. 2. Aufl. Stuttgart 1965. Vgl. zu diesem Komplex auch Horst Belke: Literarische Gebrauchsformen. *(= Grundstudium Literaturwissenschaft 9)*. Düsseldorf 1973. S. 37–57.

ten Äußerung; die Sprache — der Code — als Zeichen- und Regelsystem, über das Sprecher und Adressat verfügen, nicht immer allerdings in gleicher Weise. Wenn ein Sprecher eine Nachricht codiert, ein Hörer sie decodiert (‚entschlüsselt'), so entspricht dies den Vorgängen „von Produktion und Interpretation der Aussagen".[7]

Nicht in diesem Schema verzeichnet sind die unterschiedlichen Sprachfunktionen, die einen Text, je nach Absicht des Autors, determinieren. Bühler nennt drei derartige Funktionen: Darstellung (sach-, gegenstandsbezogen), Ausdruck (sprecherbezogen), Appell (hörerbezogen). Der jeweiligen Intention entsprechend wird das sprachliche Material aufbereitet, wird die Wahl aus den sprachlichen und formalen Möglichkeiten getroffen — stilistisch verschiedene Texttypen sind das Ergebnis.[7a]

Die Schwierigkeit des Kommunikationsvorgangs besteht nun darin, daß jeder Mensch über einen individuellen Code verfügt. Insgesamt mögen die Differenzen nur minimal sein, sie sind aber vorhanden. Ursachen für einen unterschiedlichen Sprachbestand können sein: Dialekteigenheiten, Gewohnheiten eines innerfamiliären Sprachgebrauchs, Kenntnis einer Berufs- oder Fachsprache (z. B. Bergbau, Medizin)[8]. Die größten Probleme für ein kommunikatives Miteinander ergeben sich aber aus dem schichtenspezifischen Sprachverhalten.

Diese Problematik — Gegenstand der Soziolinguistik — ist andernorts bereits ausführlich untersucht worden[9], (wobei gerade auf diesem Gebiet die Forschungen noch lange nicht abgeschlossen sind). Hier soll nur ein kurzer Aufriß gegeben werden, der keinerlei Anspruch auf erschöpfende Behandlung des komplexen Gegenstandes erhebt. Nur soweit soll der Rahmen aufgezeigt werden, wie er beispielsweise bei der Einordnung bestimmter stilistischer Verfahren, aber auch für die Stildidaktik bedeutsam sein könnte.

Basil Bernstein[10] war einer der ersten, die den Zusammenhang

7 Martinet: Linguistik. S. 128.
7 a) Vgl. dazu Belke: Gebrauchsformen. S. 38 ff.
8 Vgl. dazu Hermann Bausinger: Deutsch für Deutsche. Dialekte Sprachbarrieren, Sondersprachen. Fischer Taschenbuch 6145. Frankfurt/M. 1972. S. 118—131.
9 Einen Überblick über die Forschung gibt Wulf Niepold: Sprache und soziale Schicht. Darstellung und Kritik der Forschungsliteratur seit Bernstein. 3. Aufl. Berlin 1971.
10 Basil Bernstein: Soziale Struktur, Sozialisation und Sprachverhalten. Aufsätze 1958—1970. Schwarze Reihe 8. Amsterdam 1970.

zwischen sozialer Herkunft und sprachlicher Ausdrucksfähigkeit erkannt und beschrieben haben. In den sozial deprivierten (benachteiligten) Schichten besteht keine Möglichkeit eines umfassenden, differenzierten Spracherwerbs; der ‚Code' des Unterschichtensprechers ist restringiert (= eingeschränkt), weist einfache Strukturen in Lexik und Syntax auf, woraus wiederum eine verminderte Fähigkeit für komplizierte Denkverfahren resultiert. Ursache dafür sind u. a. bestimmte Unterdrückungsmechanismen am Arbeitsplatz, die in den häuslichen Bereich hinein verlängert werden. Im Gegensatz dazu vermag sich der ‚Mittelschichtsprecher' (diese Definitionen sind soziologisch nicht exakt) eines elaborierten (= erweitert, differenziert) Codes zu bedienen, der ihn auch diffizilere Sachverhalte sprachlich und gedanklich verarbeiten läßt. Er bewältigt die Umwelt eher im sprachlichen Zugriff, kann abstrahieren und sieht sich nicht ständig von ihr bedrängt, wenn nicht gar überwältigt.

Diese unterschiedlichen Sprachrollen komplizieren die scheinbar so einfache sprachliche Interaktion: Sprechabsicht und Sprechwirkung können völlig differieren, sprachliche Strategien werden der Absicht nicht gerecht. Mißverständnis, Unverständnis, Unterdrückung, Gegnerschaft können die Folge sein.

Im Alltagsleben weniger gravierend sind die Schwierigkeiten, die sich in der literarischen Kommunikation ergeben können. Für diese gilt modifiziert das oben beschriebene Modell. In beiden Bereichen können stilistische Verfahrensweisen ‚frag'-würdig und sozial relevant werden. Ein großer Teil der gesellschaftlich sanktionierten Literatur erreicht nur einen relativ kleinen Leserkreis, da ihr sprachlicher Anspruch nur vom elaborierten Sprecher erfüllt wird, ihre stilistischen Verfahrensweisen nur ihm verständlich sind. Ebenso erklärt u. a. die bewußt einfach gehaltene Sprachform trivialer Literatur deren massenhafte Verbreitung. Ein Versuch, derartige sprachliche Schwierigkeiten im literarischen Bereich auszuschalten, ist in den Veröffentlichungen von Arbeiterliteratur zu erkennen. „Literatur der Arbeitswelt" nivelliert die Schranken zwischen Autor und Leser: die Themen sind den Kommunikationspartnern gleichermaßen vertraut, der Code ist beiden verständlich. Der gesellschaftliche Bezug oben gezeigter „Stilbarrieren" und deren Aufhebung kann einer „Soziostilistik" zu ihrer Aufgabe verhelfen.

Man begnügt sich jedoch nicht damit, das Vorhandensein solcher Sprachbarrieren einfach zu konstatieren, sondern versucht, sie mit

---

× aufzeigbar an Teeghneier! (DV!)

pädagogischen Mitteln aus dem Weg zu räumen. Die kompensatorische oder – besser – emanzipatorische, weil aus sozialen Zwängen befreiende Spracherziehung will das sprachliche Defizit des Unterschichtenkindes ausgleichen. Ausgehend von der Annahme, der elaborierte Code sei das Maß aller sprachlichen Dinge (und damit im Hintergrund die Mittelschicht als soziales Nonplusultra), soll das verbale Niveau des Unterschichtensprechers emporgehievt werden auf die höhere Ebene. So sehr diese Absicht zunächst auch begrüßt wurde, eine allerseits befriedigende Lösung des Problems bringt sie nicht. Zusammengefaßt lassen sich drei Haupteinwände erkennen[11]: Erstens wird kritisiert, daß die kompensatorische Erziehung die sozialen Unterschiede nur zu verwischen versucht, um damit von einer wirklichen Änderung der sozio-ökonomischen Verhältnisse abzulenken; eine solche Änderung wäre aber das Notwendige. Ferner wird bemängelt, daß die Sprach- und Erlebniswelt des Unterschichtenkindes per se als unterentwickelt angesehen und entsprechend abgewertet wird. Dadurch drängt man das Kind von vornherein in eine Außenseiterstellung. Und drittens entfremdet ein bloßer Sprachausgleich das Kind auch seiner bisherigen Umwelt, so daß es sich keinem Bereich richtig zugehörig fühlt.[12] Die Diskussion dieser Probleme jedoch ist noch keinesfalls abgeschlossen, sondern kann zu neuen Ergebnissen führen, wie z. B. die Auseinandersetzungen um die Hessischen Rahmenrichtlinien zeigen.

2. Bedeutung der Sprache für die Literatur

Bisher wurde nur die ‚normale' Sprache, die Sprache des täglichen Lebens behandelt, jene Sprache, die formuliert wird in Zeitungsartikeln, Gesprächen am Arbeitsplatz, Schulaufsätzen, Unterhaltungen in der Straßenbahn. Hier wird die Fähigkeit des Menschen deutlich,

---

11 Konrad Ehlich u. a.: Spätkapitalismus – Soziolinguistik – Kompensatorische Spracherziehung. In: Kursbuch 24. 1971. S. 52 ff. Siehe auch Basil Bernstein: Der Unfug mit der ‚kompensatorischen' Erziehung. In: Lernen und soziale Struktur. Schwarze Reihe 9. Amsterdam 1970. S. 34–47.
12 Hessische Rahmenrichtlinien für das Fach Deutsch. Teilweise abgedruckt in: Gerd Köhler/Ernst Reuter: Was sollen die Schüler lernen? Die Kontroverse um die Hessischen Rahmenrichtlinien für die Unterrichtsfächer Deutsch und Gesellschaftslehre. Fischer Taschenbuch 1460 Frankfurt/M. 1973. S. 173 f.

auf Grund seiner sprachlichen Kompetenz sozial zu agieren oder zu reagieren. Diese Alltagssprache dient, „ohne irgendwelche Beschränkungen oder Festlegungen — also ohne zusätzliche Intentionen gehandhabt — dem ‚banalen' Zweck des zwischenmenschlichen Kontakts".[13] Damit ist nicht speziell die Umgangssprache gemeint als Mittler von erwarteten Äußerungen in gewohnten Situationen (Einkauf, Stammtischgespräch etc.), sondern generell die gebräuchliche, nahezu standardisierte Form der üblichen Sprachverwendung. S. J. Schmidt[14] postuliert für das Modell einer Alltagssprache folgende (hypothetische) Axiome: Dominanz von Informativität, Intersubjektivität, Pragmatizität (der Sprechsituation gerecht werdend), hohe Redundanz (‚Überflüssigkeit') im semantischen Bereich. Es ließen sich vielleicht noch weitere Kriterien anführen, wie überschaubare Lexik (im weitesten Sinn ‚Wortschatz'; Fundus sprachlicher Zeichen), ökonomisch orientierte Syntax (Beziehung sprachlicher Zeichen untereinander) u. ä., aber auch so ist zu erkennen, daß die ‚Alltagssprache' im wesentlichen auf Praktikabilität, engen Realitätsbezug und eine Art soziale Orientierungshilfe abzielt.

Bei den russischen Formalisten findet sich denn auch der Terminus ‚praktische Sprache'[15] oder ‚informierende Sprache'[16], der tschechische Strukturalist Mukařovský erkennt generell der Sprache eine praktische Funktion zu, die er gewissermaßen als summierenden Oberbegriff der Bühlerschen Sprachfunktionen verstanden wissen will. Von diesem sprachlichen Standard nun hebt sich die literarische Sprache als ‚poetisch', als ästhetisch relevant ab. Während die Standardsprache ästhetisch neutral, amorph ist, findet sich in der Dichtung eine Sprechweise, „die um einer ästhetischen Wirkung willen durch und durch organisiert ist".[17] Mukařovský stellt die ästhetische Funktion der Sprache

13 Peter Hartmann: Syntax und Bedeutung. Assen 1964. S. 128 Anm. 134. Allerdings ist es problematisch, der Alltagssprache Absichtslosigkeit zu unterstellen, da sie zumeist in konkreten Situationen verwandt wird und entsprechend einer solchen Situation zielgerichtet ist. Selbst scheinbar zielloses ‚Party-Geschwätz' verfolgt den Zweck, gesellschaftlichen Konventionen zu genügen.
14 Siegfried J. Schmidt: Alltagssprache und Gedichtsprache. In: Poetica 2. 1968. S. 288.
15 Vgl. Jurij Striedter: Zur formalistischen Theorie der Prosa und der literarischen Evolution. In: J. Striedter (Hrsg.): Texte der russischen Formalisten. Bd. 1. München 1969. S. XXI. In diesem Zusammenhang spielt aber auch die Antithetik Poesie — Prosa eine Rolle.
16 Vgl. Victor Erlich: Russischer Formalismus. München 1964. S. 200.
17 Erlich. S. 200.

gleichberechtigt neben die drei „praktischen" Funktionen, da sie das sprachliche Zeichen selbst zum Mittelpunkt des Interesses macht[18] Auch Mukařovský weist, wie schon Bühler, darauf hin, daß nicht eine der Funktionen isoliert erscheint und die anderen ausklammert. Vielmehr lassen sich in den meisten sprachlichen Äußerungen andere Funktionen zugleich feststellen, wobei jedoch eine dominieren kann. Das Überwiegen der ästhetischen Funktion ist jedoch nicht quantitativ klassifizierbar, sondern sie ist nur als organisches Moment in der Gesamtstruktur zu begreifen[19]

Zu fragen wäre nun, wie ein ‚ästhetischer Wert' der Sprache zu erkennen und, weitergehend, sogar zu erforschen ist. In demselben Maße, wie die Sprache historischen und sozialen Prozessen unterliegt, ist auch der ästhetische Wert von seiner Geschichtlichkeit bestimmt[20] Ästhetische Wahrnehmung als ein Bewußtseinsakt des Menschen impliziert zugleich ein Werturteil über das, was als ästhetisch erkannt oder was abgelehnt wird, was als ‚schön' oder ‚weniger schön' angesehen wird, wobei die zur Wertung dienenden Kategorien teilweise aus der Intention des Rezipienten vorgegeben sein können. Die ästhetische Einstellung des Menschen nimmt sich der Dinge (z. B. konkret: einzelner Artefakte) um ihrer selbst willen an, also auch der Sprache und der von dieser produzierten Zusammenhänge. Somit wäre die ästhetische (oder eingeschränkt poetische) Funktion von zwei Seiten her zu erfassen: einmal aus der, wie auch immer, geformten Sprache an sich, zum anderen aus der Reaktion des ästhetisch Angesprochenen. An diesem Punkt muß jedoch nochmals auf die historischen Implikationen hingewiesen werden, die ein jeweiliges ästhetisches Urteil beeinflussen, sei es durch vorgegebene, aktuelle Geschmacksurteile, sei es durch tradierte Überzeugungen. Der Bezug auf die Historie ist notwendig, sofern man nicht einer Theorie des ‚An-Sich-Schönen' klassischer Prägung das Wort reden will. Hier erscheint bereits der synchrone bzw. diachrone Aspekt sprachlichen Produzierens und

18 Jan Mukařovský: Der Strukturalismus in der Ästhetik und in der Literaturwissenschaft. In: J. M.: Kapitel aus der Poetik. edition suhrkamp 230. Frankfurt/M. 1967. S. 48.
19 Vgl. hierzu Kvetoslav Chvatik, der Mukařovskýs Auffassung unterstützt. (K. Ch.: Strukturalismus und Avantgarde. Reihe Hanser 48. München 1970. S. 100.)
20 Vgl. dazu auch Theodor W. Adorno: Ästhetische Theorie. suhrkamp taschenbuch wissenschaft 2. Frankfurt/M. 1973. S. 15 ff.

Aufnehmens. Die literarische Kommunikation[21] ist in der Durchführung nicht eng an Ort und Zeit gebunden — Werke, die zweihundert Jahre alt sind, werden noch heute gelesen — ihre Wirksamkeit jedoch kann durchaus z. B. vom Zeitfaktor bestimmt sein. ,Verzögerung' der Rezeption, also zeitliche Distanz und räumliche Entfernung modifizieren den literarischen Kommunikationsprozeß. Diese Faktoren sind es auch, die — wie weiter unten zu zeigen sein wird — bei einer historisch orientierten Stilanalyse eine Rolle spielen werden.

Die Fähigkeit des Menschen, einen ästhetischen Sachverhalt zu erzeugen oder zu erkennen, stellt gewissermaßen eine ästhetische Kompetenz dar. Im Bereich der Literatur bedeutet das konkret, poetische Texte als solche wahrzunehmen, deren Regularitäten und die aus ihnen resultierende Wirkung zu verstehen und eventuell zu würdigen. M. Bierwisch setzt dafür den Terminus ,,poetische Kompetenz''.[22] Allerdings ist die poetische Kompetenz nicht auf eine begrenzte Menge poetisch generativer Regeln zu beschränken: anders als im Sprachsystem, wo dem Sprecher ein tradiertes und konventionelles Angebot von Syntax und Lexik zur Verfügung steht, werden im ,,poetischen System''[23] Abweichungen entwickelt, die der ,,Sprache auf allen Ebenen ihrer Struktur Beziehungen und Konstellationen'' aufprägen, ,,die die reguläre Grammatik nicht ermöglicht''.[24] Nun ist poetisch wirksame Abweichung nicht im Sinne von Ungrammatikalität zu verstehen; ein grammatisch falscher Satz produziert keinen ästhetischen Effekt, höchstens Unbehagen. Überhaupt heißt poetisches Verfahren nicht Abkehr vom linguistischen Regelsystem, sondern Unterwerfung der Sprache unter eigene, poetische ,,Abweichungsregeln''.[25] Die Regeln können durchaus außerlinguistisch sein,

21 Vgl. zur Frage der literarischen Kommunikation Kazimierz Bartoszynski: Das Problem der literarischen Kommunikation in narrativen Werken. In: Sprache im technischen Zeitalter. H. 47. 1973. S. 202—223 sowie Jürgen Landwehr/Wolfgang Settekorn: Lesen als Sprechakt? In: Zeitschrift für Literaturwissenschaft und Linguistik. 3. Jg. H. 9/10. 1973. S. 33—51.
22 Manfred Bierwisch: Poetik und Linguistik. In: Kreuzer/Gunzenhäuser (Hrsg.) Mathematik und Dichtung. sammlung dialog 3. 4. Aufl. 1971. S. 51.
23 Bierwisch. S. 56.
24 Manfred Bierwisch: Strukturalismus. Geschichte, Probleme und Methoden. In: Kursbuch 5. 1966. S. 143.
25 Bierwisch: Poetik und Lingustik. S. 61.

wie Parallelismus, Ähnlichkeit, Gegensatz usw.[26], für die keine grammatikalische Notwendigkeit besteht. Auch solche „Strukturen wie Vers, Reim, Alliteration sind [...] parasitäre Strukturen, die nur auf der Grundlage linguistischer Primärstrukturen möglich sind".[27] Diese Prinzipien sind es, die poetische Sprache „dichter", bemerkenswert und besonders erscheinen lassen. Der poetisch Kompetente erzeugt allerdings nicht, linguistisch unreflektiert wie der „normale" Sprecher, seine Texte, sondern er entscheidet gegenüber seinen sprachlichen Produkten je aufs Neue, ob sie poetisch sind oder nicht.[28]

Eine Schwierigkeit in der literarischen Kommunikation kann sich daraus ergeben, daß der literarische Produzent einen ästhetischen Kode entwickelt hat, den der Rezipient nicht oder nur unter großen Mühen „dekodieren" kann.[29] Die exzessiven Buchstabenhäufungen des Dadaismus[30], seine bewußt sinnentleerten und doch Sinn schaffenden Wortkombinationen sind dafür ebenso ein Beispiel wie die Texte der ‚Konkreten Poesie'.[31] In ihnen wird u. a. versucht, Sprache auf ihre graphische Seite zu reduzieren („visuelle Poesie"), um damit die Kommunikation in den optischen Bereich zu verlagern.

Ein interessanter Sonderfall sind psychopathologische Texte.[32] Ihre Verfasser scheinen sich des konventionellen Sprachangebots zu bedienen, doch nehmen sie die Auswahl der sprachlichen Elemente nicht nach pragmatisch-intentionalen Kriterien vor. L. Navratil bringt in seinem Sammelband etliche Beispiele für derartige Texte.

---

26 Vgl. Rolf Kloepfer / Ursula Oomen: Sprachliche Konstituenten moderner Dichtung. Entwurf einer deskriptiven Poetik. Frankfurt/M. 1970. S. 20 f. Bierwisch: Strukturalismus. S. 142.
27 Bierwisch: Strukturalismus. S. 143.
28 Vgl. Bierwisch: Poetik und Linguistik. S. 56.
29 Vgl. dazu ausführlich Jurij M. Lotman: Die Struktur literarischer Texte. Uni-Taschenbücher 103. München 1972. S. 44 ff.
30 Als Einführung in diesen Problemkreis s. Peter Schifferli (Hrsg.) Das war Dada. Dichtungen und Dokumente. dtv sonderreihe 18. München 1963.
31 Vgl. dazu Siegfried J. Schmidt (Hrsg.): konkrete dichtung. texte und theorien. München 1972.
32 Leo Navratil (Hrsg.): a + b leuchten im Klee. Psychopathologische Texte. Reihe Hanser 68. München 1971. Zur Kritik an Navratils Ansatz und Verfahren vgl. Uwe Japp: Leo Navratil, ein Förderer psychopathologischer Kunst. In: Ästhetik und Kommunikation Jg. 3.H.3 (1970). S. 55–57.

Das Ich lebt von Phantasie
und von Reue und von
überlassenen Bewegungen.

Der Tod hat im Leben viele Ereignisse
in Ewigkeit ist er ein einfaches.

Der Schnee kann auch mit Musik-
stimmung betrachtet werden.[33]

Navratil vertritt die These, daß psychotische Produktionen nichts
anderes sind als bessere oder schlechtere, auf jeden Fall aber echte
Dichtung.[34] Daraus könnten sich für die Reflexion über poetische
Sprache und auch über die unterschiedlich bewußt angewandten
Auswahlkriterien des Stilisten neue Gesichtspunkte ergeben. Die
Linguistik versucht, da Poetizität als sprachliche Erscheinung in ihr
ureigenstes Forschungsgebiet fällt, Regelmechanismen zu entdek-
ken, die einen poetischen Status garantieren. Da jedoch die Linguistik weithin nur vom Satz als größter sprachlicher Einheit ausgeht und nur für diesen die Bedingungen seiner Entstehung und seiner Strukturschichten feststellt, vermag sie für den Einzelsatz nicht
zu entscheiden, ob dessen Oberflächenstruktur (s. S. 32 f.) von poetischer Qualität ist oder nicht.[35]

    ‚Standard' ist für sie keine Frage der Beschaffenheit oder Dichte,
sondern der Grammatikalität. Poetische Sprache jedoch muß nicht
notwendigerweise ungrammatisch sein. K. Baumgärtner bemüht sich,
zwischen der Unzuständigkeit der Linguistik und ihrem Gegenstand
zu vermitteln, wenn er ,,die strukturelle Unendlichkeit des universel-
len und individuellen Sprachvermögens''[36] heranzieht zum Beweis,
daß die Sprache der Poesie unmöglich in linguistischer Konstruktion
bewältigt werden kann. Andernorts jedoch wird der Linguistik, speziell der Transformationsgrammatik (s. S. 32 f.), als potentielles For-
schungsziel die Entwicklung einer poetischen Grammatik konzediert.[37]

33 Versversuche eines Patienten von Navratil (S. 75).
34 Navratil S. 7.
35 Vgl. dazu Klaus Baumgärtner: Methodischer Stand einer linguistischen
   Poetik. In: Jahrbuch für internationale Germanistik. Jg. 1. Bd. 1 (1969).
   S. 28 ff.
36 Baumgärtner S. 41 f.
37 Roderick A. Jacobs / Peter S. Rosenbaum: Transformationen, Stil und
   Bedeutung. Fischer Athenäum Taschenbücher 2020. Frankfurt/M. 1973.

Festzuhalten wäre hingegen folgendes: poetische und ‚normale'
Sprache schöpfen aus demselben Reservoir, sie organisieren den gemeinsamen Fundus nur jeweils anders. Dies kann syntaktisch wie semantisch wirksam werden — wie Poetizität auch häufig als Phänomen
des semantischen Kontextes verstanden wird.[38] Die Linguistik vermag vielleicht nicht immer die Gründe für bestimmte poetische Sprach-
formen zu erklären, da können Literatursoziologie bzw. -psychologie
helfen, sie kann diese Formen jedoch beschreiben und eventuell sprachliche Alternativen zeigen.

Wenn nun Stil als Wahl verstanden wird, die ein Sprecher oder
Schreiber aus vorhandenen sprachlichen Möglichkeiten vornimmt,
so kann Linguistik hier zumindest einige erläuternde Hinweise liefern.

b) Stil als Forschungsgegenstand der Sprach- und Literaturwissen-
schaft

In den vorausgegangenen Erläuterungen zu den diversen Sprachfunktionen schien in der Aufteilung von ‚Sprache allgemein' und
‚poetische Sprache' bereits eine Zuordnung zu den Disziplinen
‚Linguistik' und Literaturwissenschaft zu liegen. Damit würde die
Linguistik als zuständig erachtet werden für die praktische, alltäg-
liche, ‚gewöhnliche' Seite der Sprache, die Literaturwissenschaft
hingegen dürfte sich dem ‚erhabenen' Gegenstand der ‚Dichtersprache' widmen. Wenn sich früher die traditionellen Sprachforscher,
genauer: die traditionellen Grammatiker vornehmlich mit der literarischen Sprache befaßten, so deshalb, weil sie diese für die
‚edelste' und ‚korrekteste' Sprachform hielten. Die Aufgabe der
Sprachbeflissenen wäre es dann, diese Sprachform vor Korruption
zu bewahren. Daraus ergab sich, daß Sprache nur nach Kriterien
der Hochsprache beurteilt und normativ klassifiziert wurde. Die
moderne Linguistik vollzog den Schritt von der Praeskription
(,,Vorschrift'') zur Deskription (,,Beschreibung''), Werturteile wichen
der empirischen Feststellung, und sie behauptet jetzt, ,,daß Sprache
für viele Zwecke gebraucht wird und daß ihr Gebrauch im Zusammenhang mit diesen Funktionen nicht nach Kriterien beurteilt werden soll, die ausschließlich oder in erster Linie auf die literarische

---

38 Baumgärtner S. 36.

Sprache anwendbar sind"[39] — nämlich denen der Reinheit oder Korrektheit, was immer man auch darunter verstehen mag. Die Linguistik ist für alle Sprachverwendungen zuständig, also auch für die literarische, ohne dieser jedoch Priorität einzuräumen. Sie beschreibt vorhandenen Sprachbestand — die einordnende Wertung, die Interpretation, die Aussage über bestimmte Wirkung bestimmter sprachlicher Einheiten, die soziologische Analyse obliegen der Literaturwissenschaft. Wozu jedoch einschränkend vermerkt sein muß, daß beide Wissenschaftsbereiche nicht immer klar voneinander zu trennen sind und in ihrer wissenschaftlichen Synthese, der Stilistik, überhaupt zusammengebunden werden sollten, denn die Stilforschung ist ein Gebiet, das auf der Grenze zwischen Sprach- und Literaturwissenschaft liegt.[40] Wenn Stil die Art und Weise des Handhabens von Sprache ist — und diese Definition ist wegen ihrer umfassenden Generalisierung durchaus als Prämisse geeignet — so untersucht die Linguistik die sprachlichen Segmente, setzt sie auf verschiedenen Ebenen (lexikalisch, syntaktisch) zueinander in Beziehung, gibt Auskunft darüber, ob Grammatikalität oder, allgemein, Sprachrichtigkeit gewahrt ist, und sie stellt das wissenschaftliche Instrumentarium zur Verfügung, das jede sprachliche Äußerung in den Zusammenhang menschlicher Kommunikation (s. oben Kommunikationsmodell) und menschlicher Sprachfähigkeit (Kompetenz) einordnet. Das Aufgabengebiet der Literaturwissenschaft, früher eng im Rahmen der ‚schönen Künste' und deren geistvoller Interpretation gesehen, umfaßt heute nahezu alle schriftlichen Äußerungen (z. T. sogar mündliche), deren Form, Inhalt oder Aussage von gesellschaftlicher, ästhetischer oder generell humaner Relevanz sind. Literaturwissenschaft mit ihren unterschiedlichen methodischen Verfahrensweisen[41] kontrolliert die Entstehung

39 Vgl. dazu John Lyons: Einführung in die moderne Linguistik. 2. Aufl. München 1972. S. 45.
40 Vgl. Stephen Ullmann: Sprache und Stil. Aufsätze zur Semantik und Stilistik. Konzepte der Sprach- und Literaturwissenschaft 12. Tübingen 1972. S. 112. Ullmanns Forderung jedoch, in der Stilistik müsse sich Kunstsinn mit philologischer Begabung paaren, führt geradewegs zu der Figur des Stilforschers als intuitiv agierendem Feingeist zurück.
41 Vgl. dazu Albert Klein/Jochen Vogt: Methoden der Literaturwissenschaft I: Literaturgeschichte und Interpretation (= Grundstudium Literaturwissenschaft 3). Florian Vaßen: Methoden der Literaturwissenschaft II: Literatursoziologie und marxistische Literaturtheorie (= Grundstudium Literaturwissenschaft 4).

eines Werkes, dessen Absicht und Wirkung, sie wertet und disqualifiziert, integriert und analysiert.[42]

Dieser kombinatorische Charakter der Stilistik muß im Hintergrund immer mitgedacht werden, auch wenn hier aus methodischen Gründen zuerst die Leistungen der Linguistik für die Stilistik, zum zweiten dann die literaturwissenschaftlichen Aufgaben auf diesem Gebiet darzustellen sind. Wenn hier der Versuch gemacht wird, beide jeweils nach ihren Leistungen in der Stilistik auseinanderzudividieren, so ist das nur als theoretisches exemplum und nicht als praktische Verfahrensweise zu verstehen. Um einen allgemeinen Rahmen zu bekommen, eine Art Diskussionskontext, der die Bemühungen im Bereich der Stilistik einzuordnen erlaubt, sollen hier vorab einige Definitionen und Erläuterungen zum Begriff Stil angeführt werden.

N. E. Enkvist, der Linguisten und Literaturwissenschaftler gleichermaßen ins Recht setzt, wenn es um ,Stil' geht, hat versucht, das übergroße Angebot an Stildefinitionen zu katalogisieren.[43] Einige der wichtigeren Feststellungen von Enkvist sollen hier, z. T. mit kritischen Anmerkungen versehen, wiedergegeben werden. Er beginnt, wie könnte es für deutsche Literatur anders sein, bei Goethe. Bei diesem heißt es:

„Gelangt die Kunst durch Nachahmung der Natur, durch Bemühung, sich eine allgemeine Sprache zu machen, durch genaues und tiefes Studium der Gegenstände selbst endlich dahin, daß sie die Eigenschaften der Dinge und die Art, wie sie bestehen, genau und immer genauer kennen lernt, daß sie die Reihe der Gestalten übersieht und die verschiedenen charakteristischen Formen nebeneinander zu stellen und nachzuahmen weiß, dann wird der *Stil* der höchste Grad, wohin sie gelangen kann; der Grad, wo sie sich den höchsten menschlichen Bemühungen gleichstellen darf. Wie einfache Nachahmung auf dem ruhigen Dasein und einer liebevollen Gegenwart beruht, die Manier eine Erscheinung mit einem leichten, fähigen Gemüt ergreift, so ruht der *Stil* auf den tiefsten Grundfesten der Erkenntnis, auf dem Wesen der Dinge, insofern uns erlaubt ist, es in sichtbaren und greiflichen Gestalten zu erkennen".[44]

---

42 Zur Aufgabenstellung der Literaturwissenschaft vgl. Horst Belke: Literarische Gebrauchsformen *(= Grundstudium Literaturwissenschaft 9)*.

43 Nils Erik Enkvist: Versuche zu einer Bestimmung des Sprachstils: Ein Essay in angewandter Sprachwissenschaft. In: Enkvist / Gregory / Spencer: Linguistik und Stil. Heidelberg 1972. S. 13 ff.

44 Johann Wolfgang von Goethe: Einfache Nachahmung der Natur, Manier, Stil. In: Goethe: Werke. Hamburger Ausgabe Bd. 12. 5. Aufl. Hamburg 1963. S. 32. (Hervorhebungen im Original)

Goethe will mit den drei Begriffen Nachahmung, Manier, Stil zunächst verschiedene Begabungstypen unterscheiden.[45] Stil ist hier ein Werturteil, das einen Künstler qualifiziert, genauer: das dessen Erkenntnisfähigkeit der Dinge und die daraus resultierende künstlerische Organisation beschreibt.[46] Stil ist ein „höheres, aktives Kompositionsprinzip, mit dem der Betreffende die innere Form seines Stoffes durchdringt und offenbart".[47] Ein derart elitäres Verständnis von Stil als einer nur künstlerischen Fertigkeit, die wenigen Auserwählten zu eigen ist, läßt kaum Kriterien entwickeln, mit denen sprachlicher Stil beschrieben werden kann.

Eine andere Definition von Stil besagt, daß er eine Hülle ist, die einen präexistierenden geistigen Kern umgibt.[48] Stil wäre demnach eine Hinzufügung, die sprachübergreifende Qualitäten (wie Schönheit und Schmuck, aber auch Zweckmäßigkeit und Effektivität) in sich faßt. Im weitesten Sinne ist hier die Rhetorik angesprochen, deren Bestreben es ist, Gedanken möglichst wirkungsvoll und zugleich ästhetisch befriedigend zu formulieren. Das Problem bei dieser Art von Stilbegriff besteht darin, daß Sprache und Inhalt möglicherweise auseinanderdividiert werden, wenn nämlich Stil — als sprachliche Substanz — nur als Additum gelten soll. Sprache und Denken jedoch lassen sich nicht so einfach voneinander trennen.[49] Die Rhetorik aber scheidet beides nicht, im Gegenteil: Sprache stellt hier das Instrumentarium, um Gedanken von der Existenz zur Effizienz zu führen.

Als wichtigste Definition findet sich schließlich jene, die Stil als

45 Vgl. Herbert von Einem: Anmerkungen zu Goethes ‚Schriften zur Kunst'. Hamburger Ausgabe Bd. 12. S. 577.
46 Vgl. Hans-Georg Gadamer: Wahrheit und Methode. Grundzüge einer philosophischen Hermeneutik. 3. Aufl. Tübingen 1972. S. 467. Gadamer gibt in diesem Buch einen kurzen Überblick über die historischen und philosophischen Implikationen des Begriffs ‚Stil' (S. 466—469).
47 Enkvist. S. 13 f.
48 Enkvist. S. 13 f.
49 Zum Problem des Zusammenhangs von Sprache und Denken vgl. u. a. de Saussure: Grundfragen. S. 132 ff.; Ronald W. Langacker: Sprache und ihre Struktur. Konzepte der Sprach- und Literaturwissenschaft 10. Tübingen 1971. S. 27 ff. Über die Forschungsmeinungen informiert Ulrich Oevermann: Schichtenspezifische Formen des Sprachverhaltens und ihr Einfluß auf die kognitiven Prozesse. In: Heinrich Roth (Hrsg.): Begabung und Lernen. Stuttgart 1969. S. 320 ff.; S. 328 ff.

sprachliche Selektion erklärt.[50] Enkvist unterscheidet drei Arten von Wahl: die grammatische, die nicht-stilistische und die stilistische. Bei der grammatischen Wahl unterscheidet der kompetente Sprecher — grob gesagt — zwischen richtig und falsch; Grammatizität ist das einzige Kriterium. Diese Art von Wahl, die eigentlich nur ein Akzeptieren oder Ablehnen ist, wird von der generativen Transformationsgrammatik beschrieben. Die nicht-stilistische und die stilistische Wahl ziehen eine grammatisch fakultative (freigestellte) Selektion nach sich, „da wohl beide Typen zwischen unterschiedlichen, aber grammatisch erlaubten Alternativen wählen müssen".[51]

Genauso bedeutsam wie diverse Angebote der Syntax sind für den stilistischen Selektionsvorgang unterschiedliche semantische Möglichkeiten, wobei die stilistische Wahl — vordergründig gesehen — inhaltlich Ähnliches jeweils anders ausdrückt, während die nicht-stilistische Wahl es mit verschiedenen Bedeutungen zu tun hat. Hier allerdings ergibt sich die Schwierigkeit, nach welchen Kriterien der Wahlvorgang gemessen, die je gleiche oder verschiedene Bedeutung festgestellt werden soll.

Theoretisch ermöglicht es die generative Grammatik, die stilistische Wahl als Stufe im generativen Prozeß zu erklären. Das setzt aber voraus, daß die Menge alternativer Möglichkeiten bekannt ist.

Wenn auch die generative Grammatik sämtliche je erzeugten Sätze als Resultate einer bestimmten Menge grammatischer Regeln erklären kann, so sagt sie doch nichts über diese Sätze als Resultate stilistischer Regeln aus. „Stilistische Regeln" könnten z. B. fordern (ich greife hier auf unterschiedliche Stildefinitionen zurück): Wirkungsbezogenheit, Ornament, Neuigkeitseffekt, Adäquatheit, Differenzqualität usw., wobei an diesen willkürlich genannten Begriffen deutlich wird, daß vor allem die Wirkung des Stils eine Rolle spielt. Wirkung kann einfach als ‚Aha-Erlebnis' gemeint sein, (im behavioristischen Sinne des stimulus-response-Schemas), Wirkung kann aber auch ein Be-wirken sein im Sinne einer appellativen Funktion.

Stil als Wahl setzt nicht nur die profunde Kenntnis aller sprachlichen Alternativen voraus, es muß zugleich ein Bezugsrahmen bereitgestellt

---

50 Enkvist. S. 17 ff. Der Begriff der „pragmatischen Wahl", den Enkvist ebenfalls einführt (S. 32), und in den außersprachliche, situationsabhängige Motivierungen für eine sprachliche Wahl gefaßt sind, sollte nicht isoliert neben die anderen gestellt werden, da sprachliche Wahl nur im situativen *und* sprachlichen Kontext verständlich wird.
51 Enkvist. S. 18.

werden, in dem die verschiedenen Stilmittel erkannt und erklärt werden — dies jedenfalls ist die strukturalistische Auffassung, die auch Enkvist teilweise vertritt. Dieser Bezugsrahmen kann außerordentlich weit angelegt sein, z. B. bis zur Standardsprache als Norm, von der es stilistische Abweichungen gibt. Da hier jedoch die Definitionsmöglichkeiten so unendlich sind wie das sprachliche Inventar, schlägt Enkvist vor, nur jeweils einen nach Inhalt, Absicht und sprachlichem Ausdruck ähnlichen Text als „kontextuale Norm" zu nehmen. Das heißt, Norm für die Stiluntersuchung eines Gesellschaftsromans des späten 19. Jahrhunderts wäre ein ähnlicher Roman, zur gleichen Zeit etwa geschrieben. Stil ist demnach ein durch Wahl gebildetes Kontrastphänomen, das durch die Fragen: „mit welchen Texten, welchen Kommunikationstypen, welchen Reaktionen und in welchen Situationen sollte der zu analysierende Text [. . .] verglichen und kontrastiert werden"[52] zu erschließen ist. Die Kritik jedoch an jeglicher Aufstellung von Normen hat von der Möglichkeit auszugehen, daß die Setzung einer Norm bereits ein Vor-Urteil impliziert, welches später im Ergebnis als durch die Fakten allein begründet erscheint. „[. . .] was immer auch die gewählte Norm ist, so scheint es, daß der Stilist früher oder später Gefahr läuft, nur einige ihrer privilegierten Aspekte in Betracht zu ziehen, [. . .] was auf die Praktizierung einer impressionistischen und, wenigstens teilweise, oft arbiträren Technik hinausläuft".[53]

Wenn deshalb die Definition von Stil als Wahl aus dem Inventar sprachlicher Möglichkeiten, seien sie syntaktischer, semantischer oder phonologischer Art, hier akzeptiert wird, und diese Wahl einen Text sprachlich ‚typisch' erscheinen läßt, so müssen dabei alle genannten Vorbehalte bedacht werden. Vor allem hätte die Stilistik noch eine andere Frage zu beantworten, die sich aus der Konstatierung bestimmter Selektionsergebnisse herleitet: Warum wird diese Wahl vollzogen? Die Frage aber geht über den nur-sprachlichen Rahmen hinaus und läßt sich nicht immer mit letzter Exaktheit klären; sie soll jedoch bei der Betrachtung verschiedener Methoden der Stiluntersuchung immer wieder gestellt werden.

52 Enkvist. S. 28.
53 Aline Levavasseur: Stil und Stilistik. In: André Martinet (Hrsg.): Linguistik. Ein Handbuch. Stuttgart 1970. S. 269.

1. Sprachwissenschaft und Stilistik

In dem Umfang, wie die Linguistik sich mit Entstehung, Formung und Aussageweisen von Sprache beschäftigt, ist sie auch befaßt mit dem Vorhandensein von Stil. Die Art und Weise, wie jemand schreibt bzw. spricht, ist allerdings nicht von internlinguistischen Kriterien allein organisiert: der soziale Kontext seiner Herkunft, der pragmatische Kontext der Sprechsituation, der Adressat als Initiator verschiedenster Wirkmechanismen — all dies beeinflußt das sprachliche Geschehen. Die moderne Linguistik untersucht die Sprache „als Instrument der Kommunikation und als sozial vereinbartes System von Zeichen"[54], sowie die jeweils mögliche Beziehung einzelner sprachlicher Elemente untereinander. Andererseits aber muß gerade der Begriff „vereinbart" problematisiert werden, da sonst Sprache nur als isoliertes System untersucht wird und nicht als Leistung und Bedingung sozialen Handelns.[55]

Diese beiden Auffassungen, als konträre Ausgangspunkte genommen, repräsentieren in je unterschiedlicher Differenziertheit linguistischen Umgang mit Problemen des Stils.[56] Im folgenden sollen die teilweise abgegrenzten, aber immer kooperierenden Bereiche der Linguistik gesondert betrachtet und auf ihre jeweilige Leistung für die Stilistik befragt werden. Eine solche Sonderung ist u. a. deshalb problematisch, weil der Begriff ‚Grammatik' in der modernen Linguistik z. B. definiert wird als „Beschreibung der immanenten Sprachkompetenz des idealen Sprecher — Hörers"[57], und in diese Kompetenz eingeschlossen ist das gesamte Regelsystem von Syntax und Lexik. Nach Chomsky muß die Grammatik eine syntaktische, phonologische und semantische Komponente enthalten. Dennoch sollen hier Gram-

---

54 Klaus Baumgärtner: Einführung in Inhalt, Methode und Diadaktik (des Funk-Kollegs „Sprache"). In: Funk-Kolleg Sprache. Bd. 1. Fischer Taschenbuch 6111. Frankfurt/M. 1973. S. 18.
55 Utz Maas: Sprachliches Handeln I: Auffordern, Fragen, Behaupten. In: Funk-Kolleg Sprache Bd. 2. Fischer Taschenbuch 6112. Frankfurt/M. 1973. S. 144 f.
56 Über den methodischen Innovationen, die von der generativen Transformationsgrammatik zur Erklärung und Beschreibung von ‚Stil' ausgegangen sind, dürfen jedoch nicht die Untersuchungen der traditionellen, „inhaltsbezogenen" Grammatik übersehen werden. (Zum Begriff „inhaltsbezogen" vgl. Lyons: Einführung. S. 137.)
57 Chomsky: Aspekte. S. 15.

matik und Semantik (als Erforschung der Bedeutung sprachlicher Zeichen) getrennt aufgeführt werden.

Während die traditionelle Sprachwissenschaft sich mit der historischen Entwicklung einzelner Sprachen befaßte (z. B. Althochdeutsch, Mittelhochdeutsch usw.) und vor allem die Gesetze sprachlichen Wandels untersuchte, also ‚diachronisch' vorging, ist die moderne Linguistik besonders an einer umfassenden Beschreibung und Erklärung eines zeitlich abgeschlossenen Sprachzustandes interessiert; sie arbeitet ‚synchronisch'. Dementsprechend sind eine diachronische und eine synchronische Stilistik zu unterscheiden: jene ist zuständig für Veränderungen im Stil einer Nationalliteratur von einer Epoche zur nächsten, diese untersucht sprachliche Äußerungen innerhalb eines Zeitraumes. Das impliziert die triviale Feststellung, daß Stilvergleiche oder Stilerklärungen immer im temporalen Kontext anzusetzen sind. Dazu ist eine genaue Kenntnis des jeweiligen Sprachzustandes notwendig, dessen Texte unter Aspekten des Stils zu betrachten sind: ein Wort wie ‚Frauenzimmer' z. B. (vgl. ,,Minna von Barnhelm''), das für Lessing noch durchaus ‚normal' war, wird hundert Jahre später als stilistisch auffallend qualifiziert. Hier schafft die Zeit Sprachbarrieren, die eine stilistische Kommunikation erschweren. Die Schwierigkeiten bei der Analyse eines Textes älterer Sprachform können folgendermaßen umschrieben werden:

,,Eine besondere Gefahr liegt [. . .] in der Projektion des modernen Sprachzustandes auf den historischen Text; ebenso können auch bestimmte moderne Sondernormen (d. h. literatursprachliche Usancen der Gegenwart) auf die zu ermittelnde historische Sondernorm projiziert werden. Auch die synchronisch bestehenden anderen Normen der Grammatik kennt man nur ungenügend, so daß die Unterscheidung zwischen individueller und kollektiver Stileigentümlichkeit schwierig wird. Es kommt hinzu, daß der Text sowohl in seiner Gestalt (Varianten, Interpunktion) als auch hinsichtlich der Einstellung, die man ihm entgegenbringt, der Art, in der man ihn liest und versteht, zu einem nie genau bestimmbaren Anteil Werk der erhaltenden und verändernden Weitergabe ist, so daß der Charakter des synchronen Korpus [. . .] hypothetisch wird''.[58]

58 Christoph Schwarze: Untersuchungen zum syntaktischen Stil der italienischen Dichtungssprache bei Dante. Linguistica et Litteraria 6. Bad Homburg v. d. H. 1970. S. 29.
Zum Verhältnis von Stil und Sprachwissenschaft vgl. auch Horst Singer: Stilistik und Linguistik. In: Festgabe für Friedrich Maurer. Düsseldorf 1968. Als neueste Darstellung sei genannt Willy Sanders: Linguistische Stiltheorie. Kleine Vandenhoeck-Reihe 1386. Göttingen 1973.

„Eine Sprache ist eine Menge von Prinzipien, die zwischen Lautfolgen und Bedeutungen Korrelationen herstellt".[59] Und die Grammatik einer Sprache ist eine Menge von Aussagen, die angeben, wie eine Sprache funktioniert.[60] Nun spricht man aber in der Linguistik nicht von ‚der' Grammatik schlechthin als Beschreibungsmodus einer Sprache, vielmehr unterscheidet man — grob skizziert — zwischen den traditionellen Grammatiken, die verschiedenen Zwecken zugleich dienen wollen, und den voll-formalisierten Grammatiken.[61] Die ersteren sind ‚Mehrzweckgrammatiken', bei denen die Bemühungen um Gewinnung von Kategorien, um Sprachnormierung, um Stilistik und Sprachdidaktik, zuweilen auch um Probleme der Sprachphilosophie, unterschiedlich stark hervortreten. Die formalisierten Grammatiken haben als Erkenntniszweck, „eine adäquate Beschreibung der Sprecher-Hörer-Kompetenz in Hinblick auf die Erzeugung wohlgeformter sprachlicher Strukturen zu liefern".[62] Unterschiedlich wie die generellen Intentionen der Grammatiken sind auch ihre Auffassungen von einem Konnex zwischen Grammatik und Stil. Konnte Leo Spitzer noch sagen: „Syntax, ja Grammatik sind nichts als gefrorene Stilistik"[63], und damit das Problem per Aphorismus lösen, so ist der Bezug in der formalisierten Grammatik nebensächlicher geworden.

Die traditionellen Grammatiken katalogisieren das Sprachinventar — man ziehe z. B. das Inhaltsverzeichnis der Duden-Grammatik heran — und machen es damit verfügbar. Ein Beispiel dafür, wie die tradierten grammatischen Kategorien für stilistische Erkenntnisse genützt werden, ist die „Stilistische deutsche Grammatik" von Wilhelm Schneider. In ihr wurde versucht, „die Stilwerte der Wortarten, der Wortstellung und des Satzes aufzuzeigen"[64], d. h. der Verfasser geht davon aus, daß grammatische Kategorien per se stilistisch relevant sind, wobei ‚Stil'

59 Langacker: Sprache. S. 26.
60 Langacker: Sprache. S. 6.
61 Vgl. Franz Hundsnurscher: Prinzipien wissenschaftlicher Grammatiken. In: Funk-Kolleg Sprache I. S. 102.
62 Hundsnurscher: Prinzipien. S. 102.
63 Leo Spitzer: Wortkunst und Sprachwissenschaft. In: L. S.: Stilstudien. Bd. 2. Unveränd. Nachdr. d. 1. Aufl. München 1928. Darmstadt 1961. S. 517.
64 Wilhelm Schneider: Stilistische deutsche Grammatik. Die Stilwerte der Wortarten, der Wortstellung und des Satzes. 5. Aufl. Freiburg/Brsg. 1969. S. VI.

hier im wesentlichen soviel wie ‚Ausdruck' meint. Die Gefahr einer solchen Betrachtungsweise liegt darin, daß statt sachlicher, begründeter Aussagen ungehemmte Subjektivität Raum greift, was einerseits an der Überinterpretation des Autors liegen mag, zum anderen daran, daß Kontextfragen zu wenig berücksichtigt werden.

Als Beispiel kann ein Ausschnitt aus der Behandlung des substantivierten Infinitivs und Nomen actionis gelten. Schneider stellt fest: „Der substantivierte Infinitiv verfügt [...] über die Kraft, Bewegung, Wechsel, Leben in die Schilderung hineinzutragen [...]", und Nietzsches Verse auf sein Buch „Die fröhliche Wissenschaft" kommentiert Schneider: „Welch leidenschaftlicher Wille zu wirken, welch ungestüme Stoßkraft [kann] von gehäuften substantivierten Infinitiven ausgehen [...]".[65] Hier werden keine Sprachfunktionen analysiert, sondern impressionistische Muster entworfen. Aber über dieser Kritik darf nicht vergessen werden, daß Schneider viele Beobachtungen bringt, die eine Stiluntersuchung weiterführen können.

Auch die Vertreter einer generativen Grammatik haben versucht, diese für Stiluntersuchungen nutzbar zu machen. Sie gehen von der Formel „Stil = Wahl" aus und meinen damit vor allem die Wahl zwischen verschiedenen syntaktischen Formulierungsmöglichkeiten. Deshalb „wäre es hilfreich, eine Grammatik zu besitzen, die für bestimmte, formal feststellbare Beziehungen von Wahlmöglichkeiten sorgt, die vom gleichen Ausgangspunkt gewonnen werden".[66]

Die Transformationsgrammatik beschreibt die Transformationen, die eine Tiefenstruktur (grundlegende Bedeutung) auf der Basis vielfacher Regeln in Oberflächenstruktur umwandeln. „Wenn die grundlegende Bedeutung eines Satzes im weiteren Sinn mit dem, ‚was man sagt', gleichzusetzen ist, dann stellt ‚wie man sagt', in etwa das dar, was man als Oberflächenbedeutung bezeichnet, nämlich die bestimmte Dimension der Bedeutung, die durch den Stil eines Schriftstellers mitgeteilt wird".[67] Transformationen können z. B. solche Verfahren sein wie Passiv-Transformation (Hans schlägt Peter, Peter wird von Hans geschlagen.), Relativsatz-Transformation (Die rote Rose blüht. Die Rose, die rot ist, blüht.) u. ä. Davon ausgehend könnte untersucht werden, welche Art von Transformationen und in welcher Menge in einem Text vorherrschend sind. Man erhält dann Aufschluß über die

65 Schneider: Grammatik. S. 6.
66 Ohmann: Generative Grammatiken. S. 219.
67 Jacobs/Rosenbaum: Transformationen. S. 17.

Differenziertheit und Komplexität einzelner Texte bzw. über die Neigung einzelner Autoren, solche Verfahren anzuwenden. Ohmann untersucht u. a. einen Faulkner-Text auf die darin bevorzugten Transformationen (es sind Relativsatz-, Konjunktions- und Komparativ-Transformationen) und schließt daraus, daß der ‚typische' Stil durch einen geringen Aufwand an grammatischem Apparat erzielt wird.[68] Er knüpft daran eine Schlußfolgerung, die jedoch mit rein linguistischen Mitteln nicht gestützt werden kann: die jeweils dominierenden Transformationen zeigten für den Autor eine bevorzugte Art, Erfahrung zu organisieren.

Selektion aus alternativen Transformationen (z. B. aktiv — passiv), die sich in der Oberflächenstruktur niederschlägt, ist der stilistisch-generative Prozeß, und Oberflächenbedeutung ist demnach stilistisches Resultat.[69] Dieses Resultat muß nicht unbedingt nach korrekten grammatischen Regeln erzeugt worden sein: ein Beispiel aus der Lyrik August Stramms („Du stehst Mut, Du lachst Recht"[70]) zeigt eine abweichende Verwendung des intransitiven Verbs, dem normalerweise kein Akkusativobjekt zugeordnet wird. „Jede sprachliche Erscheinung, die nicht durch das Regelsystem erzeugt werden kann, ist als Abweichung definiert."[71] Abweichungen sind von unterschiedlicher Wertigkeit und Wirkung, je nachdem, auf welcher Ebene der Grammatikalität sie erscheinen. Eine stilistische Bedeutung bekommt eine derartige Grammatikalitätsskala aber erst, wenn sie vorrangig die „Funktionalität der syntaktischen Erscheinungen"[72] berücksichtigt, d. h. wenn in stärkerem Maße als in der Transformationsgrammatik üblich die semantischen Ebenen zur Interpretation der Grammatikalität herangezogen werden.

An diesem Punkt zeigt sich, daß bei einer Stiluntersuchung nur eine synthetische Verfahrensweise Erfolg hat, die von der „formalen Stil-Beschreibung hin zur kritisch-semantischen Interpretation"[73] fortschreitet und sich nicht mit der Konstatierung grammatischer Sachverhalte begnügt.

68 Ohmann: Generative Grammatiken. S. 226 f.
69 Vgl. auch Jacobs/Rosenbaum: Transformationen. S. 54.
70 Zitiert nach Harald Burger: Stil und Grammatikalität. In: Archiv für das Studium der neueren Sprachen. 124. Jg. Bd. 209. 1972. S. 241—258.
71 Burger: Stil. S. 242.
72 Burger: Stil. S. 249.
73 Ohmann: Generative Grammatiken. S. 227. Vgl. auch Walter Weiss. Dichtung und Grammatik. Zur Frage der grammatischen Interpretation. In: Sprache der Gegenwart. Bd. 1. Düsseldorf 1965. S. 236—255.

Das Wort als sprachliches Zeichen besteht aus einer lautlichen und einer inhaltlichen Komponente. Die Inhaltsseite des Wortes, aber auch die Inhaltsseite einer komplexeren Äußerung bilden den Hauptgegenstand der Semantik, allgemein definiert als „Erforschung der Bedeutung".[74] Die Semantik befaßt sich mit der Beziehung zwischen den Wörtern und den begrifflichen Inhalten, die ihnen zugeordnet werden können *(lexikalische Semantik).*[75] Hier werden die Probleme isolierter Lexikoneinheiten behandelt, wie sie sich zum Beispiel bei der Sammelarbeit für ein Wörterbuch stellen. Auf höherer Ebene ist zu fragen nach den semantischen Beziehungen, die zwischen den Elementen eines Satzes, z. B. zwischen den einzelnen Wörtern bestehen müssen, damit sich sinnvolle Sätze ergeben *(Satzsemantik).* Vom Satz ist dann der Schritt zum umfangreicheren Text als Bedeutungseinheit nicht weit *(Textsemantik).* Für die Stilistik sind alle drei Aspekte — in ihrer jeweiligen Abhängigkeit voneinander — relevant.

Die semantischen Merkmale eines Lexikoneintrags können sich rein phänomenologisch an Indizien orientieren wie „belebt, menschlich, männlich" für das Wort „Kerl", sie müssen aber auch die soziale Komponente berücksichtigen, die den Sprecher zur Wahl dieses Wortes veranlaßten. So gibt es eine ganze Reihe semantischer Merkmale, die eine bestimmte Stillage bezeichnen, z. B. „vulgäre Sprechweise, höfliche, gebildete, archaische Sprechweise".[76]

Außer diesen semantischen Charakteristika, die gewissermaßen zum Kern eines Wortes gehören, kann es noch Nebenbedeutungen, sog. Konnotationen[77], geben, die mehr zur Peripherie eines Lexems gehören. Bei dem Wort „Mond" z. B. könnte man nicht nur den Lexikoneintrag ‚Gestirn' oder ‚Erdtrabant' ansetzen, sondern konnotativ wäre möglicherweise, auch im Zeitalter der Raumfahrt, ‚Idylle', ‚nächtliches Liebeswerben', ‚Romeo-und-Julia-Stimmung' mitzudenken. Diese Asso-

74 Lyons: Einführung. S. 409.
75 Gisbert Keseling/Herbert Ernst Wiegand: Einführung in die Semantik. In: Funk-Kolleg Sprache II. S. 19.
76 Franz Hundsnurscher: Neuere Methoden der Semantik. Eine Einführung anhand deutscher Beispiele. Germanistische Arbeitshefte 2. Tübingen 1970. S. 61.
77 Vgl. Hans J. Vermeer: Einführung in die linguistische Terminologie. sammlung dialog 53. München 1971. S. 43.

ziationen resultieren aus früher geschaffenen sprachlichen Kontexten und sind von daher determiniert.

Das Prinzip der Wahl läßt sich in der Semantik an relativ kleinen sprachlichen Einheiten zeigen; schon der Satz ‚Ich gehe spazieren' kann wahlweise verändert werden in ‚Ich lustwandle' oder ‚Ich schreite fürbaß' — jeweils abhängig von Aussageabsicht oder Wirkungsintention. Stiluntersuchungen jedoch werden zumeist an umfangreicheren Texten durchgeführt, und in ihnen erhält ein Wort über seine lexikalische Bedeutung[78] hinaus Aussagekraft. Hier ist Wittgensteins Hinweis anzuführen: „Man suche nicht nach der Bedeutung eines Wortes, sondern nach seiner Verwendung".[79] Welches Wort in welchem Zusammenhang in welcher Absicht und mit welcher Wirkung gebraucht wird, ist die Fragestellung für eine Stilanalyse. Für den Kommunikationsvorgang, sei er literarischer oder außerliterarischer Art, ist es ebenfalls wichtig, ob ein Wort konventionell verwendet wird, d. h., ob es der Hörer/Leser in einem bestimmten Zusammenhang erwarten kann. „Jedes in einer Äußerung vorkommende sprachliche Element hat nur dann Bedeutung, wenn es in dem betreffenden Kontext nicht vollständig vorherbestimmt (‚obligatorisch') ist".[80] Die stilistische Wahl schafft Innovationen, die dem Hörer/Leser Aufmerksamkeit und Interesse abverlangen.

Welche Bedeutung der Kontext im Bereich der Semantik hat, läßt sich am Beispiel der Metapher[81] erläutern. Die Metapher, in der klassischen Rhetorik definiert als ‚gekürzter Vergleich', als Übertragung eines Begriffs auf einen anderen[82], erhält ihre Wirkung erst innerhalb eines sprachlichen Zusammenhangs. „Denn ein Wort für sich allein kann niemals Metapher sein. ‚Feuer' ganz ohne Kontext und Situation gedacht, ist immer das Normalwort, dessen Bedeutung man kennt. Erst durch einen Kontext kann aus diesem Wort eine Metapher wer-

---

78 Zur Bedeutung von ‚Bedeutung' drei Literaturhinweise, die ihrerseits bibliographische Ergänzungen liefern: Adam Schaff: Einführung in die Semantik. Frankfurt/M. 1969. S. 196—284; Ullmann: Sprache und Stil. S. 19—32; Lyons: Einführung. S. 409—452.
79 Zitiert nach Lyons: Einführung. S. 419.
80 Lyons: Einführung. S. 427.
81 Zum Begriff der Metapher und zu ihrer Deutung vgl. ausführlich Ursula Oomen: Linguistische Grundlagen poetischer Texte. Germanistische Arbeitshefte 17. Tübingen 1973. Dort auch viele Hinweise auf die linguistische Analyse poetischer Sprache.
82 Siehe dazu auch S. 123—127.

werden"[83], z. B. ,Feuer der Leidenschaft'. Andererseits kann eine Metapher aber auch, sei sie alleinstehend oder einem größeren Bildfeld zugeordnet, auf den Kontext einwirken. Die Vergänglichkeitsmetaphorik des Barock beispielsweise, deutlich abzulesen an Gryphius-Sonetten, bestimmt die Aussageweise eines ganzen Textes. Auch die Kriegsmetaphorik bei Kleist (,,Penthesilea")[84] ist kein isolierter ästhetischer Dekor, sondern stimmt zur Thematik des Dramas.

Zusammengefaßt lassen sich anhand semantischer Kriterien einige Fragen für eine Stiluntersuchung entwickeln (sie sind nur als Anregung für weiterführende Arbeit gedacht):

1. Welche Begriffe werden (evtl. aus einem größeren Wortfeld) unter welchen Gesichtspunkten ausgewählt? (Möglich wären z. B. Aspekte wie Konventionalität, soziale Determination, Dialekteinfluß, gedankliche Differenzierung, poetische Motivation u. a.).
2. Welcher sprachstilistischen Ebene gehören die Begriffe an?
3. Entspricht die konventionelle Stilebene des Wortes dem aktuellen Gebrauch?
4. Werden die Worte in ihrer primären, ,intellektuellen' Bedeutung gebraucht oder sind sie mit Konnotationen angereichert?[85]
5. Welcher Art ist die gegenseitige Beeinflussung von Wort und Kontext?
6. Sind die Worte der intendierten Sprachfunktion angemessen, d. h. wirkungsintensiv gewählt?
7. Läßt sich eine bildhafte Gestaltung der Sprache, z. B. Anwendung von Metaphern, feststellen? (Hier wäre dann weiter zu fragen nach Art und Sinnbereich der Metapher, Formungsprinzip, Ausdrucksabsicht, Wirkungsaspekt.)

83 Harald Weinrich: Linguistik der Lüge. Heidelberg 1966. S. 43.
84 Vgl. Die Metapher (Bochumer Diskussion). In: Poetica. 2. Jg. H. 1. 1968. S. 121 f.
85 Vgl. Lyons: Einführung. S. 459.

Jede sprachliche Einheit steht in einer Inhaltsbeziehung zur materiellen oder immateriellen Objektwelt; diese Beziehung wird in der Semantik definiert. Sprachliche Kommunikation jedoch begnügt sich nicht damit, nur Inhalte zu übermitteln; ein Sprecher will vielmehr eine kommunikative Beziehung aufbauen, die verschiedene Intentionen umfaßt, die diverse Situationen berücksichtigt, die insgesamt einen übersprachlichen Kontext schafft bzw. in diesen eingebettet ist. Anders als im Schema der idealisierten Sprecher-Hörer-Beziehung, wo Sprache ein keimfreies Destillat ist, bringt der pragmatische Ansatz soziale und kulturelle Realität ins Spiel. Jeder Sprecher verfügt nicht nur über die Kompetenz, im Idealfall jegliche Art sprachlicher Äußerung tun zu können, sondern vor allem über die Fähigkeit, diese Äußerungen in bestimmten Situationen richtig anzubringen.

Für die Pragmatik (Aufgabe: Untersuchung des tatsächlichen Sprachverhaltens) formulierte Wunderlich einige Fragestellungen: „Wie stellt man mit Hilfe einer sprachlichen Äußerung eine Beziehung zu anderen Personen her? Wie hält man schon bestehende Beziehungen aufrecht? Wie kann man das Handeln und die Meinungen anderer Personen beeinflussen? [. . .] Wie bezieht man sich in den Äußerungen auf den vorliegenden Situations- und Handlungskontext und wie auf die (durch Tradition, Erziehung, Erfahrung vermittelte) Realität von Natur, Gesellschaft und Arbeitsprozessen?"[86] Die Kompetenz des Sprechers wird geleitet von bestimmten Strategien der verbalen Planung und der Wahrnehmung[87], die einerseits sprachliche Kommunikation initiieren, andererseits im Vollzug der Kommunikation neu definiert werden.

Wunderlich hat eine Übersicht über jene Elemente aufgestellt, die im Kommunikationsakt eine Rolle spielen.[88] Im folgenden sollen einige davon angeführt werden; die Auswahl erfolgt unter dem Aspekt der Relevanz für eine Stilanalyse, einige Anmerkungen dazu in Klammern.

86 Dieter Wunderlich: Referenzsemantik. In: Funk-Kolleg Sprache II. S. 102.
87 Dieter Wunderlich: Die Rolle der Pragmatik in der Linguistik. In: Der Deutschunterricht. 22. Jg. H. 4. 1970. S. 11.
88 Wunderlich: Rolle der Pragmatik. S. 20.

Für jede sprachaktive Situation sind von Bedeutung:

1. die Person des Sprechers (in der literarischen Kommunikation der Autor);
2. die angesprochene Person (in der Literatur ergeben sich hier Schwierigkeiten, da nicht alle Werke eindeutig auf einen bestimmten Adressatenkreis fixiert sind; von den Voraussetzungen des Rezipienten aber hängt das einwandfreie ,Funktionieren' der literarischen Kommunikation ab);
3. Zeit und Ort der Äußerung (hier wäre die historische Dimension literarischer Äußerung anzusetzen, die charakterisiert ist durch eine Raum-Zeit-Distanz zwischen Autor und Leser);
4. die Intention des Sprechers –
   a. thematisch orientiert: Argumente klären, einen Sachverhalt darlegen wollen;
   b. handlungsorientiert: Gefühle ausdrücken wollen; Bestätigung durch den Angesprochenen oder Solidarität wird gewünscht.
   (Diese Absichten des Sprechers verlangen z. T. nach einer Reaktion des Angesprochenen; durch eine solche Rückkoppelung erfährt der Sprecher vom Erfolg oder Mißerfolg seiner Intentionen und kann seine weiteren sprachlichen Strategien danach einrichten. Das ist in der literarischen Kommunikation nicht oder nur sehr selten möglich – wenn etwa ein Autor eine Kritik bei der Neubearbeitung seines Buches berücksichtigt.)
5. die Voraussetzungen, die der Sprecher mitbringt
   (Wunderlich unterscheidet zwischen solchen, die während des Kommunikationsverlaufes konstant bleiben und solchen, die sich verändern können. In der literarischen Kommunikation sind nur die ersten wesentlich. Wenn sich Veränderungen vollziehen sollten, kann das nur beim Leser geschehen, z. B. indem sein Informationspotential wächst und ihm ein weiteres Verstehen des Textes erleichtert.)
   a. Wissen des Sprechers: enzyklopädische Weltkenntnis, Kenntnis der gesellschaftlichen Normen;
   b. Fähigkeiten des Sprechers: Perzeptions- und Produktionsfähigkeit von Sprache, kognitive Fähigkeiten wie Kombination und
   c. allgemeine Motivation des Sprechers: Wünsche, Bedürfnisse, Interessen.

Die Voraussetzungen des Hörers (Lesers) sind idealiter in gleicher Weise zu beschreiben, jedoch werden in der realen Hör-/Lesesituation wissensmäßige, sprachliche (Kompetenzdefizit) oder soziale Hemmnisse einzubeziehen sein. Da ,Stil' auf bestimmte sprachliche Wirkungen abzielt, ist auch die Wechselbeziehung von sprachlichem Ausdruck und Verhalten des Hörers anzuführen[89] – auch ein Problem, das in den Aufgabenbereich der Pragmatik fällt.

In der literarischen Kommunikation ist der Begriff ,Rezeption' für die vom Leser zu erbringende Leistung gebräuchlich. Literarische Tex-

---

89 Wunderlich: Rolle der Pragmatik. S. 8.

*ev. flesh an Kaiser-Rede aufzeigen !
(Kommunikations-Modelle)*

te werden unter den Bedingungen der „Verzögerung, Entfernung und/oder ausgeschlossener Rückfragemöglichkeit" rezipiert.[90] Danach lassen sich pragmatische Kriterien nicht nur für die ‚Sprecherseite' entwickeln, sondern Texttypen können auch nach ihren Rezeptionsbedingungen klassifiziert werden.[91] Eine vom Sprecher angestrebte Eindeutigkeit seiner Äußerung wird bei raum-zeitlicher Verlagerung ihrer Aufnahme nicht allein durch die Form gewährleistet sein. „Verstehen und Verständnis einer Äußerung durch den Hörer scheinen so einmal mehr überwiegend durch dessen Rezeptionssituation beeinflußt".[92] Auf den Leser wirken soziologische und psychologische Faktoren ein; die „inhaltliche Interpretation einer Äußerung wird damit abhängig gemacht von den empfängerspezifischen Verstehensmöglichkeiten".[93] Diese unterschiedlichen Bedingungen im Kommunikationsprozeß sind bei Fragestellungen in Bezug auf Stilabsicht und Stilwirkung zu berücksichtigen.[94]

Textlinguistik und Stilistik

„Es geht in der Textlinguistik [. . .] in erster Linie um Erscheinungen, die über den Einzelsatz hinausgehen, die Sätze zu einer größeren Einheit zusammenbinden, die dazu beitragen, einen Text zu *konstituieren*".[95] Diese Phänomene können außersprachlicher Art sein und pragmatisch vom Kommunikationszusammenhang determiniert werden. Dazu wurde bereits im vorhergehenden Abschnitt einiges gesagt. Hier soll nur auf textinterne Kriterien eingegangen werden. Grundvoraussetzung für die Konstitution eines Textes ist semantische Kohärenz, d. h. die einheitliche, zusammenhängende Gestaltung eines Themas.[96]

90 Landwehr/Settekorn: Lesen als Sprechakt? In: LiLi 9/10. S. 48.
91 Landwehr/Settekorn. S. 40.
92 Landwehr/Settekorn. S. 47.
93 ebd.
94 Zur weiterführenden Diskussion der pragmatischen Textwissenschaft siehe Siegfried J. Schmidt: Texttheorie. Probleme einer Linguistik der sprachlichen Kommunikation. Uni-Taschenbücher 202. München 1973.
95 Udo Fries: Textlinguistik. In: Linguistik und Didaktik. 2. Jg. H. 7. 1971. S. 220. (Hervorhebung im Original)
96 Vgl. Wolfgang Dressler: Einführung in die Textlinguistik. Konzepte der Sprach- und Literaturwissenschaft 13. Tübingen 1972. S. 16 f.

Mittel dazu können sein[97]: *Rekurrenz* (frei etwa: Rückgriff) in Form einer Wortwiederholung, *Paraphrase* (‚Umschreibung') als eine Art Rekurrenz durch Gebrauch von Synonymen, *Anaphora* (‚Rückbezug') als Verweis auf vorhergehende Informationen, *Kataphora* (‚Voraus-Verweis') als Hinweis auf Späteres. Von Harweg[98] wurden vor allem Pro-Formen als entscheidend für die Textkonstitution angesehen, die sich im wesentlichen durch *Substitution* vollzieht: ein sprachliches Element ersetzt ein anderes, auf das es sich bezieht.

Aus diesen Voraussetzungen entwickelt Harweg eine Stildefinition, die lautet: „Stil ist die Art und Weise der Konstitution von Texten".[99] Von den verschiedenen Stilbestimmungen wählt er die des ‚guten Stils' zu genauerer Erläuterung, weil gerade diese, da evaluativ (nach Wertmaßstäben) definiert, sich einer objektiven Prüfung bisher entzog. Während die gebräuchlichen normativen Stilistiken unterschiedliche und häufig nur intuitiv gefundene Kriterien an sprachliche Erscheinungen legten, nimmt Harweg als stilkritische Grundlage die Textgrammatik. Dies erfordert, daß der evaluative Begriff der ‚Gutheit' durch den der Richtigkeit zu ersetzen ist. „Ein stilistisch guter Text ist demzufolge also nichts anderes als ein textgrammatisch richtiger Text, und dies wiederum impliziert, daß es gilt, jener tiefverwurzelten und weitverbreiteten Meinung entgegenzutreten, daß man grammatische Fehler nur im Bereich der Morphologie und der satzorientierten Syntax machen könne [. . .]".[100] Das Problem jedoch bei diesem recht theoretischen Modell besteht darin, daß noch kaum explizite Regeln für textgrammatisch korrekte Sprachverfahren existieren.

Weitere Vorschläge, die die Textlinguistik für die Stilistik relevant machen wollen, zielen darauf ab, sie der Pragmatik zuzuordnen. „Sowohl wenn ein Stilelement von einer bestimmten Textgattung gefordert wird, als auch wenn die Autorintention Stilwechsel im selben Textstück und Texttyp verursacht, muß Stil pragmatisch begründet sein, weshalb eine Verankerung der Stilistik in der Pragmatik zu versuchen ist".[101]

97 Nach Dressler: Einführung. S. 20 ff. Dort auch zum folgenden.
98 Roland Harweg: Pronomina und Textkonstitution. Beihefte zu Poetica 2. München 1968.
99 Roland Harweg: Stilistik und Textgrammatik. In: Zeitschrift für Literaturwissenschaft und Linguistik. 2. Jg. H. 5. 1972. S. 71.
100 Harweg: Stilistik. S. 75.
101 Dressler: Einführung. S. 107. Vgl. dazu auch Fries: Textlinguistik. S. 233.

Die Rhetorik mit ihren aus der Antike tradierten Begriffen und Figuren ist für die Stiluntersuchung in zweifacher Hinsicht interessant: 1. muß der Fundus rhetorischen Potentials bekannt sein, um solche Literaturwerke adäquat verstehen und erklären zu können, deren Abfassung von entsprechenden rhetorischen Normen bestimmt war; 2. ist die Rhetorik als Rede- oder Beeinflussungskunst, die auf die konkrete Wirkung beim Hörer/Leser abzielt, in der heutigen Forschung wieder aktuell geworden — gerade unter Berücksichtigung pragmalinguistischer Fragestellungen.[102]

Die Kenntnis des rhetorischen Repertoires ist zwingend notwendig für die Dichtung des Humanismus und vor allem des Barock. Die Poetiken des 17. Jahrhunderts wiederholen und bekräftigen antike Traditionen für den dichterischen Bereich. Es finden sich die drei Stilebenen, denen drei verschiedene Wirkungsabsichten bzw. sprachliche Dekormöglichkeiten entsprechen[103]:

1. niedrige Stilebene (genus humile). Absicht: informieren, belehren (docere); Schmuckmittel: Verzicht auf ornamentale Ausschmückung nach dem Prinzip der simplicitas;
2. mittlere Stilebene (genus medium). Absicht: erfreuen, gewinnen (delectare); Schmuckmittel: Tropen, Amplifikation, Positionsfiguren (z. B. Inversion) zum Zwecke einer anmutig unterhaltenden Darstellung;
3. höhere Stilebene (genus grande). Absicht: bewegen, mitreißen, erschüttern (movere); Schmuckmittel: Tropen (Hyperbel, Metapher, Allegorie), Figuren (Amplifikation) nach dem Prinzip des Pathetischen.

Die einzelnen Stilebenen waren jeweils verschiedenen Themen angemessen, wobei sich vor allem eine soziale Hierarchisierung bemerkbar machte: nur ein erhabenes Thema (z. B. Königsmord) durfte im hohen Stil abgehandelt werden.[104] Besonders deutlich läßt sich das am Drama des Barock exemplifizieren. Entscheidend eingewirkt auf Stilvorstellungen und Stilistiken hat vor allem das reichhaltige Arsenal der rhetori-

---

102   Vgl. Belke: Gebrauchsformen. S. 35 f.
103   Zum folgenden vgl. Heinrich F. Plett: Einführung in die rhetorische Textanalyse. Hamburg 1971. S. 103 f. Zur Erläuterung spezifischer Termini siehe S. 121 ff. Vgl. auch S. 99. — Zum Problem Metapher/Allegorie vgl. S. 143 f.
104   Vgl. Plett: Einführung. S. 105.

schen Figuren, das in modifizierter Form auch heute wieder Verwendung findet.[105]

Vornehmlich ihr Wirkungsaspekt läßt die Rhetorik zur Untersuchung von Kommunikationsakten geeignet erscheinen. Wenn es Aufgabe des Sprechers/Autors ist, sich einer Situation sprachlich anzupassen, sich in ihr verständlich zu machen und damit eine — wie auch immer geartete — Reaktion des Hörers/Lesers zu veranlassen, so ermöglicht die Rhetorik in diesem pragmatischen Kontext sowohl die Bewältigung wie auch die Analyse einer solchen Situation. Andererseits kann auch die Rezeption sprachlicher Vorgänge durch den Hörer/Leser als eine Art ‚rhetorische Dekodierung' überprüft werden, und zugleich sind Aussagen möglich über die Wirkung einzelner Texte.[106]

2. Literaturwissenschaft und Stilistik

„Die Analyse des Sprachstils erlaubt es, manche Einsicht in ein Kunstwerk zu tun, jedoch nur um den Preis, daß der sprachliche Faktor allein im Zusammenhang mit den anderen, zum großen Teil außersprachlichen Faktoren der Dichtung sinnvoll gedeutet werden kann".[107] Nun ist die Literaturwissenschaft nicht mehr allein auf das ‚sprachliche Kunstwerk' fixiert, sondern nimmt sich aller Arten von Texten an, doch es gilt für alle Texte, daß sie nicht allein nach der Sprachform interpretiert werden können. Zu diskutieren ist daher in diesem Zusammenhang nicht der Gegenstand der Literaturwissenschaft, son-

---

105   B. Stolt weist in einem Aufsatz nach, daß in DDR-Stilistiken Prinzipien der klassischen Rhetorik für die Abfassung literarischer Werke empfohlen werden. Im Hintergrund steht dabei die Intention, ein breites Publikum zu belehren, zu überzeugen und zu überreden. (Birgit Stolt: Klassische Rhetorik in modernem Gewand. In: Victor Lange/Hans-Gert Roloff (Hrsg.): Dichtung. Sprache. Gesellschaft. Akten des IV. Internationalen Germanisten-Kongresses 1970 in Princeton. Frankfurt/M. 1971. S. 483—491.

106   Ein anschauliches Beispiel dafür, wie ‚Stil' bewußt gemacht und damit bewußtgemacht wird, bietet Raymond Queneau mit seinen stilistischen Exerzitien. Indem er spielerisch die Mechanismen vorführt, die ‚Stil' konstituieren, kann er einer Analyse zu der Einsicht verhelfen, nicht zu schematisch zu verfahren (Raymond Queneau: Stilübungen. Bibliothek Suhrkamp 148. Frankfurt/M. 1966.)

107   Werner Krauss: Grundprobleme der Literaturwissenschaft. rde 290/291. Reinbek 1968. S. 104.

dern ihre verschiedenen Methoden und deren Beziehungen zur Stilistik.

Pauschal kann man den Zusammenhang so beschreiben: die Literaturwissenschaft untersucht die Wirkung des Stils in ästhetischer, historischer und soziologischer Hinsicht. Sie orientiert über den Autor und dessen Intentionen, die sich im Text aktualisieren; sie macht Aussagen über den biographischen Hintergrund des Verfassers; sie ordnet den Text in gesellschaftliche Bezüge ein; sie fragt nach den Adressaten und möglichen Rezipienten und deren Verhalten gegenüber dem Text, einem Verhalten, das dem historischen und sozialen Wandel unterliegt; in der synchronen Interpretation wird der Text verglichen mit anderen, themen- oder gattungsähnlichen Werken aus der gleichen Zeit. Dieses Spektrum unterschiedlicher Betrachtungsweisen geht weit über das hinaus, was noch Staiger mit dem „unverwechselbar eigenen Stil"[108] benennt, der nur in der Kunst selbst und dort in sich stimmig zum Tragen kommt.

„Wenn dem Dichter ein Werk geglückt ist, trägt es keine Spuren seiner Entstehungsgeschichte mehr an sich. Dann ist es künstlerisch sinnlos zu fragen, ob dies von jenem abhängig sei. Eines schwingt gelöst im anderen, und alles ist ein freies Spiel. Sagen wir es ganz allgemein: Die Kategorie der Kausalität ist nichtig, wo makellose Schönheit als solche verstanden werden soll. Da gibt es nichts mehr zu begründen, Wirkung und Ursache fallen dahin. Statt mit ‚warum' und ‚deshalb' zu erklären, müssen wir beschreiben, beschreiben aber nicht nach Willkür, sondern in einem Zusammenhang, der ebenso unverbrüchlich und inniger ist als der einer Kausalität."[109]

Diese Haltung ist auf reine Werkimmanenz angelegt. Zwar muß die Analyse zuerst konkret am Text verfahren, doch jeder Text, mag er noch so esoterisch sein, ist nicht im luftleeren Raum entstanden. Deshalb wird eine andere literaturwissenschaftliche Position, die sozietätsbezogener argumentiert, dem Problem eher gerecht:

„Die traditionellen literaturwissenschaftlichen Methoden, die mehr oder minder ästhetisch-immanent verfuhren, sind gesellschaftswissenschaftlich zu verändern. Das meint, literaturspezifische Abläufe, wie Werk- und Lebensgeschichte

108 Emil Staiger: Die Kunst der Interpretation. Studien zur deutschen Literaturgeschichte. 5. Aufl. Zürich 1967. S. 18.
109 Staiger: Interpretation. S. 20. Vgl. dazu Manon Maren-Grisebach: Methoden der Literaturwissenschaft. 2. veränd. und erw. Aufl. München 1972. S. 48 f.

eines Schriftstellers, Gattungs-, Stilgeschichte usw., müssen in ihrer Wechselwirkung mit den historisch-gesellschaftlichen Prozessen gesehen werden".[110]

An einem Beispiel soll eine Auswahl möglicher Fragestellungen gezeigt werden, die sich verbinden lassen zu einer zusammenhängenden Interpretation. Der Übersichtlichkeit halber ist hier ein Gedicht gewählt worden, so daß das textlinguistische Problem der Textlimitierung von optischen Kriterien her gelöst werden kann. Mit Bedacht wurde ein ‚politisches' Gedicht herangezogen, da es ohne textexterne Bezüge — trotz Enzensbergers eigenem Postulat[111] — nicht denkbar ist.

Hans Magnus Enzensberger / ins lesebuch für die oberstufe[112]

lies keine oden, mein sohn, lies die fahrpläne:
sie sind genauer. roll die seekarten auf,
eh es zu spät ist. sei wachsam, sing nicht.
der tag kommt, wo sie wieder listen ans tor
schlagen und malen den neinsagern auf die brust
zinken. lern unerkannt gehn, lern mehr als ich:
das viertel wechseln, den paß, das gesicht.
versteh dich auf den kleinen verrat,
die tägliche schmutzige rettung. nützlich
sind die enzykliken zum feueranzünden,
die manifeste: butter einzuwickeln und salz
für die wehrlosen. wut und geduld sind nötig,
in die lungen der macht zu blasen
den feinen tödlichen staub, gemahlen
von denen, die viel gelernt haben,
die genau sind, von dir.

⟶ Fragen zum Stil:

Welche präformierenden Strukturen sind zu erkennen? (Rhythmus)

Gibt es eine dominierende Sprachfunktion? (Appell; Imperative mit Handlungsanweisungen; Darstellung zur Unterstützung des Appells herangezogen)

---

110   Marie Luise Gansberg: Zu einigen populären Vorurteilen gegen materialistische Literaturwissenschaft. In: M. L. G./Paul Gerhard Völker: Methodenkritik der Germanistik. Texte Metzler 16. 2. Aufl. Stuttgart 1971. S. 9.
111   Hans Magnus Enzensberger: Poesie und Politik. In: Einzelheiten II. edition suhrkamp 87. Frankfurt/M. 1964.
112   Hans Magnus Enzensberger: Gedichte. Die Entstehung eines Gedichts. edition suhrkamp 20. Frankfurt/M. S. 28.

Welche syntaktischen Möglichkeiten werden genutzt? (Kurze Imperativsätze verstärken den Appell; längere Sätze nach dem Prinzip der Steigerung; Inversion)

Wie korrespondieren Satz und Zeile? (Zeilensprung fordert Eindringlichkeit)

Wie wird ein stringenter Textzusammenhang erreicht? (Anaphorische Verknüpfung; inhaltliche Wiederholung)

Läßt die Wortwahl semantische Kohäsion (Zusammenhalt) erkennen? (Wortfeld der Macht und Ohnmacht des Lernens)

Sind Worte kontext-adäquat oder ungewöhnlich genutzt? (‚enzykliken', ‚manifest' in ungebräuchlichem Zusammenhang − ‚Verfremdend')

Ist Bildlichkeit festzustellen? (Symbolik von ‚fahrplänen' und ‚seekarten'; übertragene Bedeutung von ‚ode' als Medium ästhetischer Distanz)

—▷ Fragen zur interpretatorischen Einordnung

Welcher Zeitbezug liegt vor? (Hinweis aus dem Titel; Situation des deutschen Lesebuchs um 1957)

Welche Intention verfolgt der Autor?

Welches ist seine Einschätzung politischer Lyrik? (Vgl. ‚Politik und Poesie'. Korrelat zur Intentionalität)

Wer ist der Adressat? (Hier eventuell Konkretisierung auf Schüler möglich)

Welche Wirkung kann beim Leser, abhängig von dessen Situation, erreicht werden?

Gibt es Schwierigkeiten, die eine eindeutige Kommunikation verhindern könnten? (Sprachlicher, inhaltlicher oder intentionaler Art)

Dieser Fragenkatalog, der sich noch erweitern ließe[113], soll die Interpretation nicht pointilistisch-unzusammenhängend gestalten, vielmehr sind die Anregungen nur in ihrer wechselseitigen Abhängigkeit zu verstehen.

---

113   Vgl. dazu die Arbeitsvorschläge von Ekkehart Mittelberg/Klaus Peter: Deutsche politische Lyrik 1814−1970 in Vergleichsreihen (Lehrerheft). Arbeitsmaterialien Deutsch. Stuttgart 1970. S. 21 f.

c) Stil im sozialen Kontext

1. Stil und Gesellschaft

Die Stilistik wandelt sich immer mehr von einer ästhetisierenden Nabelschau zu einem Wissenschaftszweig, der über der Analyse eines Textes dessen historisch-soziales Umfeld nicht vernachlässigt, sondern vielmehr als stilbildende Komponente mit einbezieht. Dadurch erhält Stil einen konkreten Stellenwert im dialektischen Verhältnis von Literatur (oder Geschriebenem allgemein) und gesellschaftlichem Hintergrund. ,,Zwischen Stil und Gesellschaft besteht ein Wechselverhältnis. Einerseits ziehen bestimmte gesellschaftliche Momente zwangsläufig bestimmte sprachliche Ausformungen nach sich: so wirken z. B. Kommunikationssphäre, soziale, berufliche, nationale und andere Besonderheiten der Sender und Empfänger stilbildend, stilprägend. Andererseits wirkt aber der Stil der Rede wieder auf die Gesellschaft zurück. Er ist aktiv mitgestaltend am Inhalt der Aussage und ihrer kommunikativen Wirkung, trägt zur Bewußtseinsbildung und Verhaltenssteuerung der Menschen bei''.[114]

Die Stilistik nimmt einen wichtigen Platz im System der Gesellschaftswissenschaft ein: ,,unter dem soziologischen Aspekt als Lehre vom Gebrauch der stilistischen Mittel und Möglichkeiten in allen kommunikativen Bereichen und Sprechsituationen, in Soziolekten und Idiolekten; unter dem pragmatischen Aspekt als Lehre von der kommunikativen Absicht und der kommunikativen Wirkung im Sprachverkehr''.[115] Ein bezeichnendes Beispiel dafür, wie sehr Stil soziologische Implikationen enthalten kann, findet sich in den Vorschriften der Barockpoetiken, die einer sozialen Schicht bestimmte Stilebenen zuschreiben. Der ,einfache Mann' des Volkes, Bauer oder Handwerker, hat weder die Fähigkeit noch die Berechtigung, sich anders als tölpelhaft, ungebildet, vielleicht noch schlau im Medium des Theaters (Komödie) darzustellen.

114 Elise Riesel: Stil und Gesellschaft. In: Dichtung. Sprache. Gesellschaft. Frankfurt/M. 1971. S. 358.
115 Riesel: Stil und Gesellschaft. S. 358 f. Vgl. dazu Th. W. Adorno: Ästhetische Theorie. S. 15: ,,Trotzdem ist die geistesgeschichtliche Trivialität unbestreitbar, daß die Entwicklung der künstlerischen Verfahrensweisen, wie sie meist unter dem Begriff des Stil zusammengefaßt wird, der gesellschaftlichen korrespondiert.''

Ein Zusammenhang läßt sich auch zwischen Stilentwicklung und sozial determinierter semantischer Sprachstruktur feststellen. Einzelne Stilschichten, die als „emotional"[116] unterschiedlich eingestuft werden, sind durchaus soziologisch interpretierbar: dichterisch-gehoben (ableben, entschlafen), normalsprachlich-umgangssprachlich (sterben), salopp-umgangssprachlich (abkratzen), vulgär (krepieren, verrecken) sind Termini, die sich an sozialen Konventionen orientieren.

Els Oksaar zeigt an einem aufschlußreichen Beispiel, wie die „dynamische Synchronie des gegenwärtigen Deutsch im Bereich der Berufsbezeichnungen"[117] in Beziehung zu setzen ist zur Sozialstruktur. Worte, die unreflektiert in das stilistische Schema von umgangssprachlich-gehoben eingeordnet werden könnten, unterliegen in Wirklichkeit bestimmten sozialen Prozessen. Die Skala „Magd — Dienstmädchen — Hausgehilfin — Hausangestellte — Hausassistentin" oder die Reihe „Formgeber — Entwerfer — Konstrukteur — Designer"[118] haben feststellbare gesellschaftliche Konnotationen. Hier realisiert sich in und durch die Sprache Sozialprestige, dem im größeren Kontext stilistische Bedeutung zukommen kann.

Ein Exempel für politisch-ideologisches Stilverfahren beschreibt Victor Klemperer, wenn er sich mit der „LTI" auseinandersetzt, wobei das Kürzel LTI für „Lingua Tertii Imperii", die Sprache des ‚Dritten Reiches' steht.[119] Er nennt diese Sprache immanent rhetorisch, unter anderem deswegen, weil sie sich häufig an das Gefühl wendet und emotionale Wirkungen erzielen will. Beispiele dafür lassen sich z. B. in den Reden, Zeitungsartikeln wie auch in der Lyrik jener Zeit finden. Klemperer spricht von der „LTI-Stilistik"[120], die sich sogar für Familienanzeigen nachweisen läßt. Damit wird deutlich, daß Stilanalyse eng verbunden sein muß mit ideologiekritischen Überlegungen.[121]

116   Georg Michel u. a.: Einführung in die Methodik der Stiluntersuchung. Ein Lehr- und Übungsbuch für Studierende. Berlin 1968. S. 54. Dort auch die Beispiele.
117   Els Oksaar: Sprachsoziologisch-semantische Betrachtungen im Bereich der Berufsbezeichnungen. In: Sprache der Gegenwart. Bd. 1. Düsseldorf 1967. S. 206.
118   Oksaar: Berufsbezeichnungen. S. 207.
119   Victor Klemperer: „LTI". Die unbewältigte Sprache. dtv 575. München 1969.
120   Klemperer: „LTI". S. 75.
121   Einen Ansatz zur Untersuchung dieses Zusammenhanges bietet Werner Maser: Adolf Hitlers Mein Kampf. Heyne Sachbuch 122. München 1969.

Abschließend sei noch auf die Bedeutung von Ideologiekritik für die Untersuchung von Werbetexten hingewiesen, unabhängig davon, ob diese ein Waschmittel propagieren oder für politische Parteien Reklame machen.[122]

2. Stil in der Alltagssprache

Zwischen den Begriffen ,Alltags- oder Umgangssprache' und ,Stil' scheint ein Widerspruch zu herrschen, wenn Stil unter Wertkategorien, lies: ästhetischer Norm, betrachtet wird. Der Widerspruch löst sich aber auf, sobald man auf die einfache Stildefinition (Stil = Auswahl aus sprachlichen Elementen) rekurriert. Dann ist alltagssprachlicher Stil „die Art und Weise, *wie* die allgemein zur Verfügung stehenden Sprachmittel gerade im täglichen Umgang ausgewählt und gestaltet werden".[123] E. Riesel untersucht in ihrem Buch vor allem mündliche Äußerungen („Alltagsrede") und solche Abschnitte in schriftlichen Texten, die nach umgangssprachlichen Prinzipien organisiert sind. Alltagsrede ist weit stärker von Unbewußtheit, Zufälligkeit, sprachlicher Sorglosigkeit und Spontaneität geprägt, als dies bei einem geschriebenen Text geschieht.

Die kommunikative Situation, der jeweilige pragmatische Kontext beeinflußt den ,Alltagsstil' in besonderem Maße, obwohl Alltagssprache – über das einfache Miteinander-Sprechen hinaus – nicht immer zielgerichtet ist. „Als Hauptfunktion des Alltagsstils wird [...] die *ungezwungen-lockere Verständigung der Menschen* im privaten Umgang miteinander angesehen, [...]. Es handelt sich um *unbefangenes Sprechen* [...]".[124] Ein grundlegender Stilzug der Alltagsrede drückt sich in sprachlicher Lockerheit aus; Ungezwungenheit, Bequemlichkeit, emotionales Entspannen kennzeichnen Haltung und Verfahrensweise des Sprechers.[125] Auf grammatischer Ebene ist das abzulesen

122 Vgl. z. B. Jörg Richter (Hrsg.): Klassenkampf von oben oder Angstmacher von rechts. Dokumente und Analysen eines gescheiterten Wahlkampfes. rororo-aktuell 1658. Reinbek 1973.

123 Elise Riesel: Der Stil der deutschen Alltagsrede. 2. Aufl. Leipzig 1970. S. 61.

124 Riesel: Alltagsrede. S. 63. (Hervorhebung im Original).

125 Riesel: Alltagsrede. S. 63. Zur Kritik an Riesel vgl. Barbara Sandig: Linguistische Stilistik. In: Lingustik und Didaktik 3. 1970. S. 191, die einwendet, daß Begriffe wie „Lockerheit" etc. keine linguistischen Kriterien sind und nichts über die Selektionsbedingungen aussagen.

an einer einfachen, zum kurzen Satz neigenden Syntax, der es nicht immer auf normative Korrektheit ankommt. Satzteile werden ‚abgesondert', da der Textaufbau sich häufig nach emotionaler Motivierung vollzieht. Wort- oder Satzgruppennachträge entsprechen einem mehr assoziativen Denken. Ausdrucksfülle wie Ausdrucksökonomie[126] im syntaktischen wie im semantischen Bereich, nicht immer abhängig von der Redesituation, zeigen eine gewisse Ziellosigkeit der Sprachverwendung. Während ‚Flickwörter', klischeehafte Phrasen, Wiederholungen, stereotype Wendungen u. ä. ein hohes Maß an Redundanz erzeugen, geben verkürzte Formulierungen nur die notwendigste Information.

Diese typisierenden Feststellungen dürfen nicht vergessen lassen, daß gerade die Alltagssprache eng an soziale Kategorien gebunden ist. Sprachliche ‚Lockerheit' kann durchaus Kennzeichen eines entspanntlässigen Gebrauchs verbalen Potentials sein, sie ist möglicherweise aber auch Ausdruck eines gesellschaftlich determinierten Unvermögens.

3. Stil des individuellen Sprechers und gruppenspezifischer Stil

Literarische Stiluntersuchungen befassen sich häufig entweder nur mit der Sprache eines Autors oder mit dem Stil einzelner Epochen; eine Unterscheidung erfolgt in Autor- oder Zeitstil, obwohl statt ‚oder' eher die Konjunktion ‚und' angebracht wäre. Die bisherigen Überlegungen haben gezeigt, daß der Stil eines Autors nicht isoliert werden darf von den politischen, ökonomischen und kulturellen Bezügen, innerhalb derer er sich sprachlich äußert. Trotz aller Originalität ist ein Autor der ‚Gegenwartssprache' verpflichtet, mag man diese ‚Gegenwart' nun für das Jahr 1730, 1890 oder 1974 ansetzen. Andererseits ist es eine literarhistorische Banalität, daß ein Autor in seinem Leben verschiedene Stadien sprachlichen Ausdrucks durchlaufen kann (Problem von Jugendstil versus Altersstil), woraus sich ein Nebeneinander von synchroner und diachroner Stilistik für eine Person ergeben kann. Um bei einem klassischen Beispiel zu bleiben: wollte man vom ‚Stil' Goethes sprechen, so wären darunter zeitlich und strukturell so unterschiedliche Werke zu fassen wie die Jugend-

---

126   Riesel: Alltagsrede: S. 234 ff.

dramen und der ‚West-östliche Diwan'. Selbst ein Autor wie Fonta-
ne, dessen eigentlich literarische Produktion erst im siebenten Lebens-
jahrzehnt einsetzt, macht eine literarische Entwicklung durch, die von
dem ‚Jugendkrimi' ‚Ellernklipp' bis zu dem Spätwerk ‚Der Stechlin'
reicht.[127]

Während bei solchen Untersuchungen textexterne Fragen anhand
historischer Quellen beantwortet werden können, wobei jedoch die
Gefahr besteht, den Text mit Vorverständnissen zu belasten, ist das
methodische Problem der Erhebung des sprachlichen Befundes diffi-
ziler. Der Leser des Jahres 1970 wird bei der Lektüre eines Textes aus
derselben Zeit auf seine sprachliche Kompetenz vertrauen dürfen, die
ihm linguistische Novitäten oder auch Regularitäten anzeigt; mit zu-
nehmender historischer Distanz wird die literarische Kommunikation
‚gestört'. Je nach Entstehungszeit des Werkes können verschiedene
Hilfsmittel herangezogen werden:

1. Zur Orientierung über den semantischen Wert sprachlicher Elemente bieten
sich Wörterbücher an, die genaue Auskunft geben über Wortschatz und Ver-
wendungsmöglichkeiten einzelner Begriffe, z. B. Adelung[128] für das 18.
Jahrhundert, Grimm für das 19. Jahrhundert (mit weiterführenden Ergänzungen)[129], Paul, Trübner und Klappenbach im 20. Jahrhundert[130], sowie
ein spezielles Wörterbuch der deutschen Umgangssprache von H. Küppers[131].

2. Zu allen Zeiten hat es Bestrebungen gegeben, Sprachverhalten zu reformie-
ren oder zu normieren. Im Barock haben die Sprachgesellschaften (‚Pegnitz-
schäfer', ‚Fruchtbringende Gesellschaft') entscheidenden Einfluß gewonnen,
der sich in Poetiken und Sprachlehren niederschlug (Scaliger, Opitz, Hars-
dörffer, Schottelius). Auch die Aufklärung nahm sich der Sprache und damit
deren Benutzer erzieherisch an (z. B. Gottsched). Bis in die Gegenwart
hinein lassen sich Stillehren nachweisen, und wenn ihre Wirksamkeit nicht
immer gleich war, so geben sie doch einen brauchbaren Überblick über den

127   Vgl. Bruno F. O. Hildebrandt: Fontanes Altersstil in seinem Roman
      ‚Der Stechlin'. In: The German Quarterly 38. 1965. S. 139–156.
128   Johann Christoph Adelung: Versuch eines vollständigen grammatisch-
      kritischen Wörterbuchs der hochdeutschen Mundart, mit beständiger
      Vergleichung der übrigen Mundarten, besonders aber der Oberdeutschen.
      5 Bde. 1774–1786. 2. Aufl. 4 Bde. 1793–1801.
129   Jacob und Wilhelm Grimm: Deutsches Wörterbuch. Bd. 1–32. Leipzig
      1854–1961.
130   Hermann Paul: Deutsches Wörterbuch. Bearb. von Werner Betz. 6. Aufl.
      Tübingen 1968.
131   Heinz Küppers: Wörterbuch der deutschen Umgangssprache. 2. Aufl.
      Hamburg 1956.

jeweiligen Sprachzustand[132]. Eine andere Möglichkeit wäre, die Schulbü-
cher einer Zeit (Lesebuch, vor allem aber Sprachbuch) zu analysieren, da
diese zum Teil verantwortlich sind für erworbene Sprachfertigkeiten.

3. Programmatische Schriften einzelner Dichter oder Philosophen, die damit
   sprachliche Innovationen einleiteten (z. B. Hamann, Herder für die „Genie-
   zeit') können ebenfalls Auskunft geben.

4. Ein anderer sprachlicher Hintergrund läßt sich aus Zeugnissen der täglichen
   Sprachverwendung rekonstruieren. Tageszeitungen oder Wochenschriften
   vermitteln einen Eindruck von Sprachusancen, und man kann sich mit ihrer
   Hilfe ein wenig in die ‚Zeitsprache' hineinlesen.

5. Stilistische Alternativen können ermittelt werden, wenn Texte mit ähnlicher Themenstellung herangezogen werden. In Lyrikbänden findet man eine Reihung einzelner Gedichte nach Motiven, wobei jedoch häufig diachron
   verfahren wird. Für den Stil Fontanes beispielsweise wäre es aufschlußreich,
   Texte derjenigen Autoren zu überprüfen, die sich ebenfalls in dem Genre
   ‚Berliner Gesellschaftsroman' versuchten (z. B. P. Lindau, Kretzer, Stinde).

Neben den dargestellten Abhängigkeiten eines Autors vom zeitgebunde-
nen Sprachgebrauch darf aber nicht verkannt werden, daß eine Beeinflussung auch in umgekehrter Richtung vorliegen kann.[133] Nahezu
jeder Autor hat einen Anteil an der Ausgestaltung der Sprache seiner
Zeit. Die wechselseitige Beziehung hat unterschiedliche Gründe, z. B.
ist die soziale Position relevant, die der Dichter im Gesellschaftsgefü-
ge innehat, und die ihn zum Sprachmagister ebenso wie zum esoteri-
schen Außenseiter bestimmen kann. Böckmann spricht in seiner
„Formgeschichte" von den existentiellen Grundeinstellungen, um
Autor und Epoche in Kongruenz zu bringen. „Es genügt [. . .] nicht,
darauf hinzuweisen, daß dem Dichter bestimmte Züge des Daseins
aufgehen und ihn bestimmte Erlebnisse erfüllen; sondern ständig sprechen Vorentscheidungen mit, die noch ganz unterbewußter Natur
sein können und den Umkreis abstecken, in dem das Menschliche
sich dichterisch entfalten lernt. Die Epochenstile scheinen also in einem engeren Bezug zu solchen Vorentscheidungen zu stehen, von de-

---

132 Einige Beispiele sollen hier stellvertretend stehen für die große Anzahl
    derartiger Lehrbücher zu allen Zeiten: G. F. Hillmer: Bemerkungen
    und Vorschläge zu Berichtigung der Deutschen Sprache und des Deut-
    schen Styls. Berlin 1793; Wilhelm Wackernagel: Poetik, Rhetorik und
    Stilistik. 2. Aufl. Halle a. S. 1888; Theodor Matthias: Sprachleben und Sprach-
    schäden: Ein Führer durch die Schwankungen und Schwierigkeiten des
    deutschen Sprachgebrauchs. Leipzig 1892; Richard M. Meyer: Deutsche
    Stilistik. München 1906; Broder Christiansen: Eine Prosaschule. Stutt-
    gart 1949.
133 Vgl. Schneider: Grammatik. S. V.

nen aus sich das Menschliche allererst auffassen lernt. Nur durch ihren Wandel würde sich die Abfolge der Epochen tiefer begründen lassen, sofern nämlich mit solchen vorgegebenen Grundeinstellungen zum Menschlichen zugleich gewisse Formerwartungen und Formabsichten verknüpft sind, die dem Stilwillen die Richtung weisen".[134] Entnimmt man dieser Terminologie der Innerlichkeit die beiden Zentralbegriffe „Vorentscheidung" und „Grundeinstellung", so erhält man durchaus stilbildende Kategorien. Leider versäumt es Böckmann, diese Begriffe auf ihre Determinanten zu befragen. Dann würde deutlich werden, daß „Entscheidungen" oder „Einstellungen" nur möglich sind im Zusammenhang aller sozialen und kulturellen Umwelteinflüsse und nicht im stillen Dichterstübchen bei poetischer Meditation gefunden werden.

d) Stil und Stilistik

1. Stilistik als Methode der Stiluntersuchung

Fast ebenso zahlreich wie die Definitionen von Stil sind die Methoden seiner wissenschaftlichen Bewältigung. Im folgenden sollen einige dieser Methoden dargestellt werden. Das heißt nun nicht, daß sie die wichtigsten oder richtigsten wären. Sie haben aber den Vorteil, von ihren Repräsentanten relativ programmatisch und einheitlich formuliert worden zu sein — was für den Uninformierten allerdings den Nachteil haben kann, daß die stringente Geschlossenheit eines solchen ‚Systems' ihm die Beschäftigung mit anderen unnötig erscheinen läßt. Andererseits haben die folgenden beschriebenen ‚Stilistiken' nicht nur punktuelle historische Bedeutung, sondern sie bestimmten oder bestimmen, zum Teil in wechselseitiger Beeinflussung, die Diskussion bis heute.

Jeder Abschnitt wird eine ‚Stilistik' vorstellen: zuerst einen Überblick über ihre Vertreter und eine historische Einordnung, dann die jeweils maßgebliche Stildefinition, ferner die Methode der Analyse oder das mit ihr angestrebte Ziel, abschließend, sofern angebracht, einige kritische Hinweise, die Effektivität der Methode betreffend.

134   Paul Böckmann: Formgeschichte der deutschen Dichtung. Bd. 1.
       3. Aufl. Hamburg 1967. S. 29.

Formalistische Stilistik

Der russische Formalismus ist zeitlich in die Jahre 1915 bis 1930 zu fixieren; er hat seinen Ursprung in dem Bemühen russischer Philologen, die Probleme der poetischen Sprache als Aufgabe für linguistische und literaturwissenschaftliche Forschung explizit zu machen.[135] Die wichtigsten Wortführer waren Jakobson (der auch maßgeblichen Anteil am Prager Strukturalismus hat), Šklovskij, Eichenbaum und Tynjanow.

Das Thema der formalistischen Poetik war die dichterische Sprache, und Stil war immer gleichzusetzen mit ‚literarischem Stil‘. Bei der Erklärung von Stil stehen sich ‚Maximal‘- und ‚Minimal‘-Definitionen[136] gegenüber. Einmal wird Stil bestimmt als die Ganzheit der in einem dichterischen Werk angewandten Kunstmittel, als das zugrundeliegende Prinzip, das die Einheit eines Werkes konstituiert und für die Funktion jedes einzelnen Teils verantwortlich ist. Dazu gehören dann auch außerhalb der Wortebene liegende Schichten wie ‚Komposition‘ und ‚Thema‘.[136a] Auf der anderen Seite wird Stil eingeschränkt auf die Worte, auf die dichterische Anwendung linguistischer Hilfsmittel. Teilweise wurde die Forderung erhoben, die Stilforschung solle sich „auf besondere Aspekte im Wortschatz des Dichters, vorzugsweise auf immer wiederkehrende ‚Wortmotive‘ konzentrieren, d. h. auf Worte oder Wortverbindungen, die von dem jeweiligen Dichter oder der Schule bevorzugt wurden“. Ein Kompromiß läßt sich etwa in der Erklärung Eichenbaums finden, der zwar die Wichtigkeit der verbalen Ebene eines Textes für eine Stilanalyse anerkennt, zugleich aber Stil als eine auf ästhetische Wirkung gerichtete „teleologische Einheit“ von Kunstmitteln auffaßt. Der Begriff des ‚Kunstmittels‘, des künstlerischen Verfahrens ist konstitutiv für die formalistische Stilistik. Diese Kunstmittel erzielen ihren Effekt — die Hervorhebung der Literarität — durch eine Abweichung von der Norm, und als die entscheidende Norm galt der allgemeine Sprachgebrauch, von dem sich die poetische Sprache abhob. Kunstvolle Abweichung eines Dichters von der Norm ist aber nur von dem zu bemerken, der eine genaue Kennt-

---

135 Vgl. Victor Erlich: Russischer Formalismus. Literatur als Kunst. München 1964. S. 68 ff.
136 Erlich: Formalismus. S. 259; dort und S. 260 f. auch zum folgenden Zitat.
136 a) Vgl. dazu S. 114 ff. und überhaupt Teil II.

nis von ihr hat. Somit „muß eine angemessene Beschreibung oder Reaktion auf den literarischen Stil nicht nur die Art der schöpferischen Deformierung berücksichtigen, sondern ebenso das Wesen dessen, was deformiert wurde oder wovon abgewichen wird [. . .]. Die Stilanalyse muß zeigen, wo im jeweiligen Fall der außerliterarische Bezugspunkt liegt, der vergleichbare Typ der ‚praktischen' Sprache".[137]

Diese Differenzqualität wurde vor allem bei der Untersuchung von Lyrik relevant, obwohl für den ‚poetischen Stil' noch andere Kriterien wichtig waren; Phonetik wie Rhetorik bezog man in die Überlegungen ein[138], und als besonders wichtig erwies sich der Begriff des Rhythmus. Rhythmisch-syntaktische Erscheinungen werden in Zusammenhang gesehen mit der schöpferischen Rolle der Vers- und Sprech-Intonation. Eichenbaum begründet das: „Es kam mir besonders darauf an, die *Dominante* aufzuspüren, die den jeweiligen poetischen Stil organisiert [. . .]".[139] Eine solche stilistische Dominante ermöglichte den Formalisten sowohl eine Abgrenzung des Verses von der Prosa wie auch die Unterscheidung zwischen verschiedenen Arten von Dichtung.[140]

Wurden für die Lyrik vor allem klangliche Kunstmittel als Stilistika festgestellt, so waren für die Prosa mehr kompositorische ‚Verfahren' als Stilmittel anerkannt. „Ziel der Kunst ist es, ein Empfinden des Gegenstandes zu vermitteln, als Sehen, und nicht als Wiedererkennen; das Verfahren der Kunst ist das Verfahren der ‚Verfremdung' der Dinge und das Verfahren der erschwerten Form, ein Verfahren, das die Schwierigkeit und Länge der Wahrnehmung steigert, denn der Wahrnehmungsprozeß ist in der Kunst Selbstzweck und muß verlängert werden; [. . .]".[141] ‚Verfremdung' als gestaltendes Prinzip, als generelle Intention von Dichtung ist spätestens seit Brecht allgemein bekannt geworden. Gerade in diesem Begriff wird deutlich, daß kompositorische wie sprachliche ‚Kunstmittel' ineinandergreifen, um eine Wirkung beim Rezipienten hervorzurufen.

137 Erlich: Formalismus. S. 261 f.; siehe auch S. 18 f.
138 Vgl. Erlich: Formalismus. S. 242 ff.; ebenso Striedter: Zur formalistischen Theorie. S. XLIII.
139 Boris Eichenbaum: Die Theorie der formalen Methode. In: B. E.: Aufsätze zur Theorie und Geschichte der Literatur. edition suhrkamp 119. Frankfurt/M. 1965. S. 35. (Hervorhebung im Original.)
140 Vgl. Erlich: Formalismus. S. 247.
141 Viktor Šklovskij: Die Kunst als Verfahren. In: Texte der russischen Formalisten 1. S. 15. Vgl. auch Striedter: Zur formalistischen Theorie. S. XXVII.

Die Entwicklung der formalen Methode beschreibt Eichenbaum folgendermaßen: „Von der summarischen Gegenüberstellung der poetischen und der praktischen Sprache schritten wir fort zur Differenzierung des Begriffs der praktischen Sprache nach Funktionen [. . .]. Im Zusammenhang mit diesen Studien fingen wir an, uns mit der Analyse der Rede zu beschäftigen [. . .]. Wir formulierten die Notwendigkeit einer der Poetik benachbarten Rhetorik [. . .]".[142] Das geschieht exemplarisch bei der Analyse von „Sprache und Stil Lenins".[143]

Der Formalismus untersuchte auch die literarischen Stile nach ihren Epochen, und er bezeichnet den Wechsel solcher Zeitabschnitte mit „Evolution". Dieser Vorgang wurde als rein innerliterarisches Phänomen gefaßt: „Die Evolution der Literatur läßt sich nur dann erforschen, wenn man die Literatur als Reihe, als System nimmt, das auf andere Reihen und Systeme bezogen und durch sie bedingt ist. Man hat dabei von der konstruktiven zur literarischen, von der literarischen zur Redefunktion vorzugehen".[144] Die Bedeutung von sozialen Faktoren im literarischen Prozeß, ihr direkter Einfluß auf die Literatur wird unterbewertet bzw. strikt negiert.

An diesem Faktum setzt vor allem die Kritik an, die eine Diskussion mit den Formalisten führt. Als einer der ersten Kontrahenten trat Trotzkij auf; er soll hier stellvertretend zitiert werden für die marxistische Gegenposition. „Das künstlerische schaffen ist stets eine komplizierte neuverwendung alter formen unter dem einfluss neuer impulse, die von einem gebiet ausgehen, das ausserhalb der kunst selbst liegt. In diesem weiten sinn ist die kunst *dienend*. Sie ist keine körperlose, sich selbst nährende elementarkraft, sondern eine funktion des gesellschaftlichen menschen, die unlöslich mit dem alltag und dessen zuschnitt verbunden ist".[145]

142   Eichenbaum: Theorie. S. 51.
143   Fritz Mierau (Hrsg.): Sprache und Stil Lenins. Reihe Hanser 47. München 1970.
144   Vgl. Jurij Tynjanow: Über literarische Evolution. In: J. T.: Die literarischen Kunstmittel und die Evolution der Literatur. edition suhrkamp 197. Frankfurt/M. 1967. S. 59; zum Begriff „Evolution" vgl. S. 37 ff.
145   Leo Trotzkij: Die formalistische Schule der Dichtkunst und der Marxismus. In: L. T.: literatur und revolution. Berlin 1968. S. 153. (Hervorhebung im Original.)
      Vgl. zu diesem Thema auch Hans Günther (Hrsg.): Marxismus und Formalismus. Reihe Hanser 115. München 1973.

Der Strukturalismus geht in seinen Anfängen auf die Darstellungen de Saussures zurück und auf dessen Theorie von der Sprache als einem in sich geschlossenen, wechselseitig determinierten Zeichensystem.[146] Zu Ergebnissen gelangt „die strukturale Methode über die Feststellung der formalen Beziehungen, welche die ein Phänomen konstituierenden Elemente miteinander verbinden (Beziehungen wie Opposition, Permutation, Transformation). Das System dieser Beziehungen, als jeweilige Realisation bestimmter Kombinationsmöglichkeiten der Elemente gedacht, wird Struktur genannt".[147] Diese Beziehungen, ihre verschiedenen Konstellationen auf der Satz- und Textebene und ihre Wirkungsrelevanz untersucht Michael Riffaterre in seiner „Strukturalen Stilistik".[148]

Für Riffaterre ist Stil vor allem im Rezeptionsvorgang feststellbar, weshalb es ihm richtig erscheint, „den Stil als eine Hervorhebung zu bezeichnen, die der Aufmerksamkeit des Lesers bestimmte Elemente der Wortfolge aufnötigt [. . .]".[149] Allerdings erweitert er im Verlauf der Untersuchung die Möglichkeiten des stilistischen Effekts auch auf andere sprachliche Gegebenheiten, z. B. Wortarten, Sprachklischees, Zusammenhang von Metrum und Sprache.[150]

Zur Erklärung des stilistischen Verfahrens und seiner Analyse hält sich Riffaterre an das vom Kommunikationsmodell vorgegebene Schema: der Autor verschlüsselt eine Nachricht, übertragen wird sie in einer mit stilistischen Merkmalen versehenen textualen Äußerung, der Leser kann sie mit Hilfe der Stilistiken bewußter ,dekodieren'.

Die Aufgabe des Schriftstellers ist deswegen besonders schwierig, weil er nicht wie der Sprecher auf außerlinguistische Ausdrucksmittel

---

146   Zur historischen Entwicklung vgl. Manfred Bierwisch: Strukturalismus. Geschichte, Probleme und Methoden. In: Kursbuch 5. 1966. S. 77–152; Günther Schiwy: Der französische Strukturalismus. Mode. Methode. Ideologie. rowohlts deutsche enzyklopädie 310/311. Reinbek 1969.

147   Helga Gallas: Strukturalismus. In: Schiwy: Strukturalismus. S. 230.

148   Michael Riffaterre: Strukturale Stilistik. List Taschenbücher der Wissenschaft 1422. München 1973.

149   Riffaterre: Stilistik. S. 31.

150   Vgl. Bertil Malmberg: Die expressiven und ästhetischen Ausdrucksmöglichkeiten der Sprache. Ihre strukturale und quantitative Beschreibung. In: Zeitschrift für Literaturwissenschaft und Linguistik. 1. Jg. H. 3. 1971. S. 9–38.

wie Intonation oder Gestik zurückgreifen kann, um seiner Nachricht
Wirksamkeit zu verleihen; er muß sie durch Verfahren des Nachdrucks,
wie Hyperbel, ungewöhnliche Wortfolge, z. T. auch Metapher etc. ersetzen. Damit der Leser den Gedanken des Autors folgt, „müssen die
Elemente, die der Aufmerksamkeit nicht entgehen dürfen, unvorher-
sehbar sein. [. . .] Die Vorhersehbarkeit nämlich kann zu einer ober-
flächlichen Lektüre führen, die Unvorhersehbarkeit hingegen erzwingt
die Aufmerksamkeit: die Intensität der Rezeption wird der Intensität
der Nachricht entsprechen".[151] Hier sind deutlich Anleihen bei der
Rhetorik zu erkennen; auch dort die Motivation, dem Leser/Hörer
geistige Präsenz abzuverlangen. Einzelne Stilmittel, lexikalischer wie
syntaktischer Provenienz, sind also Elemente der Kodierung.

Der Hauptgegenstand der Stilanalyse sind die sprachlichen Einzelheiten eines Textes; ihre stilistische Spezifik erhalten sie im Kontrast
zu einer Norm. Anders aber als die Vertreter einer Abweichungsstili-
stik (Stil = Abweichung von der allgemeinen Sprachnorm) definiert
Riffaterre den Kontext als Norm. „Der stilistische Kontext ist ein
*linguistisches pattern, das von einem unvorhersehbaren Element durch-
brochen wird;* der sich aus dieser Interferenz ergebende Kontrast ist
der stilistische Stimulus [. . .], jedes stilistische Faktum besteht also
aus einem Kontext und einem Kontrast".[152] Das sprachliche Verfahren, das Kunstmittel — schon von den Formalisten her bekannt — ist
nur in kontrastierender Umgebung wahrzunehmen: Superlative z. B.
können außerordentlich expressiv sein, jedoch ist in einem von Superlativen saturierten Text die einfache Form des Adjektivs herausste-
chend.[153]

Riffaterres stilistisches Kommunikationsmodell ist eminent hörerbezogen: Stil aktualisiert sich erst in der Reaktion des Lesers/Hörers.
Auslösendes Moment dabei ist der stilistische Stimulus; Riffaterre verfährt bei der Darstellung von Stilrezeption nach dem behavioristischen
Reiz-Reaktions-Schema, von dem er sich eine Objektivierung der Beschreibung verspricht. „Die Aufgabe der Stilistik besteht also darin,
die Sprache vom Standpunkt des Entschlüsselers zu untersuchen, da
seine Reaktionen, seine Hypothesen über die Absichten des Verschlüs-
selers und seiner Werturteile allesamt Antworten auf die in der verbalen Sequenz verschlüsselten Stimuli sind".[154]

151   Riffaterre: Stilistik. S. 35.
152   Riffaterre: Stilistik. S. 53 und S. 61 (Hervorhebung im Original).
153   Riffaterre: Stilistik. S. 91.
154   Riffaterre: Stilistik. S. 125.

Der Durchschnittsleser, den Riffaterre als Kronzeugen bemüht, braucht nicht linguistisch — im Sinne der Wissenschaft — kompetent zu sein; dadurch können allerdings auch einige Fehler in der Stilanalyse entstehen, die vom Stilforscher selbst auszumerzen sind. Einmal können die Aussagen des Informanten Werturteile sein, die einen objektiven Befund verhindern. Jedoch wird die Antwort, ,,wenn man von ihrer wertenden Formulierung absieht, zu einem objektiven Kriterium für das Vorhandensein ihres stilistischen Stimulus".[155] Ein anderer Irrtum kann sich aus der Unfähigkeit des Informanten ergeben, synchronische und diachronische Fakten in der Sprache zu erkennen.[156] Die möglichen Fehler nennt Riffaterre ,,Addition" und ,,Auslassung". Addition heißt, linguistische Elemente früherer Sprachzustände (z. B. Archaismen) als stilistischen Kontrast aufzufassen, weil sie aus der Kompetenz des Lesers verschwunden sind. Auslassung bedeutet, Stilmerkmale vergangener Zeit nicht mehr als Kontrastphänomen wahrzunehmen, da sie inzwischen zum ‚normalen' Sprachgebrauch gehören. Hier muß der Linguist zugunsten des Textes eingreifen, um diese Irrtümer richtig zu stellen.

Aus der gesamten Stilistik Riffaterres destilliert S. J. Schmidt eine Typologie stilbildender Strategien heraus[157]:

1. Durchbrechen einer syntaktischen oder semantischen Sequenz
2. Durchbrechen einer National-Sprache, einer Sprechhöhe (z. B. durch Fremdspracheneinschübe[158], Neologismen, Jargon, Sondersprachen)
3. Durchbrechen einer Perspektive, eines Erzählfocus
4. Einfügen von Zitaten, metasprachliche Wendungen
5. Durchbrechen von Erwartungsschemata durch Metaphern, Wiederholung, sensationelle Wendung des Geschehens
6. Musterbildung (etwa durch Formrekurrenz im Gedicht), durch Leitmotivik, Zuordnung von Sprechweisen zu Personen
7. Einsatz nicht-sprachlicher (etwa optischer) Mittel (visuelle Poesie).

Schmidt weist in diesem Zusammenhang noch darauf hin, daß ein Stilistikum — durch den Kontrast herausgestellt — in Wirkung und Existenz ,,nur in bezug auf eine gesellschaftliche Situation entschie-

155   Riffaterre: Stilistik. S. 41.
156   Riffaterre: Stilistik. S. 48 f.
157   Siegfried J. Schmidt: Literaturwissenschaft als Forschungsprogramm. In: Linguistik und Didaktik. 2. Jg. H. 5. 1971. S. 55.
158   Vgl. Els Oksaar: Interferenzerscheinungen als Stilmittel. In: Dichtung. Sprache. Gesellschaft. Frankfurt/M. 1971. S. 367–374.

den werden"[159] kann. J. Trabant[160] übt an dem theoretischen System Riffaterres dreifach ansetzende Kritik. Zum ersten ist ihm der Literaturbegriff von Riffaterre zu weit und zu unpräzise gefaßt (literarische Nachricht = dauerhafte, unveränderte Nachricht)[161]; demnach wäre eine diffuse Menge Geschriebenes Literatur. Riffaterre schränkt hier aber selber ein: literarisch ist jene Schrift, „die die Merkmale eines Denkmals besitzt, d. h., die durch ihre Form die Aufmerksamkeit auf sich lenkt".[162] Der zweite, gewichtigere Einwand ist gegen die Einengung des Kontextes gerichtet: der Begriff "pattern" bezieht sich nur auf einen kleinen Textabschnitt. Größere Zusammenhänge, auch solche, die über linguistische Einheiten hinausgehen, bleiben unberücksichtigt.[163] Zuletzt argumentiert Trabant gegen die von Riffaterre beanspruchte Objektivität. Schließlich ist immer die subjektive Reaktion des Lesers — wenn auch als beobachtbares Verhalten — Grundlage der Stilanalyse. Selbst wenn der Stilforscher scheinbar unbeeinflußt die Einordnung der Stilzüge vornimmt, ist seine subjektive Interpretation nicht auszuschalten.[164]

Mathematische Stilistik

Bereits bei den russischen Formalisten und den tschechischen Strukturalisten nutzte man die Möglichkeiten, sprachliche Konstrukte durch mathematische Analyse zu erfassen.[165] Die Struktur eines Textes ergibt sich u. a. aus der Summe der einzelnen Elemente, aus ihrer Zuordnung zueinander, ihrer Frequenz und Distribution[166]; ferner kann

159 Schmidt: Literaturwissenschaft. S. 55.
160 Jürgen Trabant: Zur Semiologie des literarischen Kunstwerks. Glossematik und Literaturtheorie. Internationale Bibliothek für Allgemeine Linguistik 6. München 1971. S. 243 f.
161 Riffaterre: Stilistik. S. 36.
162 Riffaterre: Stilistik. S. 30.
163 Trabant: Semiologie. S. 244.
164 ebd.
165 Vgl. Jiri Levý: Die Theorie des Verses — ihre mathematischen Aspekte. In: Helmut Kreuzer/Rul Gunzenhäuser (Hrsg.): Mathematik und Dichtung. sammlung dialog 3. 4. Aufl. München 1971. S. 211 ff.; Lubomir Dolezel: Zur statistischen Theorie der Dichtersprache. In: Mathematik und Dichtung. S. 275–293.
166 Levý: Theorie. S. 211.

die Häufigkeit sprachlicher Merkmale arithmetisch untersucht werden.

Eine mathematische Charakterisierung des Begriffs ‚Stil' geht von solchen Auffälligkeiten aus; danach ist Stil „erschöpfend definiert durch die Gesamtheit aller quantitativ faßbaren Gegebenheiten in der formalen Struktur eines Textes [. . .]".[167] Daraus ergibt sich bereits die Intention einer mathematischen Stilanalyse: sie will nur empirisch Feststellbares beschreiben, nicht aber werten oder Wirkungen ermitteln. Allenfalls vermag sie auf statistische Extremwerte hinzuweisen und damit dem Stilforscher einen Anhaltspunkt zur Weiterarbeit zu geben. Ihr ureigenes Anliegen ist die Behandlung sprachlicher Elemente nach statistischen Kriterien. So gibt sie Auskunft über die Häufigkeit bestimmter Wortarten in einem Text, z. B. Verben oder Nomina; ferner orientiert sie über Wortumfang (Silbenzahl) oder Satzlänge (Anzahl der Worte pro Satz), woraus sich eventuell Feststellungen über Wort- oder Satzschwulst bzw. einen sehr simplen Primitivstil ableiten lassen.[168]

Wichtigere Einblicke in die formale Struktur eines Textes, als es durch Konstatieren von Häufigkeitsverteilungen geschieht, kann eine Untersuchung der unterschiedlichen Abfolge einzelner Wortklassen vermitteln. Die ‚Übergänge' von Wortart zu Wortart (z. B. Übergang von Verb-Substantiv, Verb-Adverb, Adjektiv-Substantiv oder umgekehrt) sind teilweise autoren-spezifisch und erlauben Wahrscheinlichkeitsaussagen über die Zuordnung eines Textes zu einem Autor.

Auch die Korrelation einzelner Wortarten in einem Text ist mathematisch überprüfbar. Besonders die Nutzung eines Adjektiv-Verb-Quotienten kann für eine Stilanalyse ergiebig sein[169], da hier Rückschlüsse auf die Aussageabsicht möglich sind. Wenn Frequenz und Korrelation von Wortklassen in einem Text exakt festgestellt sind, so bilden diese Erkenntnisse nicht die Grundlage für eine Wertung. Umgekehrt jedoch lassen sich vielleicht Rückschlüsse auf Wertungskriterien von Stilistikern ziehen, wenn bestimmten Texten bestimmte Urteile zugeordnet werden.

167 Wilhelm Fucks/Josef Lauter: Mathematische Analyse des literarischen Stils. In: Mathematik und Dichtung. S. 109.
168 ebd. Solche Aussagen sind jedoch nur unter Vorbehalt zu machen, da im Einzelfall durchaus künstlerisch intendierte Verfahren vorliegen können.
169 Hardi Fischer: Entwicklung und Beurteilung des Stils. In: Mathematik und Dichtung. S. 171–183.

Zusammenfassend ist zu sagen, daß die mathematische Stilistik keine Methode entwickelt, die bereits eine umfassende und komplexe Untersuchung ermöglicht. Sie legt aber einen akzeptablen Grund zu weiterführender Analyse.

Funktionale Stilistik

Die funktionale Stilistik ist strikt an Absicht, Gebundenheit und Zielrichtung sprachlichen Vorgangs orientiert. Ihre Definition von Stil weist eine enge Beziehung zu Erkenntnissen der Pragmalinguistik auf: „Im Stilsystem sind die qualitativen und quantitativen Gesetzmäßigkeiten zusammengefaßt, die die Auswahl und Organisation sowie die Häufigkeit des Vorkommens der einzelnen Sprachelemente zu bestimmten Mitteilungszwecken regeln".[170] Ergänzend schreibt E. Riesel dazu: „Die funktionalen Stile stehen dem Sprecher als gebrauchsfertige Verwendungsweisen des Sprachsystems zur Verfügung, als Paradigma; dies sei ausdrücklich betont, um Mißverständnissen vorzubeugen, als ob Stil erst bei jedem einzelnen Sprechakt von neuem geschaffen würde".[171] Dabei werden jedoch die variablen Determinanten des situativen Kontextes unterschätzt; man könnte eher sagen, daß der Sprecher über eine stilistische Kompetenz verfügt, die ihn in konkreten Situationen sprachlich angemessen reagieren läßt. Nach E. Riesel besteht die Funktion eines Stils darin, bestimmte soziale Bereiche adäquat zu vertreten. „Es bilden sich im Sprachverkehr bestimmte Gebrauchs- und Redeformen heraus, die nicht bloß Ausdruck des subjektiven Sprachwillens sind, sondern *gesellschaftlich sanktioniert werden.*"[172] Riesel unterscheidet mehrere ‚funktionale Stile'[173]:

1. Stil des öffentlichen Verkehrs. Funktion: Vollzug des offiziellen Verkehrs zwischen Ämtern und Behörden untereinander und mit der Bevölkerung. Texte: Erlasse, Rundschreiben etc. Stilistisches Inventar: Kompliziertheit ausführlicher Satzstrukturen; Fehlen expressiver Lexik.
2. Stil der Wissenschaft. Funktion: logisch-sachliche Beweisführung soll Erkenntnis der Wirklichkeit und ihrer Gesetze vermitteln. Texte: wissen-

---

170   Riesel: Alltagsrede. S. 54.
171   ebd. Anm. 1.
172   Riesel: Alltagsrede. S. 56.
173   Elise Riesel: Abriß der deutschen Stilistik. Moskau 1954. S. 11 ff.

schaftliche Abhandlungen, Kommentare, Vorlesungen. Stilistisches Inventar: neutrale literarische Lexik ohne expressive Färbung; eindeutige Terminologie; sparsamer Gebrauch von sprachlichen Bildern; syntaktische Unterordnung.
3. Stil der Publizistik. Funktion: Information – Riesel schreibt: Aufklärung – der Bevölkerung über aktuelle Ereignisse. Texte: Zeitungsartikel etc. Stilistisches Inventar: Verwendung von aktuellen Realien (Namen von Orten, Personen etc.), aktuelle Schlagwörter, Periphrasen und Anspielungen.
4. Stil der Alltagssprache (siehe dazu ausführlich S. 48 f.).
5. Stil der schönen Literatur. Funktion: Repräsentation eines bestimmten Ideengehaltes durch sprachlich stilistische Ausdrucksmittel.[174] Texte: beliebige dichterische Literaturwerke. Stilistisches Inventar: Elemente aus *allen* Sprachstilen; Nutzung aller Möglichkeiten sprachlichen Ausdrucks.

Da Riesel die ästhetischen Qualitäten von Texten als sekundär gegenüber den ideologischen Faktoren ansieht, sind Stilmittel vorrangig wirksame Übermittler sozialer Gehalte.[175] An diesem Punkt zeigt sich, daß der Begriff ‚funktionaler Stil' nicht unbeschränkt anwendbar ist – jedenfalls nicht, wenn man die Prämisse akzeptiert, daß Literatur *nicht nur* als ein Vehikel für bestimmte Ideengehalte zu denken ist; vielmehr muß die Variabilität unterschiedlicher pragmatischer Situationen mitbedacht werden.[176]

Eindeutig praktikabel jedoch und zum Teil sogar richtungsweisend läßt sich der Begriff im Bereich streng intentional ausgerichteter Texte verwenden, die in soziale Zusammenhänge eingebaut sind und hier bestimmte Funktionen erfüllen. B. Sandig modifiziert Riesels Katalog von ‚Gattungsstilen', indem sie von linguistischen Kriterien auf Textsorten schließt: „Man wird dem statistischen Charakter des Phänomens funktionaler Stil eher gerecht, wenn man nach typischen Bündeln von sprachlichen Selektionen fragt, wenn man also zunächst empirisch vorgeht, indem man einzelne Textsorten [. . .] und die Anwendungsbedingungen untersucht".[177]

174 Elise Riesel: Studien zu Sprache und Stil von Schillers „Kabale und Liebe". Moskau 1957. S. 6.
175 Riesel zeigt das in ihren Untersuchungen zu Schillers Stil, wo sie „Kabale und Liebe" als erstes politisches Tendenzdrama klassifiziert.
176 Eine komplexere Erklärung von ‚Dichtersprache' bietet Bohuslav Havránek: Die Theorie der Schriftsprache. In: Detlef C. Kochan (Hrsg.): Stilistik und Soziolinguistik. 2. Aufl. Berlin 1971. S. 30 ff.
177 Sandig: Linguistische Stilistik. In: Linguistik und Didaktik. 1. Jg. 1970. S. 192.

Neben der Literaturwissenschaft, der Linguistik, der Soziologie und der Mathematik kann der Stilforscher noch eine andere Wissenschaft bemühen: die Psychologie. Jedoch nicht in der Absicht, die Reaktionen des Lesers zu kontrollieren[178], sondern um die Psyche des Autors im Medium ‚Sprache' aufzuspüren und den Stil gewissermaßen als ‚seelisches Kondensat' einzuordnen.

H. Seidler nennt in seinem Buch „Allgemeine Stilistik" die Voraussetzung für eine psychologisch argumentierende Stilforschung: „In alle sprachlichen Gebilde ist — wesenhaft und ursprünglich — *das Menschliche* eingeformt. Man kann in der Sprache immer den Menschen, und in konkreten Gestaltungen einen Menschen vernehmen. [. . .] In der Sprache ist das tiefste Innere des Menschen aufgehoben".[179] Das Rationale, Bewußte bleibt ausgeklammert, weshalb Seidler ‚Stil' auch nur für dichterische Sprache akzeptiert: „In der Sprachkunst wirken sich die Vollkräfte der Sprache, das Gemüthafte vor allem aus".[180] Abgesehen von der problematischen Terminologie ist auch das entworfene Bild des Schriftstellers bedenklich; er wird hier zu einem Seele in Sprache ergießenden Geschöpf hochstilisiert — oder besser: entleiblicht — so daß dem Stilforscher ein nur annäherndes Erfassen des Textes kaum möglich ist.

Wenn man sich an Seidlers Stilerklärung hält, wird es schwer sein, objektiv überprüfbare Methoden zu entwickeln, die einer solchen Definition gerecht werden: „Stil ist die im Sprachwerk durch den Einsatz aller Sprachkräfte erwirkte Gestaltung des Menschlichen in seiner Weite und Tiefe".[181] Der gesamte historisch-soziale Bereich fällt hier völlig weg, der Autor ist sich selbst und seinem Gemüte genug.

---

178 Siehe S. 57.
179 Herbert Seidler: Allgemeine Stilistik 2. Aufl. Göttingen 1963. S. 16. An anderer Stelle modifiziert Seidler seine Feststellungen und rückt z. T. etwas von ihnen ab: Herbert Seidler: Stilistik als Wissenschaft von der Sprachkunst. In: Jahrbuch für internationale Germanistik. 1. Jg. Bd. 1. 1969. S. 129–137, wo er auch literarische Gebrauchsformen zaghaft in das Blickfeld des Stilforschers rückt, sowie: H. S.: Der Begriff des Sprachstils in der Literaturwissenschaft. In: Sprachkunst. 1. Jg. H. 1. 1970. S. 1–19.
180 Seidler: Allgemeine Stilistik. S. 53.
181 Seidler: Allgemeine Stilistik. S. 58.

Auch Spitzer hat seine „Stilstudien" psychologisch motiviert; allerdings geht er konkret von der Psyche eines Autors aus, um daraus Rückschlüsse zu ziehen auf dessen individuelle Art zu schreiben. „Man muß sich nur in die Seele des Schriftstellers versenken [. . .], um das Warum dieses Stils zu verstehen".[182] Ein Text wird so von Spitzer zu zweifacher Überlegung genutzt: die Seele des Dichters erschließt sich ihm aus dem Werk — in diesem Werk will er den psychisch adäquaten Ausdruck des Dichters untersuchen.[183] Dieses Verfahren entwickelte Spitzer zum „philologischen Zirkel", in dem drei Phasen aufeinander folgen: 1. gründliches, wiederholtes Lesen eines Textes, bis Stileigentümlichkeiten bewußt werden; 2. Suchen einer psychologischen Erklärung für derartige Stilmerkmale; 3. Auffinden weiteren Belegmaterials für diese Erklärung im Text.

Was Spitzer, trotz seiner ahistorischen Betrachtungsweise, weiterhin zumindest lesenswert macht, sind seine zahlreichen Beobachtungen zur Verwendung sprachlicher Kunstmittel.

2. Stilistik als Methode der Stildidaktik

An den deutschen Schulen ist die Stilistik kein ausdrücklich reglementierter Arbeitsbereich im Fach Deutsch. Die in den einzelnen Bundesländern zur Zeit erscheinenden Richtlinien haben in ihre umfangreichen Curricula die Stilistik nicht expressis verbis aufgenommen. Während in früheren Sprachbüchern noch der Terminus ‚stilistisch' erschien, z. B. im „Rahn — Pfleiderer"[184], ist er in neueren Werken sachlich integriert in die Bereiche „Besprechen", „Erzählen", „Argumentieren", „Informieren" (Klett-Sprachbuch)[185] oder generell in die Abteilung „Aufsatzlehre" eingebaut („Wort und Sinn").[186] Für die Richtlinien sind stilistische Überlegungen implizit sowohl vorhanden in den Lernzielbereichen ‚Erziehung zur Kommunikations-

---

182 Leo Spitzer: Zu Charles Peguy's Stil. In: L. S.: Stilstudien. 2. S. 304.
183 So z. B. Spitzer: Zum Stil Marcel Prousts. In Stilstudien 2. S. 365 – S. 479; vgl. zum folgenden auch Ullmann: Sprache und Stil. S. 137 f.
184 Rahn — Pfleiderer: Deutsche Spracherziehung. VII. 2: Sprachbetrachtung. S. 61 ff.
185 Sprachbuch. Vom 5. Schuljahr an ff. Stuttgart 1971 ff.
186 Wort und Sinn. Sprachbuch für den Deutschunterricht. Paderborn 1971 (vom 5. Schuljahr an). Im Augenblick ist eine veränderte Auflage im Erscheinen begriffen.

fähigkeit' wie ,Umgang mit Texten'. Allerdings: eine Erziehung zum guten, zum richtigen Stil wird nicht mehr angestrebt. Die Erkenntnis der Soziolinguistik, daß die ,Hochsprache' die herrschende und beherrschende Sprache ist, führte zuerst zu der Forderung, hochsprachliche Defizite weniger kompetenter Sprecher durch Training auszugleichen. Größere Effektivität verspricht man sich jetzt jedoch davon, jeden Sprecher zuerst in seinem ,Sprachmilieu' zu belassen, ihn dieses eventuell reflektieren zu lassen, vor allem aber seine Fähigkeiten zur Verständigung und Mitteilung zu verstärken. ,,Die Aufgabe des Deutschunterrichts ist es, die sprachliche Kommunikationsfähigkeit der Schüler zu fördern".[187] Das bedeutet, daß vor allem der Kommunikationsvorgang als solcher Gegenstand der didaktischen Überlegungen wird: im Sinne einer pragmatisch orientierten Stilistik würde dies erfordern, den Schüler auf die unterschiedlichen Funktionen der Sprache aufmerksam zu machen, ihn zu befähigen, in bestimmten Situationen sprachlich richtig zu handeln. Als Lernziele eines zur Kommunikationsfähigkeit erziehenden Unterrichts formulieren die Hessischen Rahmenrichtlinien einige in der pragmatischen und kognitiven Dimension, z. B.:

,,Die Schüler sollen erkennen, welchen Bezug die jeweilige Gesprächsthematik zu ihrem sozialen Erfahrungsbereich hat.

Die Schüler sollen lernen, Formen der Kommunikation hinsichtlich ihrer Funktion und im Hinblick auf das jeweilige Thema kritisch zu reflektieren.

Die Schüler sollten gegenüber Gesprächsreglementierungen, die nicht ihrem Interesse dienen, sensibilisiert werden".[188]

Für die schriftliche Kommunikation lassen sich ähnliche Aufgaben herleiten: Aufsatzformen sind nicht als Standardprodukte zu vermitteln (Oberstufe = dialektischer Besinnungsaufsatz nach Schema F — durch manche Richtlinien geistert er immer noch), sondern als Möglichkeit schriftlicher ,Ansprache' an einen konkret zu fixierenden Adressaten.

---

187   Hessische Rahmenrichtlinien für das Fach ,Deutsch'. Teilweise abgedruckt in: Gerd Köhler/Ernst Reuter: Was sollen Schüler lernen? Die Kontroverse um die hessischen Rahmenrichtlinien für die Unterrichtsfächer Deutsch und Gesellschaftslehre. Fischer Taschenbuch 1460. Frankfurt/M. 1973. S. 174.
188   Hessische Rahmenrichtlinien. S. 176.

Hier werden Überlegungen einer neuen stilistischen Rhetorik relevant, die auf Wirken und Bewirken zielen.

Auch die Textanalyse kann durch die oben angeführten Möglichkeiten eines stilistischen Ansatzes gefördert werden. Die Textrezeption der Schüler muß bestimmten Zielen gerecht werden. Die Schüler sollen erkennen, „welche Absicht ein Text verfolgt und auf welche Weise die Absicht im Text gegenwärtig ist. Dazu müssen sie lernen, die in einem Text gegebenen Informationen aufzunehmen und distanziert darzustellen, die Besonderheiten der Textstruktur zu bestimmen und die Intention des Textes mit Bezug auf die sprachlichen Mittel konkret zu benennen".[189] Allerdings ist zu fragen, ob Einsichten in Textstruktur und Textintention alleiniges Ziel sein sollen. D. Richter lehnt eine bloße Textexegese, wie kritisch sie immer sein mag, ab, wenn sie sich damit begnügt, die hinter einem Text stehenden Ansichten zu erfragen: „Was meint ihr?" statt „Wem nützt ihr?".[190] Hier ist jedoch nicht mehr die Stilistik allein zur Hilfe berufen, sondern andere Wissenschaften (z. B. die Soziologie) müßten mit ihr kooperieren.

189   Hessische Rahmenrichtlinien. S. 184.
190   Dieter Richter: Ansichten einer marktgerechten Germanistik. In: Das Argument. 14. 1972. S. 322.

II. Sprachübergreifende Stilistik

a) Sachbedingte Textarten und Darstellungsprinzipien

1. Vorüberlegungen

Sprachstilistik und sprachübergreifende Stilistik

Die Stilistik hat sich bisher fast ausschließlich an spezifisch sprachlichen Elementen orientiert, ist im wesentlichen Sprachstilistik geblieben. Als solche erfaßt sie seit eh und je hauptsächlich Wortwahl (Lexik) und Satzbau (Syntax), eher nebenbei auch phonetische Erscheinungen. Für diese traditionelle Stilistik ist in erster Linie der Sprachwissenschaftler zuständig. Der Literaturwissenschaftler ist an ihr mehr beiläufig im Sinne einer Hilfswissenschaft interessiert, insofern sich sein Forschungsgegenstand, die Literatur, auf linguistisch beschreibbare Elemente gründet. Wirklich interessant wird für ihn die Stilistik erst dort, wo sie die Sprache übersteigt. Wenn er den Stil literarischer Werke untersucht, wird er seinen Blick jedenfalls nicht nur auf sprachliche, sondern auch und in erster Linie auf außersprachliche bzw. sprachübergreifende Besonderheiten richten müssen, die sich einem bloß linguistischen oder gar grammatischen Zugriff entziehen. Die konventionelle Stilanalyse im bloß sprachstilistischen Sinne bedeutet für ihn geradezu eine Gefahr. Sie verleitet nämlich zu einer Froschperspektive, welche die grammatisch, lexisch und phonetisch beschreibbare, im Grunde sekundäre Mikrostruktur wichtiger erscheinen läßt als die größeren, letztlich sprachunabhängigen Gestaltungsfaktoren, die die Makrostruktur gerade literarischer Texte bestimmen. Diese Gefahr erscheint um so größer, als die spezifisch literarische Stilistik der Sprachstilistik hinsichtlich ihrer Nomenklatur deutlich unterlegen ist. Das liegt sicherlich auch daran, daß sie den Anspruch, als selbständige Disziplin zu gelten, bisher kaum ernsthaft verfochten hat. Die eigentliche Ursache ist jedoch, daß die sprachübergreifenden Formen weniger streng organisiert sind als die sprachlichen. Dementsprechend mangelt es an einer systematischen Erfassung[1].

Die in den letzten Jahren zu beobachtenden Versuche der Linguisten, ihrerseits die bisherige Beschränkung auf Wort und Satz aufzugeben, mit der Satzgrenze gewissermaßen die linguistische Schallgrenze zu durchbrechen und satzübergreifende (transphrastische) Zusammenhänge im Rahmen einer Textlinguistik bzw. Textgrammatik zu behandeln, stecken noch in den Anfängen. Im Vordergrund steht der Vergleich von Nachbarsätzen.[2] Zur linguistischen Erfassung literarischer Makrostrukturen gibt es bislang kaum mehr als theoretische Entwürfe.[3]

Weitreichender erscheint eine Unterscheidung von Sprach- und *Denkstilistik,* wie sie Krahl und Kurz 1970 in ihrem ,,Kleinen Wörterbuch der Stilkunde" vorgeschlagen haben.[4] Zur Denkstilistik, die sich mit der Gedankenstruktur von Texten beschäftigen soll, rechnen sie als Teilgebiet die literaturwissenschaftliche Stilistik. Ihr begrüßenswerter Versuch, ,,die verwirrend vielfältige und zugleich unzulängliche Terminologie der Stilkunde" zu klären und dadurch zu ergänzen, daß ihr Wörterbuch ,,auch die nichtgrammatisierten Elemente des Stils einbezieht"[5], räumt allerdings längst nicht alle Schwierigkeiten aus. Schon der Begriff ,,Denkstilistik", den sie als ,,Hilfsbezeichnung" einführen, ist problematisch, weil er mißverstanden und weil er zu eng aufgefaßt werden kann.

Daß mit ,,Denkstil" nicht der gleichnamige psychologische Fachbegriff gemeint sei, der die Theorie der formalen Apperzeption bedeute, geben Krahl und Kurz selber zu bedenken.[6] Auf Literatur bezogen, bezeichnet Denkstil demgemäß nicht das Denken des Autors im Sinne der oft mehr oder weniger chaotischen Textentstehung, sondern den bereinigten Gedankengang des fertigen Textprodukts. Zu eng gefaßt wäre der Begriff ,,Denkstil", wenn er nur die Eigenart der im engeren Sinne gedanklichen, meist argumentativen Texte bezeichnete. Er gilt auch für andere, z. B. erzählende Texte.

Die begrifflichen Bedenken ließen sich indes durch Definition abbauen. Gewichtiger ist ein sachlicher Vorbehalt: Wie in der traditionellen Sprachstilistik, so erscheint auch in den Bemerkungen von Krahl und Kurz zur Denkstilistik Stil einseitig als eine realitätsunabhängige Formenwelt.

---

1 Die Ergebnisse der Motiv- und Toposforschung fallen hier kaum ins Gewicht, weil sie, jedenfalls bisher, vorwiegend inhaltlich orientiert sind. Vgl. dazu H. L. Arnold/V. Sinemus (Hrsg.): Grundzüge der Literatur- und Sprachwissenschaft. Bd. 1: Literaturwissenschaft. München 1973. Artikel ,,Stoff-Motiv-Idee" (G. P. Knapp) und ,,Topik" (L. Fischer).
2 Zur sogenannten Satzpaarmethode vgl. Dressler, S. 15. Vgl. auch S. 39 f.
3 Vgl. z. B. T. A. van Dijk/J. Ihwe/J. S. Petöfi/H. Rieser: Prolegomena zu einer Theorie des ,,Narrativen". In: J. Ihwe (Hrsg.): Literaturwissenschaft und Linguistik. Eine Auswahl. Texte zur Theorie der Literaturwissenschaft. Bd. 2. Frankfurt/M. 1973. S. 51—77.
4 Vgl. bes. ihre Artikel ,,Stilistik" und ,,Denkstil".
5 Krahl/Kurz, Vorwort.
6 Krahl/Kurz, S. 31. Apperzeption = bewußte Wahrnehmung.

Die folgenden Ausführungen gehen vom Primat der Sache bzw. von sachbedingten Formen und Normen aus. Sach- und sprachübergreifende Elemente des Denkstils werden erst anschließend, bes. im Zusammenhang der rhetorischen Figuren, behandelt.

Sachbezogene Textklassifikationen

Zur Erfassung sachbedingter Textformen bzw. -normen gibt es bereits verschiedene Ansätze. Sie decken sich mit einem Teil der gerade in letzter Zeit zunehmenden Versuche, Texte zu klassifizieren bzw. zu typisieren. Soweit die Textarten oder Textsorten, wie man neuerdings auch sagt, nicht auf historischen, durch Nachahmung von Vorbildern zustande gekommenen Konventionen beruhen (wie viele Gedichtarten, z. B. das Sonett), sind die klassenbildenden Merkmale nämlich sachlicher Natur. Zur Sache gehört allerdings — das sei zur Vermeidung von Mißverständnissen besonders betont — nicht nur der Gegenstand, sondern auch die Kommunikationssituation, insbesondere hinsichtlich ihrer überindividuellen Rahmenbedingungen (z. B. Gespräch unter vier oder sechs Augen, Telefongespräch, Fernsehen usw.). Berührungen mit der linguistischen Pragmatik[7] lassen sich deshalb im folgenden nicht vermeiden, ja sind durchaus beabsichtigt.

Eine sachbezogene Textklassifikation sollte exakt, überschaubar, ebenso umfassend wie elementar und möglichst textanalytisch verwendbar sein. Die bisherigen Systeme werden diesen Forderungen nur zum Teil gerecht.

Die von der russischen Germanistin Riesel vorgeschlagenen „funktionalen Stile" 1. des öffentlichen Verkehrs, 2. der Wissenschaft, 3. der Publizistik und der Presse, 4. des Alltagsverkehrs, 5. der schönen Literatur etwa lassen die nötige Präzision vermissen.[8] Andere Entwürfe[9] erkaufen die Exaktheit durch eine

---

7 Vgl. S. 37.
8 Vgl. dazu S. 61 f.; Michel, S. 47 f., Sowinski, S. 21–23.
9 Zur näheren Information vgl. G. Belke: Kommunikationstheoretische, semiotisch-linguistische Versuche der Typologisierung und Klassifizierung von Texten. In: H. Belke: Literarische Gebrauchsformen. Düsseldorf 1973. *(= Grundstudium Literaturwissenschaft 9.)* S. 37–57.

Vielzahl von Klassen, werden dadurch leicht unübersichtlich und zwingen die Texte so mehr in ihren Dienst, als daß sie ihnen dienen. Manche Klassifikationen beziehen sich, wie die Gattungen Epik, Drama und Lyrik, nur auf literarische oder doch schriftliche Texte und greifen daher von vornherein zu kurz, oder sie erfassen mehr das Vorhandensein oder Nichtvorhandensein sekundärer Zusatzqualitäten, z. B. des Fiktionalen oder des Ästhetischen, als die elementaren Strukturelemente. Der textanalytische Gebrauchswert schließlich ist bei allen Klassifikationen gering, die – noch einmal seien die drei Dichtungsgattungen als Beispiel genannt – auf einer gruppierenden Zusammenfassung ganzer Texte beruhen. Sie etikettieren einen Text als Ganzes, tragen aber wenig zu einer differenzierten Erfassung seiner individuellen, im Verlauf wechselnden Besonderheiten bei.

Den genannten Anforderungen wird am ehesten eine Klassifikation gerecht, die nicht vom Text als geschlossener Ganzheit ausgeht, sondern ihn als Zusammenspiel verschiedener Faktoren begreift. Die meiste Resonanz hat in der Diskussion der letzten Jahrzehnte das Modell von Karl Bühler gefunden. Er entwickelte es im Anschluß an Platon. Wie dieser versteht er die Sprache als Werkzeug (organon), mit dem „einer – dem anderen – über die Dinge" etwas mitteilt.[10] Dementsprechend unterscheidet er drei Grundfunktionen, durch deren verschieden starkes Hervortreten ein Text sein Profil erhält: Als *Ausdruck* sei Sprache sprecher-, als *Appell* hörer-, als *Darstellung* gegenstandsbetont. Aber auch dieses Konzept erlaubt Einwände.

Der Anteil des Sprechers wird mit dem Begriff „Ausdruck" mißverständlich und überdies in seiner Komplexität nicht differenziert genug bestimmt. Vordergründig denkt Bühler an die sprachlich-stilistische Erscheinungsweise, die man mit dem Wort „Ausdruck" gemeinhin zunächst verbindet. Er begreift diesen sprachlichen Ausdruck dann zusammen mit außersprachlichen, z. B. mimisch-gestischen, Ausdrucksformen als Symptom für die „Innerlichkeit" des Sprechers. Ausdruck ist für ihn also vor allem eine Art Bekenntnis, eine indirekte Selbstdarstellung, durch die sich das Subjekt gleichsam zu einem zweiten Objekt macht. Unberücksichtigt läßt er in diesem Zusammenhang die pragmatisch-kommunikative Funktion des Sprechers, seine Rolle als agierender Gesprächspartner also, die weit wichtiger erscheint als die Funktionen des Formulierens und Bekennens.

Im folgenden betrachten wir die Rollen von Sprecher und Rezipient oder Empfänger, wie ich diesen lieber nennen will, nicht von vorn-

10 K. Bühler: Die Axiomatik der Sprachwissenschaften. Frankfurt/M. 1969 (zuerst 1933). S. 94.

herein getrennt, sondern gehen von der gemeinsamen Kommunikationssituation aus, genauer gesagt, von der Beziehung des Gegenstandes zu dieser Kommunikationssituation. *Je nachdem, ob der Gegenstand zur Kommunikationssituation gehört, von außen sprachlich
herangetragen wird oder − bei meist allgemeinerer Beschaffenheit −
der Situation enthoben ist, soll der betreffende Text als situativ, wiedergebend oder gedanklich bezeichnet werden.* Die drei idealtypischen
Textarten können in reiner Form vorkommen. Häufiger überlagern sie
sich. Die Frage nach ihrem Anteil und ihrer Beziehung zueinander ist
ein brauchbarer Schlüssel für die Textanalyse. Im übrigen entspricht
die gewählte Reihenfolge der Textarten ihrem zunehmenden Schwie-
rigkeitsgrad bzw. der Reihenfolge ihrer Aneignung im Vorschulalter.
Auch der Deutschunterricht zeigt eine entsprechende Abfolge. Die
Grundschule sichert die erst unvollkommen entwickelte Fähigkeit zu
vollständiger Wiedergabe, gegen Ende der Sekundarstufe I vollzieht
sich gewöhnlich der Übergang von den wiedergebenden Aufsatzarten
zum gedanklichen Aufsatz.[10a]

Die zu besprechenden Textarten sind so elementar, daß sie die starren Grenzen
zwischen Belletristik, Gebrauchsliteratur und nichtliterarischen, insbesondere
auch mündlichen Texten aufbrechen und getrennt Erscheinendes strukturell zu-
sammenrücken lassen. Zu der Gruppe wiedergebender Texte gehören z. B. neben der fiktionalen Erzählliteratur auch die Reportage als reine oder als literari-
sierte Gebrauchsform sowie an nichtliterarischen Formen der schulische Erzähl-
aufsatz, der amtliche Polizeibericht, die handwerkliche Arbeitsbeschreibung und
alles mündliche Erzählen bzw. Berichten. Bei dieser Betrachtungsweise kann
sich zwischen der Rezeption fremder, meist literarischer Texte und der Produktion eigener Texte (Schüleraufsätze), die den Deutschunterricht leicht in zwei
Teilfächer auseinanderfallen lassen, ein Analogiebewußtsein entwickeln. Jedenfalls sind die strukturellen Gemeinsamkeiten zunächst wichtiger als Rangunter-
schiede. Umgekehrt verteilt sich üblicherweise zusammengehörig Erscheinendes
auf mehrere Textarten, die literarischen Gebrauchsformen z. B. auf wiedergebende (Reportage, Memoiren) und gedankliche Texte (Essay); für einige (Dialog,
Rede, Predigt) ist die Mischung gedanklicher und situativer Elemente kennzeichnend.[11]

10 a Die argumentative Kompetenz sollte in Zukunft früher gefördert werden. Allerdings ereifern sich Kinder nicht für theoretische, sondern für
   praktische Probleme. Sie können Gegenmeinungen noch nicht gut mo-
   nologisch integrieren, wohl aber in Dialogform darstellen.
11 Vgl. H. Belke: Literarische Gebrauchsformen. Düsseldorf 1973. (= *Grundstudium Literaturwissenschaft 9.*) S. 78 ff. Er bietet eine andersartige, an
   Bühler orientierte Einteilung.

2. Situative, wiedergebende und gedankliche Texte und ihre Merkmale

Situative Texte

Situativ oder auch situationsintern sind Texte bzw. Textpartien, die sich auf die Situation beziehen, in der der Sprecher und — zumindest nach dessen Vorstellung — auch der Empfänger sich befinden. Als Situation gilt ihr gemeinsames augenblickliches Wahrnehmungsfeld, wozu insbesondere auch ihr Tun und Reden gehören.

Den Begriff „Situation" haben schon Brinkmann und Wunderlich zur Klassifikation von Texten benutzt. Brinkmann unterscheidet nach dem Situationsbezug sechs Textarten, darunter als wichtigste „1. Texte, die sich in einem Bezug auf eine unmittelbar präsente Situation erschöpfen. 2. Texte, die sich an Kommunikationspartner wenden, die abwesend sind, also mit dem Sender nicht die Situation teilen, aus der heraus gesprochen wird. 3. Texte, bei denen eine in der Vergangenheit liegende Situation vorausgesetzt wird, wie z. B. in der Erzählung und in der Geschichtsschreibung."[12] Er begreift Situation also als Hintergrund oder als Gegenstand des Sprechens. Zumindest als Gegenstand erscheint die Situation von den sprechenden Personen, wenn nicht überhaupt von Personen unabhängig.

Anders als Brinkmann gehe ich im folgenden nicht von verschiedenartigen Situationen aus. Ich sehe von bloß besprochenen Situationen ab und beschränke mich grundsätzlich auf die Kommunikationssituation. Damit schließe ich mich dem Situationsbegriff von Wunderlich an.[13] Situation wird also nicht als ein von den Personen unabhängiges Etwas, sondern als eine Art Aufenthaltsraum verstanden, im Hinblick auf die sich daraus ergebenden Texte speziell als Sprechhandlungsraum, in dessen beiden Brennpunkten die kommunizierenden Personen stehen. Die Kommunikation macht also den Kern der Situation aus. Diese Auffassung beruht, könnte man auch sagen, auf einer Verbindung des von Brinkmann verwendeten Situationsbegriffs mit dem Kommunikationsbegriff. Als situativ sind also nicht Texte zu verstehen, die wiedergegebene Situationen breit entfalten oder so wiedergeben, daß man sich in sie hineinversetzt glaubt, sondern nur solche Texte, die aus der Sprech- und Wahrnehmungssituation heraus formuliert werden. Am Rande sei noch bemerkt, daß besprochene, vom Sprecher wiedergegebene fremde Situationen sich nur insofern als Situationen bezeichnen lassen, als sie auch ihrerseits eine handelnde oder zumindest wahrnehmende Person als — nunmehr sekundäres — perspek-

---

12 H. Brinkmann: Die deutsche Sprache. Gestalt und Leistung. 2. Aufl. Düsseldorf 1971. Kap. 7: Arten der Rede. S. 845–887. — Vgl. auch den Bericht von G. Belke (wie Anm. 9), aus dem hier zitiert ist (S. 51).
13 Zu Wunderlichs Klassifikation und deren Kritik vgl. S. 78 f. und Anm. 70.

tivisches Zentrum voraussetzen.[14] Situationen an sich gibt es nicht. Es gibt immer nur Situationen, in denen sich jemand befindet.

Außerhalb der Kommunikationssituation bzw. ohne Kenntnis der zur Situation zählenden außersprachlichen Elemente sind situative Texte nicht voll verständlich. Diese außersprachlichen Elemente nennt man situativen Kontext. Das ist eine nützliche, aber etwas irreführende Bezeichnung; denn die Situation dient nicht dem Text, sondern umgekehrt dieser der Situation. Kern der Situation ist jedenfalls häufig eine außersprachliche, durch sprachlichen Kontakt nur unterstützte Zusammenarbeit der Partner. Hierzu ein Beispiel:

„Man denke sich zwei Leute, die beschäftigt sind, ein Bild aufzuhängen. Der eine steht auf der Leiter, der andere unten. Der oben äußert seine Aufforderungen: ‚n Hammer! n stärkern Nagel!' oder Fragen: ‚so recht?', der unten seine Antworten: ‚n bißchen tiefer! noch ne Idee links! gut!' "[15]

Solches Handeln wird vorwiegend von Imperativen und gezielten Such- und Kontrollfragen gesteuert. Sprechaktbezeichnende (sogenannte performative) Verben („ich sage dir") können für zusätzlichen Nachdruck sorgen. Aber auch wo kein Arbeitsvorgang, sondern die soziale Interaktion selbst (Grüßen, Befehlen, Bitten, Versprechen, Fragen, Belehren usw.) im Vordergrund steht, ermöglicht erst die Kenntnis der Situation ein volles Verstehen der Texte.

Noch charakteristischer als die schon erwähnten Merkmale sind für situative Texte die sprachliche Fixierung der am Gespräch beteiligten Personen durch Pronomina der ersten und zweiten Person und als deutlichstes Erkennungssignal zeigende (deiktische) Gesten und Wörter (Demonstrativpronomina und -adverbien, z. B. punktuelles „hier", und — weniger auffällig — manche Personalpronomina der dritten Person). Von den Demonstrativa und den Pronomina der dritten Person sind allerdings nur diejenigen situativ, die sich auf den außersprachlichen Kontext beziehen, nicht dagegen solche, die rückbezüglich an vorher im Text Gesagtes anknüpfen (z. B. Auf der Straße stand ein Mann; dieser war von hagerer Gestalt). Das Zeigen kann das eigentliche Handeln begleiten, sich aber auch verselbständigen und

---

14 Vgl. auch Anm. 72.
15 Entnommen aus W. Porzig: Das Wunder der Sprache. 2. Aufl. Bern 1957. (= Sammlung Dalp 71). S. 251.

zur bloßen Kennzeichnung von Wahrnehmungen dienen.[16] Im weiteren Sinne nennt man auch solche Wörter deiktisch, die ohne begleitende Gesten die Situation als ganze räumlich oder zeitlich oder die die kommunizierenden Personen fixieren (globales „hier", „jetzt", die Pronomina der ersten und zweiten Person), im weitesten Sinne schließlich manchmal sogar solche, die zwar situationsrelativ sind, aber aus der Situation selbst hinausweisen (neulich, bald).[17]

Alle genannten Merkmale sind sprachlicher Art und zugleich von verhältnismäßig hohem Regulierungsgrad. Allerdings ist ihr Regelcharakter nicht sprachintern begründet, wie bei grammatisch-syntaktischen Erscheinungen, sondern sachbedingt. Einen Stilwert haben sie normalerweise nicht. Stilistisch wirksam ist nur der übertriebene Gebrauch oder die bewußte, angestrengte Vermeidung, z. B. der Ichform.

In einer normalen Situation befinden sich Sprecher und Empfänger in gegenseitigem sprachlichen (meist akustischen) und optischen Kontakt und haben ein gemeinsames gegenständliches Wahrnehmungsfeld. Diese Situation läßt sich durch halbe, d. h. einseitige, meist später gesendete als produzierte Kommunikation (Fernsehen, Film) oder durch „blinde" Kommunikation (Telefon) oder durch beides gleichzeitig (Rundfunk, Lektüre) einschränken. Aber auch eine derart verkürzte Situation ermöglicht noch situative Texte oder doch Textpassagen, also eine Bezugnahme auf sich und ihre Attribute. Bei dem hier vorliegenden Buch etwa wären das die vom Leser vorausgesetzten Autoren, der von ihnen anvisierte Leser und dieses Buch selbst. Früher machten Schriftsteller oft durch häufige Ichform und Anreden an den „lieben Leser" auf diese Kommunikationssituation aufmerksam. Das gilt besonders für den humoristischen Roman englischer Herkunft (Fielding, Sterne) und seine deutschen Nachfolger (Wieland, Jean

---

16 Die oft diskutierte Frage, ob Handeln oder Zeigen, praktische oder geistige Tätigkeit, aktive oder kontemplativ-passive Einstellung, Gebrauchs- oder Erkenntniswert am Anfang der Sprache gestanden haben, läßt sich empirisch kaum entscheiden. Sie berührt sich mit der Frage nach der Priorität von Verb oder Substantiv.

17 Die letztgenannte Ausweitung impliziert eine Gleichsetzung situativer und deiktischer Wörter. Bei Maas/Wunderlich (S. 95) ist die Liste deiktischer Ausdrücke tatsächlich so weit gefächert (hier, dort, jetzt, neulich, bald, ich, wir, du). Vgl. auch Lyons (wie Anm. 27). S. 279 ff.

Paul) und hier wiederum vor allem für die abschweifenden Passa-gen.[18] Oft bezieht der Erzähler sogar „unseren" Helden schulter-klopfend in die Kommunikation mit ein.

Heute findet sich in didaktisch orientierten Texten vielfach der kommunikative Plural (z. B. „wir sehen also"), der den Leser am ge-danklichen Fortschritt beteiligt, ihn möglicherweise aber auch ideo-logisch vereinnahmt. Manche Autoren verwenden die Wirform aller-dings völlig unpassend eher in der Art des sogenannten majestäti-schen Plurals (z. B. „wir haben schon gesagt"), nur ist hier meist we-niger ein Hoheitsanspruch als vielmehr verlegene Scheu vor der Ich-form am Werke. Gelegentlich ist die Wirform auch kollektiv im Sin-ne einer Autorengruppe gemeint. Eine ähnliche didaktische Funktion wie das kommunikative „wir" hat das situative „nun" bei gedankli-chen Überleitungen bzw. Neuansätzen.

Von den Sonderformen mit eingeschränkter Kommunikation abgesehen, sind situative Texte vorwiegend mündlich. Zu ihren erwähnten Merkmalen gesellen sich dann die charakteristischen Eigenschaften des mündlichen Stils hinzu, die als bewußte Kunstmittel auch im Drama und in der wörtlichen Rede von Er-zähltexten Verwendung finden. Der mündliche Stil zeichnet sich besonders durch Redundanz[19], d. h. mehrfache Formulierung vieler Sachverhalte, sowie durch syntaktische Unregelmäßigkeiten aus.[20]

Wiedergebende Texte

In wiedergebenden Texten befindet sich der Gegenstand außerhalb der Kommunikationssituation, genauer gesagt, er ist für den Empfän-ger nicht wahrnehmbar. Er wird ihm nicht gezeigt, sondern aus-schließlich sprachlich vermittelt. Der Sprecher tritt gewissermaßen als Zeuge auf. Diese Art der Gegenstandsbesprechung kommt schon in normalen Gesprächssituationen häufig vor, bei eingeschränkter,

---

18 Vgl. Michael von Poser: Der abschweifende Erzähler. Rhetorische Tradition und deutscher Roman im 18. Jahrhundert. Bad Homburg 1969 (= Respubli-ca literaria 5). − Die in der Erzählprosa von Siegfried Lenz häufig vorkom-mende Floskel „sagen wir mal" hält die Erinnerung an diese Tradition spora-disch wach.

19 Lat. redundantia = Überfluß.

20 Vgl. Sanders (S. 38−49) und Krahl/Kurz (S. 73 f.). Ein Beispiel syntak-tischer Unregelmäßigkeit ist das auf S. 134 f. behandelte Anakoluth.

besonders bei „blinder" Kommunikation ist sie die Regel. Denn wenn der Empfänger den Sprecher nicht sieht, kann er gewöhnlich auch den besprochenen Gegenstand nicht wahrnehmen.

Sprachliche Hauptmerkmale wiedergebender Texte sind 1. die Stückelung der Gesamtwiedergabe in eine in sich verständliche, fortlaufende Reihe von Sätzen, deren Inhalte nicht primär gedanklich, sondern gegenständlich miteinander zusammenhängen, 2. der unbestimmte Artikel bei erstmaliger Nennung der zu vermittelnden Dinge, 3. textbezügliche Proformen bei Wiedererwähnung, besonders Pronomina der dritten Person. Letztere beziehen sich auf vorher im Text genannte Personen oder Dinge, nicht auf situativ Anwesendes wie die formal gleichlautenden situationsbezüglichen Pronomina.[21] Die textbezüglichen Proformen sind nicht nur für wiedergebende, sondern auch für gedankliche, also überhaupt für in sich zusammenhängende Texte kennzeichnend.

Während situative Texte vor allem in mündlicher Form vorkommen, weisen wiedergebende Texte eine gewisse Nähe zur Schriftlichkeit oder jedenfalls zu strengerer Durchformung auf. Der Zwang zu gegenstandsgetreuer Vermittlung wirkt sich offensichtlich auch auf die Formulierungsdisziplin aus. In der Denk- und Sprechentwicklung jedes Menschen ist die Kompetenzerweiterung vom situativen, bloß sachbegleitenden zum wiedergebenden, also sachvermittelnden Sprechen einer der entscheidensten Schritte.

Die Umstellung vom situativen zum wiedergebenden Sprechen gelingt allerdings nicht auf Anhieb. Der Sprecher ist einerseits seiner eigenen Gegenstandsvorstellung oder gar -wahrnehmung verhaftet, andererseits muß er sich auf den unwissenden Empfänger einstellen. Er bedarf also eines doppelten Bewußtseins. Besondere Routine erfordert die Sofortübersetzung einer momentanen Wahrnehmung in die Empfängerperspektive, z. B. bei einer aktuellen Rundfunkreportage. Literarisiert ist diese Art der Vermittlung in der Mauerschau (Teichoskopie) des Dramas. Aber auch eine zeitlich zurückliegende Wahrnehmung, wie sie das normale Berichten und Erzählen sowie der dramatische Botenbericht voraussetzen, kann den Sprecher noch mehr gefangennehmen als die Rücksicht auf den Partner[22] und seine Informationen für diesen unzureichend machen. Andererseits verwenden manche Autoren den gegenstandsverhafteten Kommentar als bewußtes Kunstmittel, um den Empfänger an den Gegenstand heranzuholen. Ein gelegentliches, die Aufmerksamkeit steigerndes „Da!" kann in dem Zuhörer einer Rundfunkreportage die Illusion des Dabeiseins wecken, ohne daß es gleich den Informationsfluß gefährden muß.

21 Vgl. auch S. 73. Zu Proformen, die nicht der Wortart Pronomen angehören (z. B. „der berühmte Spanier" für Picasso) vgl. Wunderlich in Funk-Kolleg Sprache, Bd. 2, S. 109 f.
22 Genau genommen, müßte man sogar zwischen wahrgenommener, Wahrnehmungs- und kommunikativer Sprechsituation unterscheiden.

Personen mit restringiertem (= beschränktem) Code[23], die nur situativ zu sprechen gewohnt sind, fällt die Einstellung auf den Empfänger besonders schwer, zumal dann, wenn sie diesen nicht persönlich vor Augen haben. Die Erziehung zur vollständigen Wiedergabe ist eine der wichtigsten Aufgaben des Erzählens in der Grundschule. Im ersten der folgenden Beispieltexte ist die Fähigkeit zur Wiedergabe geringer ausgeprägt als im zweiten. Beide stammen aus einem Testversuch, in dem Basil Bernstein und seine Mitarbeiter Londoner Kindern die Aufgabe stellten, eine in Bildern dargestellte Geschichte in Worten zu erzählen:

a) Die spielen Fußball – und dann tritt er ihn und er fliegt da rein – er macht das Fenster kaputt und alle gucken hin – und da kommt er raus – und er schreit sie an – weil sie es kaputt gemacht haben – nun rennen sie weg – und dann guckt sie raus – und sie schimpft.

b) Drei Jungs spielen Fußball und der eine Junge tritt den Ball – und er fliegt durchs Fenster – der Ball macht das Fenster kaputt – und die Jungs gucken alle hin – und ein Mann kommt raus und schreit sie an – weil sie das Fenster kaputt gemacht haben – nun rennen alle weg – und dann guckt da diese Frau aus ihrem Fenster – und sie schimpft die Jungs aus.[24]

„Das Kind, das die Geschichte a erzählt, hat offensichtlich in stärkerem Maße beim Hörer als selbstverständlich vorausgesetzt, daß er die Bilder sehen kann."[25] Text b bietet trotz situativer Einsprengsel („da diese Frau") eine in sich verständliche Wiedergabe.

Nach Wunderlich kann man aus dem Ergebnis des Tests allerdings nicht ableiten, daß das eine Kind die Aufgabe besser als das andere gelöst hätte. Das eine Kind habe lediglich eine andere Voraussetzung darüber gemacht, wieweit es die Bildvorlage einbeziehen dürfe oder nicht. „Deshalb ist auch ein Topos zu kritisieren, der die Lehrhaltung recht vieler Lehrer beherrscht: man sollte möglichst explizit, und das würde in unserem Zusammenhang heißen: situationsunabhängig, sagen, was man zu sagen hat. Bei einiger Überlegung ist es klar, daß es primär auf die Funktionsgerechtigkeit der Äußerungen ankommt." Diese aber sei nicht gewährleistet, wo eine explizite Aussage „lediglich Selbstverständlichkeiten der Situation betonen würde, also überflüssig und eher umständlich wäre". Dennoch hält Wunderlich es für „wichtig, daß Kinder relativ unabhängig von der Situation ihre Beobachtungen verbalisieren können; etwa um zu einem späteren Zeitpunkt und in anderen Umgebungen Auskunft darüber geben zu können, was sie gesehen und erfahren haben; oder um Ortsbeschreibungen so verstehen zu können, daß sie sich an ihnen orientieren können."[26] Ohne entsprechende Übung setzen Kinder und z. T. noch Erwachsene, die etwas wiedergeben, oft voraus, daß der Zuhörer die Dinge, um die es geht, geistig vor Augen hat. Als

23 Vgl. S. 16.
24 Zitiert nach Maas/Wunderlich, S. 97 f.
25 Maas/Wunderlich, S. 98.
26 Maas/Wunderlich, S. 99.

z. B. ein siebenjähriger Junge, von draußen kommend, seiner Mutter aufgeregt berichtete „Da ist nichts mehr drin, die haben alles schon rausgeholt", erfuhr sie erst durch gezielte Fragen, daß er von einem Vogelhäuschen, Futter und Vögeln sprach. Die vollständige Wiedergabe ist somit durchaus ein Übungsziel. Nur sollte der Schüler die Notwendigkeit der Wiedergabe einsehen, also davon ausgehen können, daß der wiederzugebende Gegenstand dem Empfänger, in der Regel dem Lehrer, nicht bekannt ist oder er ihn sogar sieht.

Für den Lehrer ist das Problem damit allerdings nur zum Teil gelöst, muß es ihm doch auch darauf ankommen zu prüfen, ob der Schüler den Gegenstand richtig wiedergibt. So bleibt ihm nichts anderes übrig, als sich unwissend zu stellen, in Wirklichkeit aber Bescheid zu wissen. Immerhin ist die Verstellung des Lehrers eher zu verantworten als die Unechtheit der Wiedergabe auf seiten des Schülers. Eine für beide Seiten völlig befriedigende Lösung erlaubt dieses didaktische Dilemma eigentlich nur bei mündlicher Wiedergabe, und zwar dann, wenn der Schüler nicht den Lehrer, sondern seine Mitschüler informiert, z. B. über etwas, was ihn der Lehrer vorher außerhalb des Klassenraums allein hat beobachten lassen.

Wunderlich zitiert die beiden Bernstein-Texte, um an ihnen die für seine „Referenzsemantik" maßgebende Unterscheidung von situationsabhängiger und situationsunabhängiger Referenz aufzuzeigen. Für ihn repräsentiert der Text a, den wir als Übergangsform zwischen situativen und wiedergebenden Texten kennengelernt haben, also einen eigenen Typus.

Referenz, angelehnt an das englische Substantiv *reference* (= Verweisung, Beziehung), bezeichnet in der neueren Sprachwissenschaft und so auch bei Wunderlich die Beziehung des Wortes zur gemeinten Sache bzw. der Sprache zur Wirklichkeit.[27] Wunderlichs Unterscheidung von situationsabhängiger und situationsunabhängiger Referenz ist aus der Einsicht erwachsen, daß der Wirklichkeit gegenüber der Sprache der Vorrang gebühre, und ist ein Versuch, nach der Art des Wirklichkeitsbezugs zu unterscheiden. Allerdings bleibt Wunderlich auf halbem Wege stehen. Die von ihm in den Vordergrund gerückten Beispiele zur situationsabhängigen Referenz, darunter auch der Bernstein-Text a, haben kein aktuelles, sich gerade abspielendes, sondern ein von der Kommunikations-

27 Näheres zur Referenz bei John Lyons: Einführung in die moderne Linguistik. München 1971. S. 412 f. und S. 434 ff. Gelegentlich wird unter Referenz auch, einer zweiten Bedeutung des zugrunde liegenden lateinischen Verbs *referre* (1. beziehen, 2. berichten, mitteilen) entsprechend, die gleiche Beziehung in umgekehrter Betrachtungsweise verstanden, nämlich die Mitteilung von Wirklichkeit durch Sprache. Die „referentielle" oder Mitteilungsfunktion eines Textes, deren Schwergewicht im außersprachlichen Kontext liegt, läßt sich als Gegensatz zu der durch den Text selbst begründeten poetisch-ästhetischen Funktion begreifen. Vgl. Roman Jakobson: Closing Statement. Linguistics and Poetics. In: Thomas A. Sebeok (Hrsg.): Style in Language. Cambridge/ Mass. und New York 1960. S. 350–377. Dazu auch Hans Dieter Erlinger: Möglichkeiten struktaler Textbetrachtung. In: Jochen Vogt (Hrsg.): Literaturdidaktik. Aussichten und Aufgaben. Düsseldorf 1972. *(= Literatur in der Gesellschaft 10.)* S. 74–83.

situation abgerücktes, teilweise ein vergangenes Geschehen zum Gegenstand. Nur die Akteure und Schauplätze des Geschehens oder auch dieses in Form von Abbildungen ragen in die Kommunikationssituation hinein, die Aktion selbst dagegen als eigentlicher Gegenstand gehört nicht zur Gesprächssituation, zumindest sind nicht beide Gesprächspartner daran beteiligt. Wunderlichs Beispiele zur situationsabhängigen Referenz sind also nur teilweise, gewissermaßen nur an der Oberfläche, situativ. Im Gegenstandskern jedoch sind sie durchaus situationsunabhängig, also wiedergebender Art. Wichtiger als die Unterscheidung von situationsabhängiger und situationsunabhängiger Referenz in dem von Wunderlich verstandenen Sinn ist also – gerade wenn man die Prämisse vom Vorrang der Wirklichkeit gegenüber der Sprache ernst nimmt – die Frage, ob der Gesprächsgegenstand zur Gesprächssituation gehört oder ob er abwesend, d. h. für den Empfänger nicht zugänglich ist.[28] Wunderlich selbst ist dieser Erkenntnis nahe, wenn er schreibt, daß sich die Referenzmittel einerseits auf die wahrnehmbare Umwelt, andererseits auf erinnerte, vorweggenommene oder vorgestellte – also wiedergegebene – Welten beziehen.[29] Er hätte nur aus dieser für ihn beiläufigen, tatsächlich jedoch zentralen Unterscheidung den Unterschied von situationsabhängiger und situationsunabhängiger Referenz abzuleiten brauchen, anstatt diesen im Blick auf letztlich doch wieder vorrangig sprachliche Kriterien absolut zu setzen.

Unter den Gegenständen wiedergebender Texte ist die Bildbeschreibung bzw. die Wiedergabe einer Bildergeschichte, wie sie Bernstein verlangt hat, ein komplizierter Sonderfall, da das wiederzugebende Bild seinerseits schon etwas wiedergibt. Grundsätzlich kommen für wiedergebende Texte alle räumlich oder zeitlich entfernten Dinge und Personen als Gegenstände infrage, daneben auch das Innenleben des Sprechers, d. h. seine augenblicklichen und früheren Empfindungen. Der häufigste Gegenstand sind indes Handlungen, seien sie nun vom Sprecher aktiv durchgeführt, passiv erlebt, nur weitervermittelt oder literarisch fingiert.

Wiedergebende Texte beschränken sich nur selten auf die bloße Gegenstandsvermittlung. Meist nehmen sie zwischendurch auch auf die Autor-Empfänger-Kommunikation Bezug, sind also mit situativen Passagen oder Floskeln durchsetzt und somit gewissermaßen zweischichtig. Die Kommunikationsebene ist dann als regierende Schicht der Gegenstandsebene, die Darstellung ist dem Dargestellten perspektivisch übergeordnet.

Kommunikationsebene (Darstellung)
Gegenstandsebene   (Dargestelltes)

---

28 Vgl. auch Anm. 93.
29 Maas/Wunderlich. S. 92. Ebenso Wunderlich in Funk-Kolleg Sprache. Bd. 2. S. 103.

Zwischen Kommunikationssituation und Gegenstand besteht in der Regel eine klare Distanz. Der Empfänger wird also nicht wie bei der oben besprochenen situationsabhängigen Wiedergabe in eine ihm möglicherweise gar nicht zugängliche, gegenstandsverhaftete Situation illusionär hineingezogen.

Die Erzählliteratur bedarf in diesem Zusammenhang besonderer Beachtung. Die Zweischichtigkeit ist für sie konstitutiv.[30] Etwas anderes kommt hinzu: Ihre Gegenstände sind Handlungsfolgen mit eigenen, sekundären Gesprächssituationen, deren wörtliche Rede im Rahmen der Wiedergabe als durchaus situativ gelten muß. Im Rahmen solcher Gespräche können wiederum andere Gegenstände oder Reden vermittelt werden, so daß sich schließlich eine komplizierte Hierarchie situativer und wiedergebender Textelemente ergibt. Aus der Zweischichtigkeit lassen sich im übrigen sowohl die Unterscheidung von Erzählzeit und erzählter Zeit als auch die von auktorialem und personalem Erzählen ableiten, die die neuere Erzähltheorie beherrschen.[31]

Die Beschreibung im Erzählzusammenhang

Die wiederzugebenden Gegenstände können verschiedener Art sein. Auch dies läßt sich am besten anhand der Erzählliteratur verdeutlichen. Denn einerseits kommen hier die verschiedenen Gegenstände bzw. die aus ihnen resultierenden Darstellungsweisen nebeneinander

---

30 Dem entspricht die alte Auffassung, das Epos sei eine gemischte Gattung, in ihm kämen nicht nur der Autor (wie in der Lyrik) und nicht nur die handelnden Personen (wie im Drama), sondern beide zu Wort. Zu diesem auf Platon zurückgehenden „Redekriterium" vgl. Klaus R. Scherpe: Gattungspoetik im 18. Jahrhundert. Stuttgart 1968. S. 7 ff.
31 Vgl. J. Vogt: Aspekte erzählender Prosa. Düsseldorf 1972 (= *Grundstudium Literaturwissenschaft 8)*. S. 40 ff. und S. 26 ff. Im Gegensatz zu dem dortigen, von Stanzel übernommenen Begriffsgebrauch halte ich es allerdings für besser, den Begriff *Erzählsituation* dem auktorialen Erzählen oder besser noch der auktorialen Ebene des Erzählens vorzubehalten. Bei Stanzels „personaler Erzählsituation" fragt man sich, welche Situation hier gemeint ist: 1. die illusionär vergegenwärtigte *erzählte Situation* der Gegenstandsebene, 2. die Erlebnisweise des Autors bzw. Lesers, die durch die affektiv-perspektivische Identifikation mit einer handelnden Figur bestimmt ist, oder 3. das Erzählen zum Zweck dieser Erlebnisweise.

vor, zum anderen ist ihr Verhältnis zueinander in der Erzähltheorie am ergiebigsten durchdacht worden.

Im Vordergrund epischer Texte steht die erzählte Geschichte, das abwechslungsreiche Nacheinander ständig neuer Ereignisse. Aber der Leser erwartet auch konstante Faktoren, die den Handlungsprozeß durchziehen, seine Darstellung zeitweilig durch Ruhepunkte unterbrechen und für die sich ergebenden Veränderungen überhaupt erst einen Maßstab liefern. Absolut oder verhältnismäßig konstant erscheinen vor allem die Eigenschaften der handelnden Personen. Selbst charakterliche Entwicklungen setzen eine partielle Konstanz voraus. Der Erzähler kann die Eigenschaften indirekt durch das Handeln der Personen erkennen lassen — man spricht dann von indirekter Charakteristik —, aber die meisten Autoren, vor allem die früherer Zeiten, neigen doch dazu, jede neue Person bei ihrem ersten Auftritt in direkter Form kurz vorzustellen. Durch die vorgegebenen Eigenschaften der Personen erscheinen ihre späteren Handlungen in etwa programmiert. Allerdings gibt der Erzähler diesen zukunftsorientierten Beweggrund seiner Personendarstellung selten zu erkennen. Er tut meist, als lernten er selbst oder eine bereits agierende Figur die betreffende Person gerade erst kennen, und bietet die sich erst später als konstant erweisenden Merkmale, oft mit veränderlichen Attributen bunt gemischt, in Form einer momentanen Beobachtung. Im Vordergrund stehen daher die optisch wahrnehmbaren Eigenschaften, die allerdings vielfach schon Rückschlüsse auf den Charakter zulassen. Eine solche Momentaufnahme zuständlicher Gegebenheiten, die den Erzählverlauf durchbricht und gewissermaßen den Handlungsfilm anhält, heißt Beschreibung (Ekphrasis, descriptio). Als Beispiel diene die kontrastreiche Beschreibung zweier Personen aus dem erstmals 1689 erschienenen, noch von Goethe gelesenen Erfolgsroman „Die asiatische Banise" von Heinrich Anshelm von Zigler und Kliphausen. Der garstige Tyrann Chaumigrem stellt der edlen Jungfrau Higvanama nach:

„Sie war einer anständigen [= geziemenden] Länge, sehr wohl gewachsen, ihr Haupt war mit kohlschwarzen natürlichen Locken bedeckt, wie denn auch die Zierat ihrer großen Augen durch schmale Augbraunen um ein großes vermehret ward. Die reine Haut gab die blauen Adern lieblich zu erkennen, zudem waren die rosengleichen Wangen gleichsam beschämt gegen die etwas erhabenen korallenfarbene Lippen, unter welchen sich ein wohlgebildetes Kinn, schneeweißer Hals, und (ach ich werde selbst verliebt) alabasterne Berge der Liebe anmutigst zeigeten. Die Hände waren dermaßen beschaffen, daß wer sie mit den artigen Fingern so künstlich auf der Laute spielen sahe, nicht anders, als selbte zu küssen, wünschen konnte. Mit einem Worte, außer der Prinzessin Banise getraue ich nicht in ganz Asia ihr Gleichnis zu finden. Solche Schönheit ward durch einen Gold in Blau gewürkten Rock trefflich erhaben [= hervorgehoben], zumal die Diamanten häufig durch die schwarzen Locken blitzten, und auch wohl leblose Blumen hiedurch konnten bewegt werden. Allein was vor reizende Ursachen zu einiger Gegenliebe an den Chaumigrem zu finden waren, das werden meine Herren, welche ihn täglich sehen, besser im frischen Gedächtnis haben, als ich von langer Zeit herzählen kann. Weil er sich aber doch könnte geändert haben, so muß ich nur dessen damalige Gestalt beschreiben: Er war ganz klein von Person, und hatte der Rücken mit dem Schenkel einen Vergleich getroffen, sie wollten einander in der Krümme nichts nachgeben. Sein bis an den Gürtel reichendes und braunrotes Haar war hinten so aufrichtig [= aufrecht], schlecht [= glatt] und gerecht [= gereckt, strähnig], als wenn es auf einen Fiedelbogen gespannt, und statt des Harzes mit Speck bestrichen wäre, welches einen trefflichen Widerglanz bei der Sonne gab. Der Kopf war von einer ungewöhnlichen Größe, jedoch das Gesichte lang und schmal, sehr hager und mit einer solchen großen Nase besetzt, daß es schien, als ob der Kopf ein kleiner Anhang von der Nase wäre, welche noch darzu durch so eine unanständige Krümme verstellt war, daß sie wie ein Säbel, dessen Spitze gleich auf die Unter-Lippe traf, über dem Maule hing; die Augen stunden tief im Kopfe, deren Augäpfel man vor den überhangenden roten Augbrauen nicht wohl erkennen konnte: von welcher Farbe auch ein dünner Bart um die angelweite Lippen gesäet stund: und wundert mich nur, daß ihn die Prinzessin nicht von fernen merken können, indem sein Atem so durchdringende war, daß er den Feind gar wohl damit aus dem Felde hätte jagen können, wenn er nicht mit den Stücken [= Schürstöcken] geräuchert, und den Stank dadurch vertrieben hätte. Von was vor hohen Farben er müsse gewesen sein, ist hieraus zu schließen: daß, weil er gleich in die Hoftrauer, und zwar in Schwarz-Gelb gekleidet war, man das Kleid nicht von dessen Haut unterscheiden konnte: in summa, es war ein recht Krokodil der Liebe und eine Mißgeburt der Affektion."[32]

Die beiden in der Reihenfolge der Details weitgehend parallelen Porträts sind ein kurioses Dokument der vor 1750 üblichen, im mittelalterlichen Analogiedenken wurzelnden Neigung zur Wert- bzw. Unwerthäufung. Im Glauben an die Entsprechung von Körper und Geist sowie von Intellekt und Moral verbinden sich hier — ähnlich wie in vielen anderen Romanen der Zeit — auf der einen Seite Schönheit, Tugend und, wie man beim Weiterlesen merkt, auch Klugheit, auf der anderen Seite Häßlichkeit, Unmoral und Dummheit. Das harmonische Bild wird nur durch die ungerechte Macht des Tyrannen gestört, in dessen Gewalt sich die Jungfrau befindet. Diese Diskrepanz ist notwendig, weil sich erst aus ihr bzw. aus dem Streben nach ihrer

32 H. A. von Zigler und Kliphausen: Asiatische Banise. Darmstadt 1965.
S. 55–57.

Beseitigung die Handlung oder, genauer gesagt, eine Teilhandlung ergibt, die sich mit anderen ähnlichen Teilhandlungen zum Gesamtroman summiert. Erst am Ende darf, die optimistische Grundtendenz und den Glauben an eine letztlich harmonische Welt bestätigend, das Gute siegen, muß der Tyrann Macht und Leben verlieren.

Die wesentlichen Eigenschaften der Personen sind also durchaus auf die Handlung ausgerichtet. Das gilt nicht nur für Ziglers Roman, sondern für die meisten Personenbeschreibungen der Erzählliteratur. Die Entfaltung von Schönheit und Häßlichkeit in Einzelheiten erscheint nicht mehr handlungsnotwendig, aber auch sie ist, wenn auch nicht in dieser Breite, weitgehend erzählerisches Allgemeingut. Hier äußert sich die im zeitlichen Stillstand begründete Tendenz jeder Beschreibung, sich gegenüber der drängenden Handlungsfolge zu verselbständigen. Der Erzähler läßt sich Zeit und wird zum Porträtmaler. Diese Tendenz prägt sich noch deutlicher aus, wenn nicht Personen, sondern Schauplätze oder handlungswichtige Dinge, wie der Schild des Achilles in Homers ,,Ilias'', der Vorstellung bedürfen. In den Sog ausmalender Beschreibung geraten aber auch handlungsunwichtige Dinge, die lediglich aufgrund ihres Liebhaberwertes eine Besichtigung durch die handelnden Personen und damit eine Beschreibung nahelegen, insbesondere Landschaften und Kunstgegenstände. Der zu beschreibende Gegenstand wird gewöhnlich als Wahrnehmungsbild eines beobachtenden Subjekts, meist einer handelnden Figur, seltener des Autors oder eines unpersönlichen ,,man'', eingeführt. Verben des Sehens markieren dies. Die Darstellung erreicht oft geradezu die Geschlossenheit eines Gemäldes. Bildhaft erscheinen Beschreibungen manchmal auch noch in anderer Weise, nämlich dann, wenn sie über das momentan Beobachtbare symbolisch hinausweisen.

Vorherrschende Wortart ist in der Beschreibung das Adjektiv. Charakteristischer als die prädikative erscheint seine attributive Verwendung.[33] Durch die breite Tradition der Beschreibungsliteratur ist das attributive Adjektiv auch außerhalb der eigentlichen Beschreibung, allerdings immer an diese erinnernd, zu einem wichtigen, wenn nicht zum bekanntesten Stilmittel geworden.

Viele Stillehrer der Vergangenheit haben bei möglichst jedem Substantiv die Hinzufügung von Adjektiven gefordert. Der übertriebene, nur noch dekorative

33 Zur Erklärung vgl. S. 106 f.

Gebrauch hat allerdings auch zu starkem Widerspruch geführt.[34] Vor allem in
Gebrauchstexten wirken „schmückende", zum Verständnis nicht notwendige
Adjektive eher störend.

Ihre literarische Geltung verdankt die Beschreibung hauptsächlich dem Ho-
merischen Versepos, dessen sprichwörtliche „epische Breite" nicht zuletzt auf
der Häufigkeit von Beschreibungen beruht. Der Vergleich der Epik, ja der Dichtung überhaupt mit der Malerei wurde in der Antike zu einer geläufigen Vorstellung, vor allem durch die Formulierung des Horaz, die Dichtung sei wie Malerei bzw., richtiger übersetzt, das dichterische Kunstwerk wie ein Gemälde
(„ut pictura poesis").[35] Ihre eigentliche Blütezeit erlebte die Beschreibung jedoch im 18. Jahrhundert. Die damals aufkommende Natur- und Gefühlsbegei-
sterung[36] ließ die Aktion zugunsten beschaulicher Betrachtung in den Hintergrund treten. Lyriker, wie Brockes und Haller, ergingen sich in breiten Land-
schaftsdarstellungen, Rokokodichter pflegten die Beschreibung des lieblichen
Rastplatzes, des sogenannten locus amoenus, und vor allen anderen fühlten
sich die Idyllendichter als poetische Maler, besonders dann, wenn sie, wie ihr
führender Vertreter Salomon Geßner, nebenbei auch wirklich malten.

Das zuständliche Beschreiben bzw. Schildern[37] gewann ein solches Übergewicht gegenüber dem eigentlichen, an Handlung gebundenen Erzählen, daß Pro-
teste nicht ausblieben. Schon Gottsched beklagte sich über

> die unendlichen poetischen Maler, die ihren Leser mit ihren ewigen
> Schildereyen bald zu Tode quälen, wo er nicht aus Ekel und Ueber-
> druß das Buch weglegt. Eine lebhafte Beschreibung ist gut; aber lau-
> ter Bilder und Beschreibungen sind verdrüßlich zu lesen. [. . .] Dich-
> ten heißt nicht bloß malen.[38]

Laut Lessing verlangte A. Pope, daß der Dichter „der Schilderungssucht so
früh wie möglich entsagen müsse".[39] In seinem Buch „Laokoon oder über die
Grenzen der Mahlerey und Poesie" (1766) hob Lessing entgegen der bisherigen

---

34 Äußerungen von Schriftstellern für und wider das Adjektiv zitiert Schneider
   1969, S. 94–96.
35 Horaz: Ars poetica 361.
36 Vgl. auch B. Asmuth: Aspekte der Lyrik. Düsseldorf 1972 *(= Grundstudium
   Literaturwissenschaft 6)*. S. 86–88.
37 Die niederländischen Wörter „schilderen" (= malen) und „schilderie" (= Malerei, Gemälde) wurden im 17. Jh. als „schildern" und „Schilderei" ins Deutsche übernommen. In Konkurrenz zu „malen" nahm „schildern" die ursprünglich metaphorische Bedeutung „lebhaft beschreiben" an, „malen" starb im
   Gegensatz zu den Malbezeichnungen anderer Sprachen (engl. to paint, frz.
   (dé)peindre, niederländ. schilderen) als Metapher für literarisches Darstellen
   allmählich aus.
38 J. Ch. Gottsched: Versuch einer Critischen Dichtkunst. 5. Aufl. Darmstadt
   1962 (= Nachdruck der 4. Aufl. Leipzig 1751). S. 12. Ähnlich S. 143 f.
39 Lessing-Ausgabe von Lachmann/Muncker. Bd. 9. [3]1893. S. 106 (= Laakoon,
   Kap. 17).

Tradition nicht die Ähnlichkeit, sondern die Andersartigkeit der Dichtung gegenüber der Malerei hervor. Das Wort „Mahlerey" ist für ihn Oberbegriff der bildenden Kunst, schließt also auch die Bildhauerei ein. Er verglich die berühmte vatikanische Marmorgruppe aus dem 1. Jahrhundert v. Chr., die den Tod des von Schlangen erwürgten trojanischen Priesters Laokoon darstellt, mit der aus der gleichen Zeit stammenden literarischen Darstellung seines Todes in dem Versepos „Aeneis" (II 201–224) des lateinischen Dichters Vergil.[40] Anhand dieses Vergleichs kam er zu dem Ergebnis, die „Mahlerey" stelle ein räumliches Nebeneinander, die Dichtung ein zeitliches Nacheinander dar. Diese Einsicht überspitzte er zu der Forderung, der Dichter solle die Darstellung eines zuständlichen Nebeneinander, also die Beschreibung bzw. Schilderung, völlig meiden. Gemäß seiner Erkenntnis, Sprache sei zeitlich strukturiert, gestattete er dem Dichter nur die Wiedergabe sukzessiver Gegenstände, also solcher Gegenstände, die ebenfalls der zeitlichen Veränderung unterliegen.[41] Die Unterwerfung des Gegenstandes unter sein Medium ist jedoch letzten Endes ebenso einseitig wie die Schilderungssucht, gegen die Lessing zu Felde zog. Schon Herder hat Lessing unzulässige Verallgemeinerung vorgeworfen.[42]

Die Kontroverse um Für und Wider der dichterischen Beschreibung hat sich im übrigen in späterer Zeit mit anderen Argumenten wiederholt. Friedrich Hebbel polemisierte gegen den breit beschreibenden Adalbert Stifter. Der marxistische Literaturtheoretiker Georg Lukács warf der Beschreibung im Hinblick auf den naturalistischen Romancier Zola vor, daß sie den Menschen zum Stilleben versachliche, und sah in ihr ein Symptom des bürgerlichen Kapitalismus.[43] Die verschiedenartigen Angriffe mögen die literarische Beschreibung zurückgedrängt haben, ausmerzen konnten sie sie nicht. Bei Schriftstellern wie Thomas Mann oder Siegfried Lenz jedenfalls kommt der – in Erzählung eingebetteten – Beschreibung immer noch ein erhebliches Gewicht zu.

Soviel zu Handlungsfunktion, sprachlichen Merkmalen und Geschichte der Beschreibung. Nachzutragen ist ein Wort über ihre begriffliche Unschärfe. Wir haben die Beschreibung als Wiedergabe zuständlicher Gegenstände kennengelernt. Das entspricht dem vorherrschenden Verständnis. Der Begriff wird jedoch unter bestimmten Voraussetzungen auch für die Wiedergabe sukzessiver Gegebenheiten verwendet. So nennt man auch die Darstellung mehr oder minder gleichzeitiger kollektiver Geschehnisse (z. B. Feste, Arbeits- und Naturvorgänge), die von den Personen der Handlung wie ein zuständliches oder jedenfalls in sich

40 Bildmaterial und eine Übersetzung der Vergil-Stelle bietet H. Sichtermann: Laokoon. Stuttgart 1964 (= Werkmonographien zur bildenden Kunst in Reclams Universal-Bibliothek 101).
41 Succedere = nachfolgen; successio = Nachfolge, Fortgang.
42 Herder: Kritische Wälder I (bes. Kap. 18). Herder-Ausgabe von Suphan. Bd. 3. Berlin 1878. S. 143–152. Vgl. dazu auch Lämmert, S. 19–22.
43 Vgl. H. Ch. Buch: Ut Pictura Poesis. Die Beschreibungsliteratur und ihre Kritiker von Lessing bis Lukács. München 1972. – Buch hält es im Gegensatz zu der hier vertretenen üblicheren Meinung für „sinnlos, die Beschreibung auf bestimmte Gegenstände oder Formen einengen zu wollen" (S. 25).

geschlossenes Bild beobachtet werden, Beschreibung.[44] Manchmal ist sogar von Beschreibung die Rede, wenn jeder Anschein von Gleichzeitigkeit fehlt. Lukács etwa spricht anläßlich des Pferderennens in Zolas „Nana", das die Heldin von der Zuschauertribüne mit ansieht, von Beschreibung, hinsichtlich des Pferderennens in Tolstojs „Anna Karenina", an dem Annas Geliebter Wronski als Reiter aktiv teilnimmt, von Erzählung.[45] Bei so verstandener Beschreibung ist nicht der Gegenstand, sondern die Beobachterperspektive konstant. Die Beschreibung wird nicht vom Gegenstand an sich bzw. seiner nichtsukzessiven Qualität, sondern von seiner Funktion als Beobachtungsobjekt einer handelnden Figur her verstanden. Beschreibung wäre dann die sprachliche Vermittlung aller der Gegebenheiten, die nicht zur eigentlichen Handlung gehören, sondern nur als Einlage oder Beiwerk dienen. Ob die Beschreibung als Wiedergabe sukzessionsloser oder ob sie nicht besser als Wiedergabe handlungsexterner, d. h. nicht zur durchgehenden Handlungsfolge gehörender Gegenstände zu definieren sei, ist jedenfalls eine durchaus diskutable Frage. Beide Alternativen stimmen insofern überein, als sie Beschreibung, erzähltheoretisch gesehen, als Negativbegriff fassen, der die Wiedergabe untergeordneter Sachverhalte bezeichnet.

Die Einsicht in diese Gemeinsamkeit erlaubt es, noch einen Schritt weiter zu gehen, von der Gegenstandsqualität der Beschreibung einmal ganz abzusehen und sie auf der Darstellungsebene[46] von ihrem Stellenwert im Erzählgefüge her zu begreifen. Sie dient vornehmlich dazu, am Eingang von Erzählwerken oder zu Beginn neuer Abschnitte das gerade aktuelle Geschehen zu grundieren. Damit erscheint sie anderen, ihrerseits keineswegs handlungsexternen, sondern nur vom gerade aktuellen Handeln entrückten, z. B. iterativ-durativen[47] und plusquamperfektischen Passagen funktionsverwandt. Auch sie dienen der Hintergrunddarstellung. Oft kommt die Beschreibung mit ihnen zusammen vor.[48]

44 Thibaudet spricht von „description en mouvement" (zitiert nach Lämmert, S. 88). Vgl. Lausberg, § 369. Scherpe (wie Anm. 30), S. 154 f.
45 G. Lukács: Erzählen oder Beschreiben? Zur Diskussion über Naturalismus und Formalismus (1936). In: R. Brinkmann (Hrsg.): Begriffsbestimmung des literarischen Realismus. Darmstadt 1969 (= Wege der Forschung 212). S. 33–85.
46 Vgl. S. 79.
47 Vgl. J. Vogt (wie Anm. 31). S. 47. – Die dort im Anschluß an Lämmert vertretene Auffassung, das iterativ-durative sei eine Sonderform des raffenden Erzählens, ist allerdings problematisch. Iterativ-duratives steht im Kontrast zum punktuellen Erzählen, eröffnet also in erster Linie eine Relation auf der Ebene des dargestellten Gegenstandes (vgl. S. 79). Das für die Raffung maßgebende Verhältnis von Darstellung und Dargestelltem wird von ihr allenfalls sekundär berührt. Die partielle Deckung von iterativ-durativer Darstellung und Raffung ist dichtungslogisch jedenfalls eher zufällig.
48 Vgl. z. B. den Anfang von Th. Manns „Tod in Venedig". Beschreibung und iterativ-durative Wiedergabe mischen sich zu Beginn von G. Kellers „Romeo und Julia auf dem Dorfe". Zur Vordergrund-Hintergrund-Abstufung vgl. auch S. 90.

Es wurde schon gesagt, daß wiedergebende Texte oft mit situativen Passagen oder Floskeln durchsetzt sind. Sieht man sich solche Stellen in Erzähltexten genauer an, so fällt auf, daß sie sich von den im engeren Sinne erzählenden Partien weniger durch die schon bekannten Merkmale situativer Texte (Pronomina der 1. und 2. Person usw.) als vor allem im Tempus unterscheiden. In ihnen herrscht die Tempusgruppe I vor (Präsens, Perfekt, Futur), in den reinen Erzählabschnitten dagegen die Tempusgruppe II (Präteritum bzw. Imperfekt, Plusquamperfekt).[49] Der Unterschied der beiden Tempusgruppen ist nicht oder jedenfalls nicht in erster Linie zeitlicher, sondern affektisch-perspektivischer Art, wie Harald Weinrich klarsichtig aufgezeigt hat. Die Tempora der Gruppe I bedeuten, wie er sagt, daß die Information den Sprecher bzw. Empfänger unmittelbar angeht; kennzeichnend für die Gruppe II sei dagegen eine entspannte Haltung.[50] Man könnte auch sagen: Die Gruppe II entrückt den Empfänger aus der Kommunikationssituation und versetzt ihn illusionär auf die Gegenstandsebene; die Gruppe I dagegen ist situativ, mit ihr wird der zeitliche Situationsbezug, der in seiner adverbialen Form („jetzt") schon erwähnt wurde, auch im Tempussystem der Verben verankert.

Die von Weinrich gewählten Bezeichnungen halte ich allerdings nicht für glücklich. Er nennt die Tempora der Gruppe I „besprechend" oder „Tempora der besprochenen Welt", die der Gruppe II „Erzähltempora" oder „Tempora der erzählten Welt".[51] Die Bezeichnung der Gruppe I ist insofern mißverständlich, als man unter Besprechung sonst nicht eine Aussageweise, sondern eine erörternde Behandlung oder kommentierende Beurteilung, also eine sprachliche Zutat zu etwas selbständig Vorhandenem versteht. Der Erzählbegriff erscheint besser geeignet, aber auch er deckt sich nicht ganz mit dem sonst üblichen Wortverständnis. Daß Weinrich im Gegensatz zu Lukács und anderen auch die epische Beschreibung Erzählung nennen muß, mag noch hingehen. Daß jedoch

49 Für die größeren Textgattungen gilt: „die Novelle und der Roman haben ein deutliches Übergewicht der Tempusgruppe II, während die Lyrik, das Drama, der biographische Essay, die literarische Kritik und die philosophische Abhandlung ein noch deutlicheres Übergewicht der Tempusgruppe I erkennen lassen" (Weinrich 1964. S. 46).
50 H. Weinrich 1964. S. 55 und S. 49 f.
51 Ebd. S. 48 und S. 50.

konsequenterweise auch historiographische Berichte als erzählend gelten müßten, läßt die Anwendung auch dieses Begriffs fragwürdig erscheinen. Die stattdessen hier eingeführten Bezeichnungen *situativ* und *entrückend* berücksichtigen die semantische Verwandtschaft der Tempusgruppe I mit anderen Situationssignalen und die der Tempusgruppe II mit anderen Entrückungsmitteln, besonders auch mit der Dramenbühne.[52]

In diesem Zusammenhang sei auch auf die Beziehung zwischen Tempus und Pronomen hingewiesen. Eine gewisse Affinität zwischen den situativen Tempora und den Pronomina der ersten und zweiten Person ist ebensowenig zu übersehen wie die zwischen den entrückenden Tempora und den Personalpronomina der dritten Person einschließlich der Demonstrativpronomina, soweit die Pronomina der dritten Person textbezogen sind, sich also nicht auf den außersprachlichen Kontext beziehen.[53] Besonders deutlich wird das, wenn man einen Gedanken aus der sogenannten *erlebten Rede*[54] (Tempusgruppe II, 3. Person; z. B. Hatte er sich auch entschuldigt?) in direkte Rede übersetzt (Tempusgruppe I, 1. Person; Habe ich mich auch entschuldigt?). Die erste Person in der Ich-Erzählung sprengt allerdings diese Zuordnung, insofern hier das erzählende Gegenwarts-Ich das erzählte Vergangenheits-Ich gewissermaßen nicht zu Wort kommen läßt. Das Identitätsbewußtsein des Sprechers läßt eine eigene sprachliche Ausformung des Vergangenheits-Ichs nicht zu.

Der Unterschied der beiden Tempusgruppen wird am deutlichsten, wo ein Text von einer Gruppe in die andere überspringt. Nichtliterarische Erlebniserzählungen beginnen gewöhnlich in der Gruppe I, wechseln dann recht schnell nach II über und kehren zum Schluß, manchmal auch zwischendurch, wieder nach I zurück.[55] In der Literatur findet sich dieses Verfahren seltener, am ehesten bei didaktisch oder komisch ausgerichteten Erzählern. Gottfried Kellers Novelle „Die drei gerechten Kammacher" beginnt z. B.:

„Die Leute von Seldwyla haben bewiesen, daß eine ganze Stadt von Ungerechten oder Leichtsinnigen zur Not fortbestehen kann im Wechsel der Zeiten und des Verkehrs; die drei Kammacher aber, daß nicht drei Gerechte lang unter einem Dache leben können, ohne sich in die Haare zu geraten. [. . .]
Zu Seldwyl bestand ein Kammachergeschäft, dessen Inhaber gewohnterweise alle fünf bis sechs Jahre wechselten."[56]

---

52 Auf die Funktionsähnlichkeit von epischem Präteritum und dramatischer Bühne haben Weinrich (S. 58 f.) und vor ihm schon Käte Hamburger (Die Logik der Dichtung. 2. Aufl. Stuttgart 1968; zuerst 1957) hingewiesen.
53 Vgl. S. 76.
54 Vgl. J. Vogt (wie Anm. 31). S. 74–78.
55 Vgl. dazu auch Weinrich, S. 271.
56 G. Keller: Sämtliche Werke und ausgewählte Briefe. Hrsg. v. C. Heselhaus. Bd. 2. Darmstadt 1970. S. 173.

Meist hat die Erzählliteratur indes keinen derartigen situativen Rahmen oder auch entsprechende Zwischenstücke.[57] Sie entrückt den Leser in der Regel gleich mit dem ersten Satz ohne ausdrücklichen situativen Bezugspunkt mitten in die epische Handlung. Durch diese Sofortentrückung aus einer sprachlich nicht fixierten, also höchst unbestimmt bleibenden Gegenwart entsteht leicht der Eindruck, als fehle den entrückenden Tempora jede Vergangenheitsbedeutung, da diese immer eine Gegenwart als Maßstab voraussetzt.

Käte Hamburger jedenfalls hat dem *epischen Präteritum* im Gegensatz zum *historischen Präteritum* die Vergangenheitsfunktion abgesprochen und es – wie übrigens auch die dramatische Bühne – als Fiktionssignal interpretiert.[58] Sie begreift die Gegenwärtigkeitsillusion als Fiktion, setzt also eine subjektive an die Stelle einer objektiven, eine Erlebnis- an die Stelle einer Erkenntniskategorie. Weinrich hat die Vorstellung, daß ein Tempus Fiktion bedeuten könne, entschieden zurückgewiesen.[59] Anderseits geht er über Hamburger hinaus, insofern er für das Präteritum generell, also nicht nur für das epische Präteritum, die Vergangenheitsfunktion leugnet. Er meint, die Tempusgruppe II bezeichne nur, daß die von ihr begleitete Mitteilung als Erzählung aufzunehmen sei, und habe „keine andere Funktion".[60] Diese einsinnige Auffassung befriedigt jedoch auch nicht in jedem Fall.

Weinrich sieht die beiden Tempusgruppen als zwei analog strukturierte „Welten", aus deren einer zwar etwas in die andere übersetzt werden kann, die aber textintern kaum etwas miteinander zu tun haben. Über der logisch faszinierenden Analogie des erzählenden „Nulltempus" Präteritum zu dem besprechenden Nulltempus Präsens kommt die textinterne Gemeinsamkeit des Präteritums mit dem Perfekt, wie sie uns etwa in der zitierten Keller-Stelle begegnet, zu kurz. Wie das Perfekt, so signalisiert grundsätzlich auch das Präteritum Vergangenheit, nur ist das Vergangenheitsbewußtsein hier durch die illusionäre Entrückung des Empfängers in eben diese Vergangenheit gemildert. Daß es jedoch zumindest latent vorhanden ist, zeigt jeder Übergang zur Tempusgruppe I (selbst wenn diese nur zitiert in Form der wörtlichen Rede vorkommt).[61] Die

57 Dieser situative Rahmen ist nicht mit der speziellen Form der Rahmenerzählung zu verwechseln, in der sich eine erzählte Vordergrundgeschichte von einer ebenfalls erzählten Hintergrundsituation abhebt (z. B. in C. F. Meyers Novelle „Die Hochzeit des Mönchs").
58 Vgl. ihr in Anm. 52 genanntes Buch. Fiktionssignal ist nicht das Präteritum, sondern allenfalls sein außerhalb fiktionaler Texte ungebräuchlicher Soforteinsatz. Im übrigen können auch situative Texte fiktional sein, wie der Anfang der „Kammacher"-Novelle zeigt.
59 Weinrich 1964. S. 77–79.
60 Ebd. S. 48.
61 Die Häufigkeit bzw. Seltenheit der Tempusgruppe I ist ein wesentliches Indiz für Stanzels Unterscheidung von auktorialem und personalem Erzählen. Vgl. S. 80. Anm. 31.

entrückenden Tempora setzen eine Bezugssituation voraus, aus der entrückt wird. Die situativen Tempora können für sich bestehen (wie etwa zunächst beim Kleinkind), die entrückenden sind von ihnen abhängig und zumindest entstehungsgeschichtlich sekundär. Wenn sie hier dennoch nicht als situationsabhängig, ja wenn sie geradezu als nicht situativ bezeichnet werden, so deshalb, weil diese Abhängigkeit im Zuge der Entrückung meist nicht bewußt bzw. die Vergangenheits- von der Entrückungsbedeutung überlagert wird.

Vermutlich haben sich die Tempussysteme der verschiedenen Sprachen aus der zeitlichen, also objektiven Differenz von Gegenwart und Vergangenheit, die sich in den indogermanischen Sprachen vor allem in Ablautform ausprägte, im Deutschen in der Gegenüberstellung von Präsens und Präteritum, im Lateinischen von Präsens und Perfekt.[62] Durch metaphorische Ausweitung dürfte sich aus diesem objektiven Gegensatz als subjektiv-perspektivische Variante die Abstufung des Aktuellen gegenüber dem Entlegeneren entwickelt haben. Durch Zusammenspiel und weitere Differenzierung von zeitlicher wie perspektivischer Opposition müssen sich dann die einzelnen Tempussysteme weiter entfaltet haben.

Die perspektivische Opposition ist im Tempussystem der romanischen Sprachen auf zweifache Weise etabliert: 1. als Gegensatz von situativer (Tempusgruppe I) und entrückender Darstellung (Tempusgruppe II), 2. innerhalb der Tempusgruppe II als Gegensatz von punktuellem, gewissermaßen sekundär situativem Vordergrund, den im Französischen das Passé simple (z. B. il chanta), und von eher durativem, Nebenumstände wiedergebendem Hintergrund, den das Imparfait (il chantait) repräsentiert.[63] Im Deutschen hat sich die zweite Abstufung nicht in eigenen Tempora ausgeprägt. Wie der erzählte Handlungsvordergrund, so ist normalerweise auch der Hintergrund im Präteritum gehalten. Gewöhnlich kommt der Hintergrund früher zur Sprache als der Vordergrund, so auch in Kellers Kammacher-Novelle. Deren zweiter Abschnitt („Zu Seldwyl bestand") skizziert den Hintergrund, die – hier nicht mehr zitierte – Vordergrundwiedergabe folgt erst später. Geht noch, wie bei Keller, ein situativer Eingang voraus, so ist der insbesondere auch für mündliches Erzählen charakteristische *Eröffnungsdreischritt* von situativer, durativer und punktueller Darstellung vollständig. In mündlichen Texten geht allerdings oft noch eine Aufmerksamkeit heischende Ankündigungsstufe voraus („Hört mal zu!", „Apropos" usw.).

Immer geraten Vordergrund- und Hintergrunddarstellung jedoch auch im Deutschen nicht temporal identisch. Verbreitete Ausnahmen sind:

1. im Rahmen entrückender Texte die Hervorhebung szenisch-dramatischer Höhepunkte durch ein vorübergehendes uneigentliches, vergegenwärtigen-

---

62 Das lateinische Perfekt hat mit dem deutschen entstehungsgeschichtlich nichts und semantisch nur wenig zu tun.
63 Vgl. Weinrich 1964. S. 150 ff. Er spricht hier von „Reliefgebung". Vgl. auch Dressler. S. 48–50.

des, d. h. das Entrückungsbewußtsein gänzlich tilgendes Präsens, das sogenannte Präsens historicum[64],

2. im Rahmen vorherrschend situativer Textpassagen der Einsatz des Präteritums als Hintergrundtempus gegenüber perfektischem Vordergrund, bes. in Nebensätzen (z. B. Als er in Urlaub war, hat er mir geschrieben),

3. die syntaktische Abstufung von Hauptsatz-Vordergrund und Nebensatz-Hintergrund, die im Gegensatz zu den romanischen Sprachen durch eine zusätzliche Distribution der Verbstellung gestützt wird (Zweitstellung des finiten Verbs im Hauptsatz, Endstellung im Nebensatz).[65]

Alles in allem hat das deutsche Präteritum also neben seiner ursprünglichen Vergangenheitsbedeutung und seiner heute vorherrschenden Bedeutung eines entrückenden Nulltempus gelegentlich auch die Aufgabe, bei der Wiedergabe vergangener Vorgänge den Hintergrund zu markieren. Gegenüber dem Präsens historicum ist dieser Hintergrund die normale, quantitativ beherrschende Schicht, gegenüber dem Perfekt erscheint er beiläufig.

Gedankliche Texte

Die Eigenart gedanklicher Texte ist nicht so einfach zu bestimmen wie die situativer oder wiedergebender Texte. Sind dort Objekt und Subjekt, der Gegenstand und seine Darstellung leicht auseinanderzuhalten, so lassen sie sich hier nicht ohne weiteres trennen.

Schwierigkeiten bereitet auch das Fehlen einer als eindeutig gesicherten, den ganzen Bereich gedanklicher Texte abdeckenden Bezeichnung. Das Wort „gedanklich" selbst ist ein Notbehelf, weil im weiteren Sinne jede Aussage ein Gedanke ist. Immerhin erscheint sein hier gemeinter engerer Sinn noch umfassender als die geläufigeren Begriffe Reflexion, Argumentation und Erörterung, die, nur teilweise gleichbedeutend, jeweils bloß einen Teilaspekt repräsentieren. Mit *Reflexion* verbindet sich die Vorstellung des tiefschürfend-grübelnden, am Ergebnis nahezu uninteressierten, meist längeren Nachdenkens um seiner selbst willen, gewissermaßen eines Denkens ins Unreine. *Argumentation* ist auf ein Beweisziel ausgerichtet. Der Argumentierende will sich nicht selber über etwas klar werden, sondern seine Zuhörer oder Leser von seiner fertigen, oft konkret praxisbezogenen Meinung überzeugen. Er ergreift für diese Meinung Partei. Die *Erörterung* schließlich erscheint weder sprecher- noch empfängerbestimmt und auch nicht in erster Linie auf ein praktisches Ziel fixiert, sondern vorwiegend auf die Sache selbst und ihre kritische Erfassung ausgerichtet. Sie verlangt eine neutrale, allen Gesichtspunkten gerecht

---

64 Auch umgangssprachlich findet es sich häufig. Vgl. die der Umgangssprache anempfundenen Kalendergeschichten von Johann Peter Hebel, in denen nicht nur das situative, die Erzähler-Leser-Kommunikation bezeichnende Präsens häufig vorkommt, sondern sich auch auf der Gegenstandsebene das Präsens (als Präsens historicum) neben dem Präteritum stark hervortut.

65 Vgl. dazu Weinrich 1964. S. 222.

werdende Aufarbeitung, wie sie am ehesten eine wissenschaftliche Abhandlung gewährleistet.

Bei gedanklichen Texten geht es nicht um reale Zusammenhänge zeitlicher oder räumlicher Art, wie bei der Vorgangswiedergabe bzw. der Beschreibung, sondern um *geistige Zusammenhänge.* Ein auffälliges Kennzeichen gedanklicher Texte ist ihre Neigung zur *Abstraktion.* Sie prägt sich auf der Satzebene in generellen Aussagen, auf der Wortebene in abstrakten Begriffen aus.

Generelle (auch: allgemeine, universelle) Aussagen (z. B. Alle Menschen sind sterblich) sind nach der Quantität des Subjekts von partikulären Aussagen (z. B. Manche Menschen sind schwerhörig) und deren Sonderform, den singulären Aussagen (z. B. Der Mann war schwerhörig) zu unterscheiden. Generell sind vor allem Sprichwörter bzw. Sinnsprüche (auch Gnomen, Apophthegmata oder Sentenzen), die als Argument, Kommentar oder Fazit gern in sonst situative oder wiedergebende Texte eingestreut werden. Von sonstigen generellen Aussagen (z. B. Alle Fliegen haben sechs Beine) unterscheiden sie sich durch ihre menschliche Bedeutsamkeit. Tempus der Sinnsprüche ist das sogenannte gnomische Präsens. Überhaupt herrscht in gedanklichen Texten das Präsens vor. Das verbindet sie nicht nur mit situativen Texten, sondern gibt ihnen selber einen situativen Anstrich, markiert ihre Gültigkeit für die jeweilige Situation.

Abstrakte Begriffe (z. B. Hoffnung, Krankheit, Sterblichkeit) entstehen durch Substantivierung von Verben und Adjektiven, also von Prädikatsbegriffen, und dienen dazu, eine singuläre Erscheinung in einen allgemeineren Zusammenhang zu rücken.[66]

Die Neigung zur Abstraktion besagt nicht, daß alle oder auch nur die meisten Aussagen eines gedanklichen Textes generell sein müßten. Probleme müssen nicht allgemein, sie können auch konkret sein. Dann werden allgemeine Einsichten nur beiläufig zu Hilfe gezogen, so daß sich ihr Einsatz von ihrem Vorkommen in sonst situativen oder wiedergebenden Texten auf den ersten Blick kaum unterscheidet. Einem einzelnen Satz jedenfalls sieht man seine Gedanklichkeit, seinen Argumentationscharakter oft nicht an. Der Satz „In Italien scheint die Sonne" etwa, der als Teil eines Wetterberichts wiedergebender Art ist, kann sich bei anderem Kontext, z. B. mit dem Folgesatz „Schade, daß es bei uns regnet!", als argumentativer Gedanke erweisen, und sei es nur, daß ein Gesprächspartner ihn als solchen auffaßt, indem er mit dem genannten Folgesatz antwortet. Im übrigen zeigt dieses Beispiel die mögliche Verzahnung wiedergebender und gedanklicher Texte.

---

66 Genau genommen, ist jeder Begriff, gemessen an der durch ihn bezeichneten individuellen Erscheinung, abstrakt, auch Wörter wie „Apfel" oder „rot". Die im engeren Sinne abstrakten Begriffe kommen also gewissermaßen durch eine Abstraktion zweiten Grades zustande.

Noch charakteristischer als die Neigung zur Abstraktion ist für gedankliche Texte die Art ihrer *Verknüpfung*. Der geistige Zusammenhang, um den es auch hierbei geht, äußert sich hier auf syntaktische Weise. Die wichtigsten Verknüpfungsoperationen sind 1. logisch-kausale, 2. dialektische, 3. vergleichend-gegenüberstellende. Untergeordnete Bedeutung haben 4. assoziativ-kombinatorische, 5. ergänzende Verknüpfungen. Die genannten Arten seien im folgenden kurz erläutert.

Zu 1: Kausal im weiteren Sinne sind alle Verbindungen, bei denen es um eine Ursache-Folge-Beziehung geht, also neben den kausalen im engeren Sinne (deshalb, denn, weil) auch die finalen (damit, um zu), konsekutiven (so daß, also) und konditionalen Konjunktionen (falls, wenn). Der Kausalnexus kann real vorgegeben sein (Die Sonne blendete ihn, so daß er nichts sah), er kann aber auch rein logisch, d. h. durch menschliches Erkennen, zustande kommen (Die Krankheit ist ansteckend, also müssen wir ihr vorbeugen). Außer durch Konjunktionen im Sinne der Wortart Konjunktion können logisch-kausale Verknüpfungen auch durch konjunktionale Verben erfolgen, die zwei Aussagen oder die daraus destillierten Abstrakta miteinander verbinden (setzt voraus, beruht oder fußt auf, ist bzw. wird möglich durch, ergibt sich aus, bedingt; bewirkt, verursacht, führt zu, ermöglicht, läßt erwarten, zielt auf; macht erforderlich, erklärt, geschieht durch, so kommt es daß usw.).

Die klassische Form einer rein logischen Operation und der Kern allen logischen Denkens ist der *Syllogismus* (Schlußfolgerung). Er setzt zwei durch einen gemeinsamen Begriff verbundene *Prämissen* (Vordersätze) voraus, von denen mindestens eine generell sein muß. Ein Beispiel: Alle Menschen sind sterblich; Sokrates ist ein Mensch; also: Sokrates ist sterblich. Wäre der erste Satz (Obersatz) partikulär, so wäre eine Schlußfolgerung nicht möglich bzw. nicht folgerichtig. Vielfach spielen allgemeine Prämissen in einem Text mit, ohne ausdrücklich zur Sprache zu kommen.[67] Das gilt besonders auch für Vorurteile, die ja nichts anderes sind als pauschale, d. h. unangemessen verallgemeinernde Prämissen (z. B. Er hatte lange Haare; trotzdem war er nicht unsympathisch). Wer Texte ideologiekritisch analysiert, muß nicht zuletzt nach derart versteckten pauschalen Prämissen fahnden.

Zu 2: Dialektisch sind Verbindungen, die auf Gegenrede (Widerspruch) beruhen. Dabei erscheint es zweitrangig, ob sich zwei Partner einen vom Hin und Her der Argumente getragenen Disput liefern oder ob ein Sprecher anläßlich einer Streitfrage die Gegenposition mit reflektiert oder auch neutral das Für und Wider einer Sache abwägt, wie im sogenannten dialektischen Aufsatz. Die

---

67 Eine solche verkürzte Schlußfolgerung (z. B. Sokrates ist ein Mensch, also ist er sterblich) heißt *Enthymem*. Vgl. Lausberg, § 271. Weitere Informationen zur Syllogistik enthalten die Artikel *Logik, Schluß* und *Syllogismus* in der Brockhaus Enzyklopädie. Vgl. auch S. 156.

Gegenrede kann das vorher Gesagte völlig verneinen oder partiell einschränken. Charakteristisch dafür sind adversative Konjunktionen (aber, jedoch, allerdings). Wird die Gegenrede ihrerseits ebenfalls widerlegt, so geschieht das meist in Form einer partiellen Einräumung (zwar, wohl, vielleicht, es mag sein daß) mit anschließender Erneuerung der Ausgangsthese in etwas bereinigter Form (immerhin, jedenfalls, aber doch, trotzdem, dennoch).

Zu 3: Die vergleichende Gegenüberstellung ist das elementarste Verfahren systematischen und damit auch wissenschaftlichen Denkens, Basis experimenteller Ermittlung naturwissenschaftlicher Gesetzmäßigkeiten ebenso wie Grundlage geisteswissenschaftlicher Typologien und Klassifikationen. (Im philologischen Bereich ist sie in den Disziplinen der literaturwissenschaftlichen Komparatistik und der vergleichenden Sprachwissenschaft institutionalisiert.) Die vergleichende Gegenüberstellung erfaßt zwischen zwei oder mehr einander ähnlichen Untersuchungsgegenständen Unterschiede und Gemeinsamkeiten. Bedeutsamer als die komparativen (auch, so wie, je . . . desto, Komparativ, Superlativ) sind dafür die adversativen Verknüpfungen (aber, dagegen, demgegenüber, während). Ihre pointierte Zuspitzung erfährt die vergleichende Gegenüberstellung in der *Antithese,* die zwei gegensätzliche Sätze oder gar nur Wörter konjunktionslos nebeneinanderstellt.[68] Auf den ersten Blick ist die vergleichende Gegenüberstellung von der dialektischen Auseinandersetzung oft nicht zu unterscheiden. Ob ein ,,aber'' dialektisch im Sinne einer Gegen-Rede (Kontradiktion) oder unterscheidend-kontrastiv im Sinne des bloßen Gegen-Satzes (Kontraposition) gemeint ist, bedarf von Fall zu Fall der Prüfung.

Zu 4: Auch gegenüber den assoziativ-kombinatorischen Verknüpfungen bedarf die vergleichende Gegenüberstellung der Abgrenzung. Beide berühren sich insofern, als sie auf einem Vergleichsakt beruhen. Allerdings hebt sich das assoziativ-kombinatorische Denken durch seine geistreich-aufgelockerte, den thematischen Rahmen kreativ sprengende Art und seinen meist nur dekorativ-beiläufigen Charakter von der streng sachbezogenen vergleichenden Gegenüberstellung deutlich genug ab. Syntaktisch, etwa in Form von Konjunktionen, läßt es sich kaum greifen. Von ihm wird später im Zusammenhang der rhetorischen Figuren zu sprechen sein.

Zu 5: Die ergänzenden Konjunktionen (auch, außerdem, sodann, darüber hinaus, überdies, ferner, im übrigen, schließlich) dienen vor allem der Reihung von Argumenten. Sie sind gewöhnlich einer der drei zuerst genannten Verknüpfungsarten untergeordnet.

Auf den genannten Verknüpfungen, besonders den logisch-kausalen, und auf der mit ihnen einhergehenden Abstufung von Haupt- und Nebensächlichem beruht die Affinität gedanklicher Texte zur *Hypotaxe* (= Nebensatzstil). Die hochgradige Verflechtung der Gedanken spiegelt sich also in einem verhältnis-

---

68 Zur Antithese, die meist zu den rhetorischen Figuren gerechnet wird, vgl. Arbusow (S. 55−57) oder Lausberg (§ 386−392).

mäßig komplizierten Satzbau.[69] Weitere Kennzeichen gedanklicher Texte sind die Häufigkeit von *Negationen*, die sich bei dialektischen und vergleichend-gegenüberstellenden Verknüpfungsoperationen ergeben, der besonders in Bedingungssätzen vorkommende *irreale Konjunktiv* und *Unterscheidungen* (oder, teils-teils, sowohl-als auch).

Außer durch Abstraktion und geistige Verknüpfung erhalten gedankliche Texte schließlich durch *modifizierende Bestimmungen* ihr eigentümliches Gepräge. Unter den meist adverbialen Bestimmungen sind erwähnenswert die der verstärkten (durchaus, wahrlich, überaus, schlechthin, schlechterdings, geradezu) und abgeschwächten Behauptung (fast, beinahe; sozusagen, gewissermaßen), die der verstärkten (keineswegs, mitnichten, durchaus nicht) und abgeschwächten Verneinung (kaum), außerdem die der Hervorhebung (besonders, insbesondere, vor allem, vornehmlich, hauptsächlich), Bemessung (genug, genügend, ausreichend, hinreichend, zu wenig, reichlich) und Gewißheit (vermutlich, wohl, vielleicht, wahrscheinlich, sicherlich, gewiß, zweifellos, zweifelsohne).

Gemischte Texte

Die drei behandelten Textarten (situativ, wiedergebend, gedanklich) können in verschiedener Weise in einem Text zusammenwirken:

1. Sie können einander *ablösen*, etwa indem situative oder auch wiedergebende Partien einen gedanklichen Kommentar nach sich ziehen.
2. Sie können sich regelrecht in kaum noch unterscheidbarer Weise *mischen*. Hierher gehört die situationsabhängige Wiedergabe, bei der etwa ein Sprecher einem Ankömmling berichtet, was kurz vorher am Berichtsort mit den jetzt noch anwesenden Personen oder Dingen geschehen ist.[70] Eine andere Mischform ist die in

---

69 In situativen Texten herrscht dagegen die *Parataxe* (= Hauptsatzstil) vor. Auch in wiedergebenden Texten sind die Hauptsätze gewöhnlich in der Überzahl, sofern nicht Reflexionen die Wiedergabe begleiten oder selber zum Gegenstand der Wiedergabe werden. Die in wiedergebenden Texten vorkommenden Nebensätze sind vorwiegend temporal („als"), attributiv (Relativsätze) oder Objektsätze mit „daß". Ihre Inhalte sind also real und nicht primär gedanklich mit denen der Hauptsätze verknüpft. Abweichungen von diesen Regelverhältnissen (z. B. Kleists Erzählstil) wecken ein entsprechendes Kontrastbewußtsein. Vgl. Scherpe (wie Anm. 30). S. 141 f.

70 Eine situationsabhängige Wiedergabe bietet auch der erste der beiden Bernstein-Texte auf S. 77. Daß Wunderlich seine anhand dieser Texte entwickelte Typologie von situationsabhängiger und situationsunabhängiger „Referenz" gemessen an den von mir behandelten Textarten, auf eine gemischte und eine reine Textform gründet, wurde schon auf S. 78 erwähnt.

didaktischen Texten und bei Erzählereinschaltungen häufige situativ-gedankliche Sprechweise.[71]

3. Sie können voneinander *abhängen*, indem (wie in der Erzählliteratur) Situationen oder Gedanken zum Gegenstand der Wiedergabe werden[72] oder indem (wie in persuasiven, d. h. auf Überredung zielenden Texten) das gedankliche Arsenal der Argumente als Mittel situativer Handlungsaufforderung dient.

4. Sie können sich stilistisch *überlagern*, z. B. in der Form des Erzählens im argumentativen Zwar-aber-Stil, wie es etwa in Wielands Romanen vorherrscht.

5. Sie können einander *ersetzen*, wenn sich etwa hinter einer Wiedergabe eine unausdrückliche gedankliche Aussage verbirgt (wie in Parabeln und z. T. in Fabeln) oder wenn die Wiedergabe (z. B. beklagenswerter Verhältnisse) als imperatives Argument (z. B. zur Änderung der Verhältnisse) gemeint ist.[73]

6. Wiederzugebendes kann schließlich als situativ *fingiert* sein, indem etwa ein Rundfunkreporter so tut, als seien seine Zuhörer bei dem zu berichtenden Geschehen mit anwesend.

3. Affektive Elemente

Die besprochenen Textarten setzen die spezifisch menschliche Denk- und Sprechfähigkeit voraus. Entwicklungsgeschichtlich älter als diese Fähigkeit ist der affektive oder Gefühlsbereich. Das für einen Menschen charakteristische Temperament und seine momentane Stimmung, die vom Affektzentrum des Gehirns gesteuert werden, sind für Kommunikation und Stil mindestens ebenso maßgebend wie seine rationale Kompetenz. Die konventionelle Selbstbeherrschung, im Sinne einer Beherrschung oder gar Ausschaltung der Affekte durch

---

71 Z. B. Jean Paul, ,,Flegeljahre" I 5: ,,So werden uns die Lebensbahnen, wie die Ideen, vom Zufall angewiesen." Vgl. auch Arbeitsvorschlag 19 a.

72 Bei personaler Erzählweise, in der das Geschehen mit den Augen einer am Geschehen beteiligten Figur gesehen wird, wird diese Figur selber zwar nur in dritter Person, also nicht situativ, bezeichnet (außer bei wörtlicher Rede), aber das von ihr Beobachtete ist vielfach mit deiktischen Wörtern als situativ (im Sinne der Wahrnehmungssituation) markiert (z. B. Er konnte *jetzt* sehen . . .). Vgl. auch Weinrich 1964. S. 18 f.

73 Vgl. auch S. 135—137.

die Vernunft seit der antiken Stoa moralische Forderung, vermag nicht zu verhindern, daß das Affektive bei allem menschlichen Verhalten und damit auch bei sprachlichen Äußerungen mitwirkt, ja diesen erst den ihnen eigenen Reiz verleiht. Als eigene Textart tritt es, von Interjektionen (oh, ach) und anderen Ausbrüchen von Freude oder Unlust abgesehen, kaum in Erscheinung. Um so bedeutsamer ist die begleitende Rolle, die es bei den sachbedingten Textarten spielt. Seine Ausprägung ist je nach Textart verschieden.

Konnotation und Stilschicht

Wenn jemand redet, so registriert der Zuhörer nicht nur, was er sagt, sondern auch, wie er es sagt. Timbre, Stimmlage, Modulation, Lautstärke, Deutlichkeit und Geschwindigkeit des Sprechens wirken ebenso wie das Gesagte. Auch der Text selbst enthält Elemente, die über die Mitteilungs- oder Darstellungsfunktion hinausführen und das repräsentieren, was man als Atmosphäre, Ton, Fluidum oder dergleichen zu bezeichnen pflegt.

Diese affektive Komponente ist kein bloßer Firnis, mit dem der Text überzogen wäre, sondern im Sprachsystem fest etabliert, allerdings nicht so sehr direkt in Form der Interjektionen und anderer ausdrücklicher Affektsignale, sondern vorwiegend mittelbar über die Benennung der Dinge. Die Dinge haben aufgrund ihrer Verwendbarkeit für den Menschen bzw. aufgrund ihres spezifischen Verwendungsbereichs eine unterschiedliche affektive Qualität. Jedes Ding affiziert den Menschen anders. Die Sprache nimmt leihweise an der affektiven Valenz der Dinge teil. Die meisten Wörter bezeichnen nicht nur eine Sache, sie assoziieren wie Zitate zugleich die Erinnerung an den Ursprung oder Schwerpunkt ihrer Verwendung, der dem Verwendungsbereich der Sache selbst in etwa entspricht. Die Atmosphäre ihrer Herkunft, gewissermaßen ihr Heimatgeruch, haftet den Wörtern als konnotative, d. h. mit zu assoziierende, Nebenbedeutung an. Sie sind nicht bloß Zeichen im Sinne willkürlich vereinbarter akustischer Symbole, sondern zugleich Spuren, Symptome, Indizien oder „Anzeichen", wie Bühler sie genannt hat.[73 a] Ähnliches gilt auch für die grammatischen Bedeutungselemente (z. B. Genitiv, Konjunktiv).

---

73 a)   K. Bühler (wie Anm. 10), S. 106.

Der konnotativen Nebenbedeutung der Sprachzeichen, in der manche Forscher das eigentliche Wesen des Stils sehen[73 b], entspricht ihr Ausdruckswert, ihre Expressivität, ihr Stilwert. Wörter ohne affektive Nebenbedeutung gelten als nullexpressiv. Der Begriff „Ausdruck" ist allerdings nicht unproblematisch. Wer ihn wie Bühler im wesentlichen als Funktion der Innerlichkeit des sprechenden Subjekts versteht, greift auf jeden Fall zu kurz. Der Ausdruck spiegelt weniger die Seele als die soziale Rolle des Sprechers, speziell seine Rolle in der konkreten Sprechsituation. Im übrigen bemerkt Sowinski mit einigem Recht, die Ausdruckswerte seien in Wirklichkeit Eindruckswerte, „da es weniger um die Deutung der jeweiligen Aussageintentionen als vielmehr um die Beschreibung der Wirkung auf das Publikum geht".[73 c]

In den konnotativen Bedeutungen der Wörter und der grammatischen Bedeutungselemente prägt sich die für einen Text maßgebende *Sprechhaltung* aus. Dieser Begriff stammt aus dem Bereich der Sprechkunde.[73 d] An der Sprechhaltung sind Temperament und momentane Gemütsverfassung des Sprechers, seine Sympathie oder Antipathie gegenüber dem Empfänger und die Art des jeweiligen Situations- bzw. Sachzusammenhangs gleichermaßen beteiligt. Das sprachliche Verhalten kann sich — besonders durch zunehmendes Alter — so verfestigen, daß es schließlich ebenso einprägsam wie komisch wirkt. Auf eine derartige Wirkung zielen die karikaturhaft überzeichneten Rednertypen, wie sie in der Tradition des humoristischen Romans, vor allem bei Charles Dickens, häufig vorkommen. Solche Typen sind etwa der Höfliche, der Förmliche, der Devote, der Feierliche, der redselig Nichtssagende, der jovial Herablassende, der Kurzangebundene, der grob Ausfallende, der Unbeholfene, der Witzige, die alle durch ihr stereotypes Redeverhalten profilierter erscheinen als noch so genau beschriebene andere Personen. Es scheint, als habe der Personalstil wenn nicht in solcher Erstarrung, so doch in einer gewissen partiellen, affektisch bedingten Gleichförmigkeit seine eigentliche Wurzel. Die meisten Menschen reden jedoch nicht immer in derselben Weise, sondern verfügen über mehrere Stilregister, zwischen denen sie je nach Gemütslage und Situation wechseln.

73 b) Vgl. bes. Graubner (S. 176 und S. 185), der die Nebenbedeutungen allerdings nicht als herkunftsbedingt erklärt.
73 c) Sowinski, S. 331.
73 d) Für Kayser (S. 291 f.) ist *Haltung* ein grundlegender Stilbegriff. Er spricht bes. von Erzählhaltung.

Das traditionelle System von drei Stilschichten oder -ebenen [73 e] geht auf die antike Rhetorik zurück, die niedrigen, mittleren und hohen Stil unterschied und sich die Schichten ständisch gestaffelt dachte. Jeder Stilschicht (genus dicendi) war eine Gegenstands- und Personengruppe zugewiesen, z. B. blieb der hohe Stil ähnlich wie die Gattung der Tragödie Personen hohen Standes vorbehalten. Diese Auffassung blieb bis zum 18. Jahrhundert wirksam. Demgegenüber ist die neuere Stilistik eher individualpsychologisch oder situationsbezogen orientiert. Jedem Erwachsenen ist – trotz erheblicher Kompetenzunterschiede im einzelnen – neben der normalen Stillage die Beherrschung oder doch Kenntnis eines derben bzw. abfälligen wie auch eines gewählten Sprechens zuzubilligen, wie sie sich in synonymen Dreierketten dokumentiert (Pauker, Lehrer, Pädagoge; Fresse, Gesicht, Antlitz; schuften, arbeiten, tätig sein; klauen, stehlen, entwenden). In diesem Sinne erscheint der mittlere Stil als normal, der niedrige als vulgär. Diese Stufen entsprechen allerdings, was meist übersehen wird, nicht den klassischen, denn der niedrige Stil klassischer Vorstellung, dem man z. B. die Schriften Caesars und die Bibel zuordnet, kommt in etwa dem normalen Sprechen gleich.

Klassische Rhetorik	*Neuere Stilistik*
hoher Stil (Ziel: movere = bewegen)	hoher Stil
mittlerer Stil (Ziel: delectare = erfreuen)	–
niedriger Stil (Ziel: docere = belehren)	normaler Stil
–	niedriger Stil

Die geistreich-witzige Urbanität der früheren mittleren Sprechart (genus medium) ist als eigene Stilschicht allmählich in Vergessenheit geraten, weil sich das Ergötzen (delectare) auch und gerade mit dem vulgären Sprechen verbinden kann, das seit dem Grobianismus des 16. Jahrhunderts allmählich literaturfähig wurde.

Die Subjektivität wiedergebender Texte

Von Sprechhaltung wird man im wesentlichen bei situativen Texten reden, ja sie selbst läßt sich als situatives Element begreifen. In dieser Weise kommt sie auch in hauptsächlich wiedergebenden Texten vor. In den eigentlich wiedergebenden Partien äußert sich das Affektive allerdings in anderer Weise. Hier hat es keine bloß begleitende Funktion, keine nur konnotative Bedeutung, nicht bloß Ausdruckswert, sondern es wird mit zum Inhalt der Darstellung. Die Gegenstände wiedergebender Texte interessieren in der Regel, jedenfalls im Zusammenhang von Erzähltexten, nicht an sich, sondern in ihrer Be-

---

73 e) Vgl. auch S. 41. Plett (S. 105) begreift „Stilebene" als standes-, „Stilregister" als situationsbedingt.

deutung für Menschen. Dementsprechend vermitteln die meisten wiedergebenden Texte keine objektive Nachbildung des Gegenstandes, sondern, dessen Charakter als Beobachtungsobjekt entsprechend, eine subjektive Ansicht, und zwar nicht nur perspektivisch, was im Zusammenhang der Tempora wichtig war, sondern vor allem im qualitativen Sinne einer Eindruckswiedergabe. Diese registriert, wie der Gegenstand auf die handelnden Personen, den Sprecher oder überhaupt auf Menschen wirkt, wie er ihr Gefühl anspricht. Die affektive Anteilnahme, im Gegensatz zur rein objektiven Gegenstandswiedergabe gewöhnlich als subjektiv bezeichnet, äußert sich besonders in *Wertungen.*

Genau genommen, beziehen sich solche Wertungen sowohl auf zuständliche wie auf sukzessive Gegenstände, jedoch gewinnen letztere im Zuge der Bewertung gleichsam zuständlichen Charakter, so daß man einheitlich von einer *Eindrucksbeschreibung* sprechen kann. Jedenfalls äußert sich die Eindruckswiedergabe wie die reine Gegenstandsbeschreibung vorwiegend im — diesmal wertenden — Adjektiv. Hinzu kommen Adverbien, Verben der Gemütsbewegung (z. B. sich freuen) und konsekutive Wendungen (so daß). Letztere kennzeichnen besonders deutlich, daß die Wirkung wichtiger erscheint als der Gegenstand. Das zeigt gerade die auf S. 81 f. zitierte Romanstelle von Zigler. Entzieht sich die Wirkung aufgrund ihrer Größe oder Intensität den Möglichkeiten direkter sprachlicher Wiedergabe, greifen die Autoren vielfach zu Vergleichen und Metaphern, zu Komparativen und Superlativen. Sie übersetzen die Intensität in die Quantität von Größe oder Dauer, sprechen z. B. von „großer" oder „ewiger" Liebe, oder sie geben ihrer Sprachnot durch Unsagbarkeitsformeln oder durch stammelndes, wenn nicht gar völliges Versagen der Sprache Ausdruck. Manchmal, besonders in fiktionalen Texten, wirkt der erstrebte Eindruck auch auf die Beschaffenheit des Gegenstandsbereichs zurück, z. B. wurden im 18. und 19. Jahrhundert rührende Begegnungsszenen gern durch Naturparallelismus, d. h. durch ein ebenso rührendes Naturverhalten (Gewitter, Sonnenauf- und -untergänge), bedeutsam untermalt.

In solchen Einzelheiten spiegelt sich die Reaktion des Sprechers auf den Gegenstand, seine Einstellung zu ihm. Diese gegenstandsergänzende Subjektivität ist mit den früher erwähnten anderen Subjektrollen[74], nämlich der direkt oder indirekt bekennenden, der kommunikativ-situativen und der formulierend-darstellenden, nicht zu verwechseln, wenn sie sich auch in der Praxis weitgehend überlagern.[75] Während diese anderen Subjektrollen im wesentlichen der Kom-

74 Vgl. S. 70.
75 Der Übergang zur bekennenden Selbstaussage ist insofern fließend, als die Art der Gegenstandswahrnehmung und -bewertung Rückschlüsse auf den Wahrnehmend-Wertenden erlaubt, vor allem dann, wenn sie als subjektive Konstante (z. B. Humor) vom Gegenstand im Grunde unberührt bleibt und dieser nur einen Anlaß zur Selbstdarstellung abgibt.

100

munikations- bzw. Darstellungsebene zuzurechnen sind, gehört die – in Erzähltexten mit dem Präteritum verbundene – Eindruckswiedergabe grundsätzlich der Gegenstandsebene an, kann allerdings situativ bekräftigt werden, wie gerade die Romanstelle von Zigler zeigt. Mit ihrer Zugehörigkeit zur Gegenstandsebene unterscheidet sich die Eindruckswiedergabe zugleich von der Sprechhaltung.[76] Im Einzelfall allerdings kann die Zuordnung durchaus schwanken. Das Wohlbehalten-Idyllische in Goethes „Hermann und Dorothea" etwa („die wohlgezimmerten Scheunen"), das der naivere Leser als gegenstandsverhaftete Eindruckswiedergabe empfindet, wird der kritischere Leser eher als interpretierende Zutat begreifen und der Sprechhaltung des Autors zuschreiben.

Für Erzähltexte fällt die Zuordnung der eindrucksbezogenen Subjektivität zur Gegenstandsebene indes nicht weiter ins Gewicht. Bedeutsamer erscheint sie für Texte, von denen eine möglichst objektive Wiedergabe erwartet wird, die also mehr auf Wahrheit als auf Wirkung abzielen. Die Wahrheitsgefährdung geht nämlich nicht von der Kommunikationssituation aus, sondern hat in der Subjektivität der ursprünglichen Gegenstandswahrnehmung ihre eigentliche Wurzel. Erinnerungslücken, die die Zuverlässigkeit noch weiter einschränken, sind demgegenüber schon als sekundär zu betrachten.

Die Anteilnahme des Sprechers am Gegenstand bzw. ihre Aussparung ist – neben der sukzessiven oder zuständlichen Beschaffenheit des Gegenstandes selbst – das häufigste Kriterium zur Differenzierung wiedergebender Texte. Unter dem Einfluß des seit dem 18. Jahrhundert herrschenden subjektivistischen Irrationalismus und im Sinne der vor allem von Hegel propagierten Subjekt-Objekt-Relation faßt man allerdings das Subjektive weniger als attributive, je nach Bedarf als wirkungsvoll oder störend empfundene Zutat auf, sondern eher als selbständige schöpferische Kraft. Vielfach geraten reaktive und kreative Subjektivität auch durcheinander, so etwa im System der wiedergebenden Aufsatzarten, wie es die fachdidaktische Literatur zum Deutschunterricht vorwiegend vertritt[77]:

	objektiv	subjektiv
Vorgänge	Bericht	← Erzählung
Zustände	Beschreibung	→ Schilderung

Gegenüber der reaktiven Subjektivität, die man beim Übergang vom Erzählen zum sachlich nüchterneren Berichten abschöpft, erscheint diejenige, die man beim zeitlich späteren Übergang von der Beschreibung zur gestalterisch anspruchsvolleren Schilderung hinzuwünscht, eher kreativ.

76 Die Subjektivität der Sprechhaltung ist in erster Hinsicht Ausdruck des Sprechers, nicht notwendig Alternative zu einer Objektivität. Sie bedarf im Grunde keines Objekts.
77 Vgl. z. B. O. Beck: Aufsatzerziehung und Aufsatzunterricht. Ein Lehrerhandbuch. Bd. 2. Bad Godesberg 1966. S. 38 f. – H. Helmers: Didaktik der deutschen Sprache. 6. Aufl. Darmstadt 1971. S. 219.

Die vier namengebenden Begriffe werden übrigens – zumindest außerhalb der Schule – nicht nur im Sinne des angeführten Schemas verwendet. Die Problematik des Beschreibungsbegriffs ist schon erörtert worden. Berichte können, etwa als Lageberichte, auch Zuständliches erfassen[78], anderseits ist der Botenbericht des Dramas von subjektiven Zutaten im allgemeinen nicht frei. Am unkompliziertesten hinsichtlich der hier zur Debatte stehenden Merkmale ist noch die Erzählung. Dieser Begriff hat allerdings als epische General- oder auch (in Opposition zur Novelle) Sonderform eine engere bzw. engste Bedeutung entwickelt. Am meisten schillert der Begriff der Schilderung.[79]

Die Verbindung von Gedanke und Gefühl

Die bisher besprochenen Gefühle lassen sich ins Bewußtsein heben, ein vor allem für das ästhetische Erleben wichtiges Moment; grundsätzlich sind sie jedoch animalisch-vitaler, im wesentlichen instinktiver Art. Das gilt gleichermaßen für empfindungsnahe Gefühle (sinnlich-leibliche, z. B. Hunger oder Schmerz) wie für triebnahe (z. B. Furcht) und personale (Sympathie, Antipathie).[80] Insoweit bestätigt sich die herrschende Meinung vom krassen Gegensatz zwischen Gefühl und Verstand. Neben den genannten unmittelbaren Gefühlen bzw. Werterlebnissen gibt es jedoch auch spezifisch geistige Gefühle bzw. Werte. Sie sind durch Bewußtseinsakte begründet, die emotional so angereichert werden, daß man auch hier, und zwar nicht nur in metaphorischem Sinn, von Gefühl oder Empfinden sprechen kann.[81] Dazu gehören soziale Gefühle (bes. das durch Lob zustande kommende Erfolgserlebnis) sowie sittliche und religiöse, außerdem die durch ständige Gewohnheit entstehenden Regelgefühle, wie das Sprachgefühl. Die rationale Ursache dieser Gefühle liegt vielfach in ferner Vergangenheit, aktuell braucht sie keineswegs bewußt zu sein.

Richtig zutage tritt die Verbindung von Geist und Gefühl dann, wenn sich das rationale Bewußtsein aktuell betätigt, nämlich in kritischen, für oder gegen eine Meinung Partei ergreifenden Texten. Das ganze Arsenal affektischer Mittel[82] gelangt vollends in rhetorisch-persuasiven, also auf Überredung abzielenden Texten zum Einsatz, die weniger eine sachlich begründete Meinung als das Eigen- oder Gruppenin-

---

78 Nach Lämmert (S. 87) dienen sie neben der Vorgangswiedergabe auch „der sachlich geordneten Zustandsschilderung".
79 Vgl. dazu S. 109 f. Zur Ergänzung vgl. auch S. 84 f.
80 Zu den Gefühlsarten vgl. Brockhaus Enzyklopädie. Bd. 7. Wiesbaden 1969. Artikel „Gefühl".
81 Vom „Wertfühlen", gerade auch im Hinblick auf geistige Werte, hat Max Scheler, der Begründer der materialen Wertethik, gesprochen.
82 Vgl. im einzelnen S. 121 ff.

terese des Redners verfechten.[83] Die affektiven Mittel, Gradmesser des Engagements, können hier so überhandnehmen, daß der Text, mit nüchterner Sachkenntnis betrachtet, sich selber bloßstellt und als unkritisch erweist, und zwar paradoxerweise gerade auch dort, wo er kritisch gemeint ist. Ihre affektive Kraft beziehen rhetorische Texte teils aus der Nutzung konnotativer Nebenbedeutungen angenehmer oder unangenehmer Art, vor allem aber aus der überraschenden Kombination verschiedenartiger Vorstellungen.

Wir haben gesehen, welche Rolle das Affektive als Ausdruck der Sprechhaltung, als Element wiedergegebenen Eindrucks und als rhetorische Waffe spielt. Damit ist sein Anteil an den sachbedingten Textarten umrissen. Der Versuch, Gefühle selber zum Gegenstand zu machen und sie dichterisch zu gestalten oder wissenschaftlich zu reflektieren, stößt immer an eine Grenze. Im Kern lassen sie sich weder wiedergeben noch — jedenfalls gilt das für die unmittelbaren Gefühle — rational durchdringen, sondern allenfalls durch Beschreibung oder Nachgestaltung der auslösenden Umstände indirekt vermitteln bzw. nachvollziehen.

4. Rezeptionserleichternde Darstellungsprinzipien

Die Darstellungsprinzipien — in der stilistischen Fachliteratur heißen sie meist Stilprinzipien[84] —, nach denen ein Autor seinen Text gestaltet, sind nicht in erster Linie Ausdruck seiner geistigen Physiognomie oder eines autonomen Formwillens, sondern, was meines Wissens bisher völlig übersehen worden ist, hauptsächlich eine Konsequenz des von ihm gewählten Gegenstandes, genauer gesagt, Gegenprinzipien, die die gegenstandsbedingten Rezeptionsschwierigkeiten überwinden helfen, wie sie wiedergebende und gedankliche Texte mit sich bringen. Es geht also um das Verhältnis des Gegenstandes zum Adressaten. Auf die Vermittlung des Gegenstandes an den Empfänger bezogen, entsprechen die Darstellungsprinzipien im wesentlichen didaktischen Vermittlungsprinzipien, sind also keineswegs spezifisch literarischer Art. Schriftsteller und Lehrer vermitteln ihre Gegenstände in durchaus vergleichbarer Weise. Oberstes Ziel ist es, den Gegenstand dem Empfänger nahezubringen, seine Fremdheit zu überwinden. Dazu dienen Aktualisierung, Vermenschlichung, Dynamisierung, Ver-

---

83 Zum affektiven Charakter der Rhetorik vgl. Klaus Dockhorn: Macht und Wirkung der Rhetorik. Vier Aufsätze zur Ideengeschichte der Vormoderne. Bad Homburg 1968 (= Republica literaria 2).

84 So bei Sowinski und Plett.

sinnlichung und Vergegenwärtigung, fünf durchaus verschiedene Teilziele, die mangels theoretischer Klärung allzu leicht als bedeutungsgleich aufgefaßt werden.

Aktualisierung

Je fremder der Gegenstand dem Empfänger ist, um so mehr muß der Vermittler ihn aktualisieren, d. h. mit den vorhandenen Interessen des Empfängers oder zumindest mit ihm bekannten Dingen in Zusammenhang bringen. Ein höheres Maß an Fremdheit steigert allerdings zugleich die Künstlichkeit der Aktualisierung. Junge Mütter finden etwa zu für sie neuen Erkenntnissen der Kinderpsychologie einen natürlicheren Zugang als Junggesellen, deren Interesse erst auf Umwegen geweckt werden muß. Von dem Grad der Fremdheit abgesehen, wächst die Schwierigkeit des Aktualisierens mit der Größe und Ungleichartigkeit der Zielgruppe. Während Theaterregisseure entlegenen Bühnenstücken oft durch eingebaute Anspielungen auf Lokalereignisse aktuellen Anstrich verleihen, können Fernsehen und Schriftsteller allenfalls auf allgemeiner bekannte Ereignisse und Personen des öffentlichen Lebens zurückgreifen. Für einen Autor, der sich auch die Nachwelt zu Lesern wünscht, schrumpft das Aktualisierungspotential gar auf das allgemeinmenschlich Bekannte bzw. Gebrauchte zusammen.

Bevorzugter Ort für die Anknüpfung an Interessantes bzw. Bekanntes ist natürlicherweise der Textanfang. Hier vor allem gilt es, den Empfänger zu ködern und seine Aufnahmebereitschaft zu wecken oder zu verstärken. Die Methode, an das Thema auf einem Umweg heranzuführen, treibt allerdings auch unsinnige Blüten. Schematisch verwendet, wie häufig im Schulaufsatz, kommt sie nämlich auch dann zum Einsatz, wenn das Thema von vornherein interessanter ist als der gewählte Umweg. In diesem Fall wäre der Einstieg in medias res passender.

Vermenschlichung

Interessanter als alle noch so bekannten, gebrauchsdienlichen, aktuellen Realien sind Wesen, denen wir uns mehr oder weniger verwandt

fühlen dürfen. Das Verwandtschaftsbewußtsein läßt sich erlebnis-
mäßig und darstellerisch höher schrauben, als es der Wirklichkeit
entspricht. Leblose Dinge, insbesondere bewegte Naturerscheinun-
gen (z. B. Wind), werden verlebendigt[85], Bäume und andere Pflan-
zen animalisiert, Tiere vermenschlicht, Abstrakta personifiziert[86],
Dinge und Lebewesen also auf verschiedene Weise dem Menschen
angenähert. Die Vielgötterei der alten Religionen ist weitgehend
ein Ergebnis solcher Vorstellungen. Kinder und Primitive empfinden auch heute noch in dieser Weise. Der Tisch, an dem ein Kind
sich gestoßen, der Ofen, an dem es sich verbrannt hat, erscheinen
ihm als gefährliche Wesen. Für den aufgeklärten Erwachsenen bleibt
die magisch-animistische Weltsicht als darstellerische Möglichkeit bestehen. Vor allem die Dichtung macht — in fiktionaler (Tierfabeln)
und metaphorischer Form — davon Gebrauch.[87]

Mit der Vermenschlichung ist allerdings noch nicht die höchste Stufe der An-
gleichung erreicht. Nicht alle Menschen sind für uns gleichermaßen interessant. Die Aufmerksamkeit wird größer, wenn jemand uns durch absonderli-
ches Verhalten auffällt, sie gerät am größten, wenn einer uns gefühlsmäßig
anspricht, indem er uns sympathisch erscheint oder uns bedroht. Literarische
Figuren wecken unsere Sympathie bzw. Abneigung nicht durch ihre — unmittelbar ja gar nicht wahrnehmbare — äußere Erscheinung, sondern durch ihr
Verhalten. Auf der höchsten Stufe des Interesses schlägt die moralische Soli-
darisierung in perspektivische *Identifikation* um. Allerdings identifiziert sich
nicht jeder Leser mit den gleichen Figuren, sondern jeder nur mit denen, die
seiner eigenen Persönlichkeitsstruktur entsprechen. Die Projektion eigener
psychischer Gegebenheiten (Erlebnisse, Gefühle, Meinungen) in andere Personen oder auch in wahrgenommene Gegenstände in der Weise, daß sie diesen
zugeschrieben oder als deren Eigenschaften erlebt werden, findet sich auch
außerhalb der Literaturrezeption. Sie ist beispielsweise die Voraussetzung für
die projektiven Tests in der Psychologie.

Dynamisierung

Bewegung ist interessanter als Ruhe. Vorgänge fesseln uns, Zustände
erscheinen eher langweilig. Wer sich dennoch auf die Wiedergabe zu-

85 Diese Verlebendigung hat mit der bloß metaphorischen Verlebendigung,
   Lebendigkeit oder Lebhaftigkeit, d. h. abwechslungsreicher Darstellung
   ohne Gegenstandsveränderung, nichts zu tun.
86 Zur Personifikation vgl. auch S. 142 f.
87 Zur vermenschlichenden Metapher vgl. S. 125.

ständlicher Erscheinungen einläßt, muß diese Gefahr durch um so attraktivere Darstellung überspielen.

Lessing war, wie ausgeführt[88], der Zustandsdarstellung in Form der Beschreibung grundsätzlich abgeneigt. Wenn der Dichter schon Statisches wiedergeben müsse, solle er es, meint Lessing, in Handlung, also in ein zeitliches Nacheinander, übersetzen. Schon Homer habe das gekonnt.

„Will Homer uns den Wagen der Juno sehen lassen, so muß ihn Hebe vor unsern Augen Stück vor Stück zusammen setzen. Wir sehen die Räder, die Achsen, den Sitz, die Deichsel und Riemen und Stränge, nicht sowohl wie es beysammen ist, als wie es unter den Händen der Hebe zusammen kömmt. [. . .] Will uns Homer zeigen, wie Agamemnon bekleidet gewesen, so muß sich der König vor unsern Augen seine völlige Kleidung Stück vor Stück umthun; das weiche Unterkleid, den großen Mantel, die schönen Halbstiefeln, den Degen; und so ist er fertig, und ergreift das Szepter. Wir sehen die Kleider, indem der Dichter die Handlung des Bekleidens mahlet."[89]

Lessings Rezept hat sich in der deutschen Literatur[90] und im deutschen Schulunterricht[91] nachhaltig ausgewirkt.

Aber auch wer Zuständliches nicht nach Lessings Vorstellung in Bewegung bringt, sondern es in traditioneller Weise beschreibt, kommt um eine gewisse Dynamisierung nicht herum. Aufgrund ihres zuständlichen Charakters verträgt sich die Beschreibung nämlich nicht gut mit der Wortart Verb und läßt daher abwechslungsreiche Sätze nicht ohne weiteres zu. Das Angebot zuständlicher Verben (z. B. sein, sich befinden, stehen) ist gering und schnell erschöpft. „Tätigkeitswörter" entsprechen nicht dem Gegenstand. Die meisten Autoren machen mehr oder weniger unbewußt aus der Not eine Tugend. Sie helfen sich mit *metaphorischen Verben,* die die gegenständliche Starre darstellerisch beleben (z. B. Schwarzes, lockiges Haar *fiel* ihm auf die

88 Vgl. S. 84 f.
89 G. E. Lessing: Sämtliche Schriften. Hrsg. von K. Lachmann u. F. Muncker. Bd. 9. 3. Aufl. Stuttgart 1893. S. 96 f. (= Laokoon. Kap. 16.)
90 Goethe macht z. B. in „Hermann und Dorothea" (IV 1-63) die Größe und Fruchtbarkeit der Ländereien von Hermanns Eltern dadurch deutlich, daß er die Mutter auf der Suche nach ihrem Sohn vom Haus bis zur Grenze des Besitzes wandern läßt.
91 Vgl. z. B. Heinrich Scharrelmann (Die Technik des Schilderns und Erzählens, Darmstadt 1967, zuerst 1919), der den Schulstoff in Erlebnisse oder Geschichten zu verpacken empfiehlt, ohne sich allerdings des Rückgriffs auf Lessings Gedanken bewußt zu sein.

Schulter) und zugleich das Adjektiv aus der ihm eigentlich zustehenden prädikativen in eine attribute Position abdrängen. Diese Metaphern sind also nicht oder jedenfalls nicht in erster Linie auf eine besondere Neigung des jeweiligen Autors zu uneigentlicher Ausdrucksweise zurückzuführen, vielmehr sind sie das kompromißlerische Ergebnis des darstellerischen Konflikts, der sich zwischen der Beschränkung auf wenige Zustandsverben als gegenstandsbedingter Norm und dem allgemeinen ästhetischen Bedürfnis nach Abwechslung auftut.

Versinnlichung

Abstrakte Gegenstände verlangen nach sinnlicher Verdeutlichung, besonders gegenüber Adressaten, die es nicht gewohnt sind, abstrakt zu denken. Dazu dienen hauptsächlich konkretisierende _Beispiele_. Der versinnlichende Sachverhalt kann sich zu einer eigenen Handlung auswachsen. In den Poetiken der Aufklärungszeit begriff man ganze Dichtungen als sinnliche Einkleidung je eines moralischen Lehrsatzes.[92]

Konkrete, aber entlegene oder verwickelte Sachverhalte können durch analoge bzw. vereinfachende _Modelle_ verständlicher werden. Solcher Modelle bedient sich z. B. die moderne Atomphysik. Am Anfang von Brechts ,,Leben des Galilei" demonstriert Galilei seinem elfjährigen Schüler Andrea Sarti und damit auch dem noch nicht hinreichend informierten Teil des Publikums die kopernikanische Wendung mit Hilfe einfacher Gebrauchsgegenstände (Stuhl, Apfel).

Versinnlichend wirken auch _Vergleiche_ und _Metaphern,_ gewissermaßen Analogiemodelle in Kleinformat. Sie sind allerdings primär affektische Mittel, die über das Maß der zum Verständnis nötigen Illustration hinausgehen, und werden deshalb erst in II b 2 genauer behandelt.

---

92 Vgl. die Bemerkungen von Gottsched (wie Anm. 33) zur Fabel im Sinne des Handlungsstoffs (S. 149 f.), zur äsopischen Fabel (S. 436 und S. 446), zum Epos (S. 486) und zur Tragödie (S. 611). Zur äsopischen Fabel vgl. auch S. 137 dieses Buches.

Vergegenwärtigung (lateinisch repraesentatio)

Versinnlichung ist Übersetzung von sinnlich nicht oder nicht hinreichend Faßbarem in sinnliche Form. Demgegenüber ist mit Vergegenwärtigung der darstellerische Transport durchaus sinnlicher, nur im Augenblick abwesender Gegenstände vor das geistige Auge des Empfängers gemeint. Der Vergegenwärtigung bedürfen alle wiedergebenden und damit, abgesehen vom Drama, die meisten literarischen Texte. Sie verdient also genauere Beachtung.

In diesem Zusammenhang lohnt sich ein Vergleich der Dichtung mit den beiden Nachbarkünsten, wie ihn die folgende Übersicht skizziert:

	bildende Kunst	Dichtung	Musik
unmittelbar sinnenhaft	+	−	+
unmittelbar aussagend	−	+	−
gegenstandsbezogen	+	+	−
sukzessiv	−	+	+

Ist eines der links aufgeführten Merkmale vorhanden, steht ein Pluszeichen, sonst ein Minuszeichen. Das Schema geht von den Regelverhältnissen aus, berücksichtigt also nicht Ausnahmen, wie die kinetische Kunst, oder Zwischenformen, wie die Dramenaufführung. Es gibt zu erkennen, daß die Dichtung den beiden Nachbarkünsten in einem Punkt unterlegen ist: Sie wendet sich, abgesehen, wie gesagt, vom Drama, nicht unmittelbar an die Sinne, sondern muß auf dem Umweg über das andersartige Medium der Sprache, also mittelbar, in der Vorstellung des Lesers das Gemeinte erst wachrufen. Die Hauptschwierigkeit des schreibenden Künstlers wie überhaupt des wiedergebenden Sprechers besteht also darin, seinen Gegenstand dem Empfänger möglichst anschaulich und plastisch geistig vor Augen zu rücken.[93]

Auf das Anschauungsmanko der Dichtung oder, besser gesagt, auf den Versuch, es zu überwinden, geht die schon früher erwähnte Auffassung zurück, daß

---

93 Genau genommen, muß der Dichter eine doppelte Hürde überwinden:
1. die generelle Gegenstandsfremdheit der Sprache, ihren bloß symbolischen, abbildenden Charakter, wie er auch für situative Texte gilt, 2. die spezielle Nichtwahrnehmbarkeit des zu vermittelnden Gegenstandes. Bei Anwesenheit des Gegenstandes, also in situativen Texten, wird die Gegenstandsfremdheit der Sprache durch die Wahrnehmung des Gegenstandes aufgewogen. Nur in nichtsituativen Texten erweist sie sich als rezeptionshemmend. Dem wirken die Versinnlichung in gedanklichen und die Vergegenwärtigung in wiedergebenden Texten entgegen.

die Dichtung wie Malerei sei bzw. sein solle.[94] Der Vergleich mit der Malerei oder überhaupt mit der bildenden Kunst liegt nahe, denn, gegenstandsbezogen wie die Literatur, bietet sie, in dieser Hinsicht der Literatur überlegen, ihren Gegenstand unmittelbar sinnhaft dar, wenn auch nur als dem Gegenstand ähnliches Abbild.[95] Der Vergleich hat aber auch etwas Unbefriedigendes; denn mit ihm gewinnt die Dichtung nicht nur an sinnlicher Vorstellbarkeit. Es drängt sich ihr auch ein weiteres textfremdes, nun eher fragwürdiges Merkmal auf: die bewegungslose, auf fehlender Sukzession beruhende Starre der Gemälde bzw. Bildwerke.

In diesem Zusammenhang sei der Blick nochmals auf den schon zweimal angesprochenen Begriff der Schilderung gelenkt, der ja ursprünglich Malen bedeutet hat.[96] Im Gegensatz zur eher Distanz haltenden Beschreibung sah Gottsched die Eigenart der Schilderung darin, daß

> sie einen so lebhaften Abriß von einer Sache macht, als ob sie wirklich vorhanden wäre. Das macht die starke Einbildungskraft, welche sich im Affecte die deutlichsten Bilder von sinnlichen Sachen hervorbringet, die oft den wirklichen Empfindungen an Klarheit nichts nachgeben, und also abwesende oder vergangene Sachen als gegenwärtig vorstellet.[97]

Es scheint allerdings, als habe sich der Bedeutungskern des Wortes Schilderung schon zu Gottscheds Zeit allmählich vom Anschaulichen im Sinne des sinnlich Vorstellbaren auf das Zuständliche, also von einer Wirkungs- auf eine Gegenstandskategorie verlagert. Jedenfalls hat sich Lessings Kritik an Beschreibung und Schilderung vor allem an deren Zuständlichkeit entzündet.[98] Nachdem die Malmetaphorik im 19. Jahrhundert allmählich in Vergessenheit geraten war und auch Zuständlichkeit, Detailliertheit und Anschaulichkeit als sekundäre Merkmale der Malerei nur noch rudimentär in Erinnerung waren, wandelte sich die Schilderung, schon im 19. Jahrhundert als Aufsatzform üblich, nach 1900 als Paradeform des nun aufkommenden subjektiven Erlebnisaufsatzes zu einer pseudopoetischen, gefühlvollen, vor allem Mädchen vorbehaltenen Textart, als die sie noch heute in der fachdidaktischen Literatur, den Richtlinien der Bundesländer zum Deutschunterricht und nicht zuletzt in der Praxis des Deutschunterrichts selber ihr Dasein fristet.[99] Mit der Malbedeutung ist

---

94 Vgl. S. 84 und S. 101 f.
95 Auch Wörter bilden, wie in Anm. 93 angedeutet, Dinge ab, sind diesen aber nicht ähnlich, wenn man von lautmalenden Wörtern (wie Kuckuck) einmal absieht.
96 Vgl. Anm. 37.
97 J. Ch. Gottsched (wie Anm. 38), S. 327 f.
98 Vgl. S. 84 f. und S. 106.
99 Maßgebend wurden Georg Kühn (Stilbildung in der höheren Schule. 4. Aufl. Düsseldorf 1964) und Robert Ulshöfer (Methodik des Deutschunterrichts. Bd. 3. Mittelstufe II. 2. Aufl. Stuttgart 1960). Kennzeichen der „Erlebnisschilderung", wie sie bei Kühn heißt, sind Subjektivierung, Dynamisierung und das Streben nach Gestaltganzheit. Mit der Dynamisierung

auch der kommunikative Charakter der Schilderung, ihr ursprünglicher Zweck, einem anderen etwas Abwesendes klar zu machen, völlig in den Hintergrund gerückt. Die heutige Schulaufsatzform der Schilderung ist geradezu eine Perversion der ursprünglich mit diesem Wort verbundenen Absicht.

„Epischer Stil: Vorstellung". So hat Emil Staiger ein Kapitel seiner „Grundbegriffe der Poetik" überschrieben.[100] Eine Vorstellung zu vermitteln, ist indes nicht nur Ziel der epischen, sondern, wie schon angedeutet, jeglicher Wiedergabe. Davon ist nicht zuletzt auch die öffentliche Rede betroffen. Der römische Redelehrer Quintilian verrät in seiner „Institutio oratoria", das Geheimnis der rhetorischen Kunst, Gefühlswirkungen zu erregen, liege darin, daß der Redner sich selber der Erregung hingebe. Er fährt fort:

> Aber wie ist es möglich, sich ergreifen zu lassen? Die Gemütsbewegungen stehen doch nicht in unserer Gewalt! Auch hiervon will ich zu sprechen versuchen. Jeder, der das, was die Griechen φαντασίαι [phantasiai] nennen – wir könnten ‚visiones' (Phantasiebilder) dafür sagen –, wodurch die Bilder abwesender Dinge so im Geiste vergegenwärtigt werden, daß wir sie scheinbar vor Augen sehen und sie wie leibhaftig vor uns haben: jeder also, der diese Erscheinung gut erfaßt hat, wird in den Gefühlswirkungen am stärksten sein. [. . .] Daraus ergibt sich die ἐνάργεια [enargeia] (Verdeutlichung), die Cicero ‚illustratio' (Ins-Licht-Rücken) und ‚evidentia' (Anschaulichkeit) nennt, die nicht mehr in erster Linie zu reden, sondern vielmehr das Geschehen anschaulich vorzuführen scheint, und ihr folgen die Gefühlswirkungen so, als wären wir bei den Vorgängen selbst zugegen.[101]

wird das Zuständliche als traditioneller Gegenstandsbereich in Richtung auf sukzessive Vorgänge überschritten, wenn nicht sogar verlassen. Für Ulshöfer ist die Schilderung vor allem zuständliches Stimmungsbild. Stimmung bedeutet für ihn einerseits gefühlige, nunmehr eher passive Subjektivität (S. 134: „Die Reflexion, d. h. der Gedanke über das Beobachtete, ist zu meiden"!!!), zum anderen hält er die Stimmung für objektiv vorgegeben, denn das Stimmungsbild sei eine Wesensschau der Landschaft bzw. der Natur. In beiden Punkten ist er dem Natur- und Weltbild von Empfindsamkeit und Romantik verpflichtet.

100   8. Aufl. Zürich 1968 (auch München: dtv 1971).
101   Inst. or. VI 2, 29–32. Entnommen aus: Marcus Fabius Quintilianus: Institutionis oratoriae libri XII (Ausbildung des Redners. Zwölf Bücher). Hrsg. u. übersetzt von Helmut Rahn. Teil 1. Buch 1–6. Darmstadt 1972 (= Texte zur Forschung 2). S. 709–711. „Phantasie" ist hier noch nicht produktive Erfindungskraft (ingenium), sondern reproduktive Vorstellungskraft (imaginatio). Zur Bedeutung dieser Stelle in der Geschichte des Phantasie-Begriffs vgl. Hans Peter Herrmann: Naturnachahmung und Einbildungskraft. Zur Entwicklung der deutschen Poetik von 1670 bis 1740. Bad Homburg 1970 (= Ars poetica. Studien

Von der Bezogenheit der Phantasie auf die Affekte, die auch in der vorher zitierten, auf Quintilian fußenden Gottsched-Stelle anklang, können wir hier absehen. Auch ist die eigene Vorstellungskraft des Redners in unserem Zusammenhang nicht so wichtig wie seine Fähigkeit, die Vorstellungskraft der Zuhörer zu mobilisieren. Er selber braucht sich nur zu erinnern, in den Zuhörern dagegen muß die Vorstellung ganz neu geweckt, sie muß ihnen gewissermaßen eingepflanzt werden. Die Fähigkeit des Empfängers, sich wiedergegebene Gegenstände vorzustellen, steht in der Mitte zwischen der bloß reproduktiven Erinnerungsfähigkeit, wie sie der Sprecher bei sich aktiviert, und wirklich produktiver Phantasie.

Ergänzend sei noch bemerkt, daß Redner und vor allem literarische Erzähler an die Vorstellungskraft ihres Publikums mit wechselnder Intensität appellieren können. Oft stufen sie so ab, daß sie „dramatische" Höhepunkte im Präsens historicum wiedergeben[102], alles übrige, weniger Wichtige dagegen mit leichtem Distanzbewußtsein im Präteritum.

Allgemeine Darstellungsprinzipien und Kritik des Begriffs Anschaulichkeit

Die besprochenen fünf Darstellungsprinzipien gelten nicht für alle Texte. Sie sind, wie gesagt, Gegenprinzipien, die die im jeweiligen Gegenstand begründeten Rezeptionsschwierigkeiten beheben. Bei anderem Gegenstand verlieren sie ihren Sinn und wirken nur noch dekorativ oder schematisch. Auf den Schematismus einer weit ausholenden Einleitung im Gefolge des Aktualisierungsprinzips wurde in dessen Zusammenhang hingewiesen. Die Forderung, Anwesendes zu beschreiben und damit gleichsam nochmals zu vergegenwärtigen, erwies sich schon bei früherer Gelegenheit als unnatürlich.[103]

Die Beschreibung anwesender Dinge oder Personen ist allenfalls dann zu rechtfertigen, wenn die Wahrnehmung des Empfängers begrenzt ist oder aber die Dinge und Personen selbst hinter den ihnen zugeschriebenen Eigenschaften zurückbleiben.

Von den auf eine spezielle Sache beschränkten Prinzipien oder besser Gegenprinzipien zu unterscheiden sind die allgemein geltenden Forderungen nach treffender und verständlicher Darstellung. Damit das Wort die jeweils gemeinte Sache genau trifft, ist außer Sachkenntnis sprachliche, damit der Text verständlich gerät, ist logisch-organisatorische Kompetenz vonnöten. Letztere prägt sich in den traditionellen

8). S. 81 ff. Zu ihrer grundlegenden Bedeutung für die neuzeitliche Ästhetik vgl. Klaus Dockhorn (wie Anm. 83). S. 93, 102 f. und 118. Vgl. auch Lausberg (Handbuch). § 810–819.
102   So vielfach H. v. Kleist. Vgl. auch S. 90 f.
103   Vgl. S. 77 f.

Forderungen der Stilerziehung nach *Klarheit* (perspicuitas) und nach *Knappheit,* d. h. möglichst geringem Aufwand, aus. Für rhetorische und poetische Texte, die nicht nur an den Verstand, sondern auch und vor allem an das Gefühl des Empfängers appellieren, kommt als weiterer Faktor das Streben nach ansprechender Wirkung in geistreich-witziger oder bewegender Form hinzu.[104] Dadurch werden die rationalen Prinzipien zum Teil unterlaufen. So gehört ein beschränktes, in der modernen Lyrik sogar recht hohes Maß an Dunkelheit zur poetischen Lizenz. Für den Erzähler tritt die Verpflichtung zur Knappheit in etwa außer Kraft, da er meist nicht möglichst schnell fertig werden, sondern umgekehrt möglichst viel freie Zeit ausfüllen soll. Allerdings schließt ein langer Text darstellerische Dichte, an die bei dem Wort Knappheit eher zu denken ist als an Kürze, nicht aus.

Das Generalprinzip, das alle genannten Prinzipien einschließlich der sachüberwindenden umfaßt, ist *Angemessenheit* oder *Zweckmäßigkeit.*[105] Am besten faßt man diese beiden Wörter in eins, da jedes für sich leicht zu eng verstanden wird, das Angemessene (auch: Passende) zu ästhetisch, das Zweckmäßige einseitig praktisch.

In der auf den Deutschunterricht ausgerichteten stildidaktischen Literatur, die vielfach mehr auf punktuelle Verbesserungen der Ausdrucksweise als auf die textliche Gesamtkonzeption bedacht ist, steht seit langem ein Teilziel im Vordergrund. Als wichtigste oder doch häufigste Forderung wird die nach *Anschaulichkeit* erhoben. Wie erwähnt, ist das Anschauungsdefizit wiedergebender Texte durch Vergegenwärtigung, dasjenige gedanklicher Texte durch Versinnlichung ausgleichbar. Das Verlangen nach Anschaulichkeit bzw. Veranschaulichung bedarf schon deshalb der Differenzierung, weil derjenige, an den es sich richtet, sonst nicht weiß, ob er nun vergegenwärtigen oder versinnlichen soll. Nahezu unbrauchbar ist der Begriff Anschaulichkeit jedoch inzwischen dadurch geworden, daß sich – vermutlich infolge der mit der Versinnli-

104   Die entsprechenden Wörter der klassischen Rhetorik waren *delectare* und *movere* im Gegensatz zum bloßen *docere.* Für das bewegende Sprechen kam im Zuge der Empfindsamkeit des 18. Jahrhunderts das heute leicht lächerlich wirkende Wort *rührend* bzw. *Rührung* auf.

105   Das Angemessene (griech. prepon, lat. aptum) gilt in der Tradition der antiken Rhetorik als oberstes Prinzip. Das Wort „Zweckmäßigkeit" kam im 18. Jh. auf und wurde vor allem von Kant in seiner „Kritik der Urteilskraft" aufgegriffen. Er verwendet es allerdings in dem allgemeinen Sinne einer teleologischen Welterklärung, nicht im konkreten Sinne des Gebrauchswerts.

chung einhergehenden Vereinfachung und der sich daraus ergebenden didaktischen Führungsrolle – unter seiner Flagge allerlei sonstwie stilistisch Wünschenswertes angesammelt hat, das nicht mit der speziellen Unanschaulichkeit des jeweiligen Gegenstandes, sondern mit den allgemeinen Forderungen nach treffender und verständlicher, speziell volkstümlich vereinfachender Darstellung zu tun hat. Als „anschaulich" in diesem Sinne gelten der Singular gegenüber dem Plural, konkrete Verben gegenüber blassen, undifferenzierten, überhaupt das Besondere gegenüber dem Allgemeinen, kurze Sätze gegenüber langen, schlichte Aussagen gegenüber den mit Phrasen oder Flickwörtern aufgeschwemmten, die knappe Wortzusammensetzung (z. B. Preissteigerung) gegenüber der Simplexform mit Genitivattribut (Steigerung der Preise), heimische Wörter gegenüber Fremdwörtern, einfache Verben gegenüber Verbalsubstantiven. All das behandelt jedenfalls Bernhard Sowinski unter dem Punkt Anschaulichkeit.[106] Hier ist das ursprünglich gegenstandsorientierte Prinzip der Anschaulichkeit zu einer allgemeinen Wirkungskategorie von kaum noch zu überbietender Unschärfe aufgebläht, die selber dem mit ihr verbundenen Anspruch am allerwenigsten standhält und die vor allem gegen die gebotene Klarheit massiv verstößt. Die Anschaulichkeit ist zu einer Metapher für Einfachheit bzw. leichte Verständlichkeit verkommen.

b) Sach- und sprachübergreifende Gestaltungsmittel

Die Form eines Textes, so haben wir gesehen, wird zum Teil von der Sache bestimmt. Die im folgenden zu besprechenden Formelemente sind demgegenüber von der Sache im wesentlichen unabhängig oder übergreifen sie zumindest. Sie gehen auf das Konto des subjektiven, darstellerischen, im Grunde künstlerischen Zugriffs. Man kann diese Gestaltungsmittel deshalb auch als Kunstmittel bezeichnen, allerdings setzt dies ein Verständnis von Kunst voraus, das über das übliche hinausgeht und jede bewußte Gestaltung (z. B. auch Schüleraufsätze) umfaßt.

Die in diesem Bereich herrschende individuelle Vielfalt läßt sich in dem beschränkten Rahmen dieses Bändchens nicht einmal andeuten, geschweige denn erschöpfend erfassen. Im Sinne einer ersten Orientierung werden nur diejenigen Gestaltungsmittel besprochen, die konventionalisiert sind oder doch häufig vorkommen. Vor diesem Hintergrund läßt sich der Originalitätsgrad bzw. Stilwert individueller Gestaltungsmittel dann grob abschätzen. Zum anderen sind die hier vorgestellten Begriffe und Unterscheidungskriterien auch bei der Benennung und Analyse individueller Formen verwendbar.

---

106 Sowinski, S. 49–59. Er stützt sich auf Reiners, S. 310–314.

Die Anordnung der Gestaltungsmittel entspricht ungefähr den klassischen Arbeitsschritten der Rede- und Aufsatzanfertigung. Der sachorientierten *inventio* (Materialfindung bzw. -sammlung), der in etwa die bisherigen Ausführungen (II a) zuzuordnen wären, folgen *dispositio* (Anordnung, Gliederung) und *elocutio* (Formulierung), die durch die Teile II b 1 und 2 repräsentiert sind.[107] Während das bis dahin Ausgeführte gestaltete Texte aller Art betrifft, behandelt der anschließende Teil 3 einige speziell poetische Gestaltungsverfahren, durch die die Dichtung zum Gegenstand deutender Analyse wird. Die Teile 1 und 3 sind sach-, 2 ist vor allem sprachübergreifend.

1. Bauformen

Das Verhältnis von Ereignis- und Darstellungsfolge

Einfache Dinge lassen sich oft in wenigen Worten zum Ausdruck bringen. Ist eine Sache umfangreicher oder verwickelter, so bedarf ihre Darstellung meist der vorherigen Planung im Sinne einer Disposition (Gliederung).

Für sukzessive Gegenstände (Vorgänge) ist es natürlich und normal, wenn sie der Reihe nach, in einfachster Form mit dem stereotyp wiederkehrenden „und dann" der Kindersprache, wiedergegeben werden. Die Darstellungsfolge entspricht also der Ereignisfolge. Diese Kongruenz ist auch in der Erzählliteratur die Regel und ohne Stilwert. Allerdings stuft der Autor die Geschehnisse gewöhnlich ab, indem er das, was ihm wichtig erscheint, ausführlicher behandelt, anderes dagegen nur streift. Günther Müller hat diese Verfahren als Dehnung und Raffung bezeichnet.[108]

Nicht alle Erzähler halten sich indes an die natürliche Ereignisfolge.[109] Homer beginnt seine „Odyssee" mit dem Heimweh des Helden bei der Nymphe Kalypso. Was Odysseus vorher auf seinen Irrfahrten von Troja bis zu Kalypsos Insel Ogygia erlebt hat, erfahren wir erst später, als er es den Phäaken erzählt. Diese „Form der großen

---

107   Der vierte und fünfte Schritt der Redeanfertigung, Auswendiglernen (memoria) und Vortrag (pronuntiatio), gelten nicht für schriftliche Texte, wurden in die Aufsatzlehre nicht übernommen und können auch in unserem Zusammenhang unberücksichtigt bleiben.
108   Vgl. dazu J. Vogt (wie Anm. 31). S. 42–49.
109   Die Unterscheidung zwischen natürlicher und künstlicher Darstellungsfolge (ordo naturalis und ordo artificialis) geht auf die antike Rhetorik zurück. Vgl. Arbusow, S. 34; Lausberg, § 47.

chronologischen Umstellung", wie Günther Müller sie genannt hat[110], durch die der Leser nach einem Einstieg in medias res die zeitlich am Anfang stehenden Ereignisse erst inmitten des Erzählwerks, manchmal sogar genau in der Mitte, aus dem Mund eines oder auch mehrerer Zweiterzähler erfährt, läßt sich auch in der Geschichte des Romans verfolgen. Sie findet sich im spätgriechischen Roman (besonders in Heliodors „Aithiopika" aus dem 3. Jh. n. Chr.), wurde in dessen Gefolge für die heroisch-galanten Romane der Barockzeit zur Regel und begegnet uns noch in Wielands „Agathon", dem Prototyp des psychologischen Entwicklungs- oder Bildungsromans in Deutschland.

Das lange Verschweigen der Anfangsereignisse ermöglicht eine wirksamere Spannungsführung und erinnert insofern an die Entdeckungsliteratur, bei der allerdings — in Form der Detektivgeschichte oder des analytischen Dramas (z. B. Sophokles' „König Ödipus") — die ursächlichen Geschehnisse erst gegen Ende klar werden, und zwar nicht nur dem Leser, sondern auch den Akteuren selbst.

In den genannten Romanen spielt der Erzähler seine Souveränität indes nicht voll aus, da er die zeitliche Umschichtung nur auf der Gegenstandsebene, nämlich durch Zweiterzähler, besorgen läßt und sich selber zurückhält. Dieses Verfahren ist in kleinerem Ausmaß auch dem Dramatiker möglich. Während jedoch das Drama grundsätzlich auf die Gegenstandsebene verwiesen bleibt — Brechts Spruchbänder und andere „epische" Zutaten führen über das Drama im strengen Sinne hinaus —, kann der Erzähler seinen Stoff von der Kommunikationsbzw. Darstellungsebene aus noch freier arrangieren. Das berühmteste Beispiel für einen mit überlegenem Humor die Zeitgrenzen nach rückwärts und vorwärts überspringenden Erzähler ist der Roman "Tristram Shandy" des Engländers Laurence Sterne (1760—67).

Die chronologische Umstellung beruht in erster Linie nicht auf sachlichen, sondern auf darstellerischen Beweggründen. Aber auch der Gegenstand kann zu Abweichungen von der natürlichen Reihenfolge zwingen. Wenn die Handlung eines Erzähltextes oder auch eines Dramas auf eine Person oder ein Geschehnis zugeschnitten ist, ergeben sich darstellerisch nur geringe Schwierigkeiten. Die

---

110 G. Müller: Aufbauformen des Romans. In: V. Klotz (Hrsg.): Zur Poetik des Romans. Darmstadt 1965 (= Wege der Forschung 35). S. 280—302. Hier: S. 291. — In kleinstem Ausmaß gibt auch die Stilfigur des *Hýsteron próteron* (z. B. Mephistos Nachricht an Frau Marthe in Goethes „Faust", Vers 2916: „Ihr Mann ist tot und läßt Sie grüßen") das Spätere vor dem Früheren wieder.

Einarbeitung von Nebenpersonen oder -handlungen kann die lineare Zeitfolge vorübergehend durcheinanderbringen, doch bleibt im Hinblick auf die Hauptperson bzw. -handlung die Kongruenz von Darstellungs- und Ereignisfolge im großen und ganzen gewahrt. Schwieriger erscheint die Darstellung eines Geschehens, das von zwei oder mehr Personen gleichermaßen bestimmt wird. Held und Heldin einer Liebesgeschichte agieren z. B. nicht immer zusammen. Manchmal kennen sie sich am Erzählanfang noch gar nicht. Dann pendelt die Geschichte − Entsprechendes gilt auch für Drama und Film − oft zwischen Er- und Sie-Episoden hin und her, um die beiden Handlungsstränge simultan erscheinen zu lassen. Eine großräumigere Darstellung zweier gleichzeitiger Handlungsstränge bietet Brecht in seinem „Kaukasischen Kreidekreis". Nach einem Vorspiel zeigt er in den ersten drei der fünf Akte, was die Magd Grusche im Laufe von zwei Jahren, im vierten Akt, was der Richter Azdak während des gleichen Zeitraums erlebt. Erst im letzten Akt treten die beiden zusammen auf, und Azdak erklärt Grusche zur Mutter des von ihr aufgenommenen Kindes.

Kompliziertere Verschränkungen ergeben sich, wenn statt zweier personaler Handlungsstränge äußere Ereignisfolge und Bewußtseinsfolge konkurrieren. Das gilt besonders für die Erzählliteratur seit dem Ende des 19. Jahrhunderts, in der die äußere Fabel, manchmal im Sinne einer regelrechten Entfabelung, mehr und mehr den Gedanken und Gefühlen der Personen Platz gemacht hat. Vor allem der Roman des sogenannten Bewußtseinsstroms (stream of consciousness) hat die Außensicht der Ereignisse durch eine psychische Innensicht ersetzt.[111] Assoziativ verbundene Gedanken und Gefühle, versetzt mit Erinnerungsfetzen und Zukunftsvorstellungen, bringen die äußere Ereignisfolge durcheinander.

Was hier für kontinuierliche Handlungsprozesse gesagt wurde, gilt im Prinzip auch für chronologische Reihen von untereinander wenig zusammenhängenden Fakten, wie sie z. B. in geschichtlichen Abrissen vorkommen.

Die Verzeitlichung nichtsukzessiver Gegenstände

Trotz der genannten Umstellungen und Verzahnungen löst sich in den bisher besprochenen Fällen die Darstellung nicht völlig vom Gegenstand, sie bleibt der ihm eigenen Sukzession selbst bei bewußter Gegensteuerung grundsätzlich verpflichtet. Ganz gegenstandsunabhängig kann sie nur sein, wenn der Gegenstand nicht zeitlicher Art ist, der Erfassung durch das sprachliche Nacheinander also nicht von sich aus entgegenkommt. Das gilt für zuständliche und gedankliche Gegenstände. Kommen sie in der Erzählliteratur vor, dann stechen sie von der üblichen Handlungsfolge so sehr ab, daß sie leicht als Fremdkör-

111 Vgl. J. Vogt (wie Anm. 31). S. 78−81.

per empfunden werden, die es zu integrieren gilt.[112] Aber auch sonst besteht die Tendenz, sie künstlich zu verzeitlichen und so der Struktur des Mediums Sprache anzupassen.

Zuständliche Gegenstände, z. B. Personen oder Schauplätze, werden, wie schon erwähnt[113], mit Vorliebe als Objekte von Beobachtungsvorgängen dargestellt, falls sie nicht gar im Sinne Lessings in regelrechte Handlung übersetzt werden. Bei Personenbeschreibungen wendet sich der beobachtende Blick meist vom Kopf bzw. den Gesichtszügen weiter nach unten, oder dem anfänglichen Gesamteindruck folgen konkrete Details, die sich dann möglicherweise noch einmal zu einem Gesamteindruck zusammenschließen.[114] Beschreibungen größerer Schauplätze setzen oft mit einer Panoramaperspektive ein und greifen danach Einzelheiten heraus, einer Filmkamera ähnlich, die nach der Totale zur Großaufnahme heranfährt. Besonders am Erzähleingang ist diese Technik der allmählichen perspektivischen Annäherung beliebt.[115]

Die Rangordnung der Dispositionskriterien in gedanklichen Texten

Bei gedanklichen Gegenständen, soweit sie nicht ohnehin geschichtlich gestaffelt sind, versagen Verzeitlichungsmaßnahmen weitgehend. Will der Autor sich nicht dem manchmal reizvollen, selten klärenden Durcheinander des assoziativen Denkverlaufs überlassen, so muß er das anstehende Thema systematisch aufbereiten. Materialfindung (inventio) und Gliederung (dispositio) gehen dabei gewöhnlich Hand in Hand. Die zur Erschließung dienenden Gesichtspunkte wurden in der Nachfolge der antiken Rhetorik zu sogenannten Gemeinplätzen (loci communes, griech. topoi: Person, Sache, Ort, Mittel, Grund, Art und Weise, Zeit), die man seit dem 12. Jahrhundert mit einem Hexameter-Merkvers abrief. Er lautet: ,,quis, quid, ubi, quibus auxiliis, cur, quomodo, quando?"[116] Die themenspezifische Abfolge der Gesichtspunkte war − vor allem in der

112   Vgl. Herman Meyer: Zum Problem der epischen Integration. In: Trivium 8 (1950). S. 299−318.
113   Vgl. S. 83.
114   In dieser Weise hat E. T. A. Hoffmann viele Personenbeschreibungen angelegt. Zur Abfolge von Kopf bis Fuß vgl. Arbusow, S. 71.
115   Vgl. z. B. G. Kellers ,,Romeo und Julia auf dem Dorfe".
116   Übersetzung: ,,Wer, was, wo, mit welchen Mitteln, warum, wie, wann?" Vgl. Lausberg, § 41. Ausführlicher ist das Kapitel über ,,Erfindung und Topik" bei Joachim Dyck: Ticht-Kunst. Deutsche Barockpoetik und rhetorische Tradition. 2. Aufl. Bad Homburg 1969 (= Ars poetica 1). S. 40−65.

Chrie[117] – weitgehend schematisch festgelegt. Heute gelten solche Schemata als verpönt, da sie den freien, kreativen Zugriff angeblich behindern. Hinsichtlich der Reihenfolge richtet man sich meist eher intuitiv nach psychologisch-didaktischen Kriterien, indem man etwa vom Einfachen zum Schwierigeren oder vom weniger Wichtigen zum Wichtigeren fortschreitet oder zwischen lebhaften und ruhigeren Passagen wechselt.

Wichtiger als die Reihenfolge ist im übrigen die Rangordnung der Gesichtspunkte bzw. Unterscheidungskriterien.

Wer eine Geschichte der deutschen Literatur schreibt, wird im allgemeinen der historischen Differenzierung nach Epochen den Vorzug vor einer Gattungsdifferenzierung geben, also zunächst das Mittelalter mit all seinen Literaturformen, dann die folgenden Epochen mit zum Teil immer wieder den gleichen Textarten behandeln. Er kann aber auch umgekehrt verfahren und etwa zunächst die Lyrik von den Anfängen bis heute, dann ebenso das Drama usw. besprechen. In diesem Fall würde er die Gattung als einheitsstiftenden Faktor höher veranschlagen als die Epoche, also den konstanten vor den historisch variablen Faktoren den Vorzug geben.

Aus einem genügend tief gestaffelten Inhaltsverzeichnis läßt sich somit in etwa die für den Autor maßgebende Hierarchie der Gesichtspunkte ablesen. Oft führen im Zuge der Materialerarbeitung gewonnene neue Erkenntnisse zur Änderung der ursprünglichen Disposition und damit zu weitreichenden Umstellungen. Der Kritiker hat zu prüfen, ob die am Ende gewählte Rangordnung sachgerecht und ob die im einzelnen gewählte Reihenfolge leserpsychologisch vertretbar ist. Manche Bücher und Referate mißlingen, weil sie einem dieser beiden Erfordernisse nicht genügen.

Kunstvolle Kompositionsmuster

Manche Autoren rücken ihren Gegenstand stärker zurecht, als dieser

---

117   Chrie (griech. chreia = Gebrauch, Anwendung) ist „die Behandlung eines Satzes (Sentenz, Sprichwort) in einem Aufsatz nach festgelegtem formalen Schema" (G. v. Wilpert: Sachwörterbuch der Literatur. 5. Aufl. Stuttgart 1969). Zu diesem Schema gehören sieben Teile, deren Stichwörter sich ebenfalls zu einem Hexameter reihen: „quis = Lob des Verfassers der zum Thema erhobenen Sentenz; quid = nähere Umschreibung der Aufgabe; cur = Begründung der Richtigkeit der Sentenz; contra = Widerlegung anderer Auffassungen; simile = Hinweis auf verwandte Erscheinungen; paradigmata = Beispiele; testes = Aussprüche" (Hermann Helmers: Didaktik der deutschen Sprache. 6. Aufl. Darmstadt 1971. S. 252 f.).

oder das Leserverständnis es erfordern. Sie überformen ihn mit einem gegenstandsunabhängigen Schema. An die Stelle der Disposition des Vorgegebenen tritt hier endgültig die Komposition.

Etliche Schemata beruhen auf literarischer Konvention, z. B. die Fünfaktigkeit des Dramas, die zu manchen Fünfaktern gar nicht recht passen will. Engmaschige Schemata, wie die Sonettform, reizen die Dichter hauptsächlich wegen ihrer darstellerischen Schwierigkeit. Interessanter als die literarischen erscheinen die ursprünglich außerliterarischen Kompositionsmuster.

Gottfried Kellers Erzählung „Romeo und Julia auf dem Dorfe" beginnt idyllisch an einem sonnigen Septembertag und endet zwölf Jahre später in tragischer Weise an einem schönen Septembersonntag. Der Kreis schließt sich also. Auch Gedichte nehmen am Schluß manchmal den Anfang wieder auf.[118] Gelegentlich sind die beiden Randstellen auch kontrastiv verbunden, noch deutlicher als bei Keller etwa in Sophokles' Tragödie „König Ödipus", die den Helden zu Beginn in seiner Herrscherpracht und am Ende in seinem Elend zeigt. Solche zyklisch gerundeten Werke, deren Anfang und Schluß auf der Gegenstandsebene korrespondieren, wirken noch geschlossener als Erzählungen[119] und Dramen[120], die in eine eröffnende und manchmal auch abschließende Rahmenhandlung eingebettet sind.

Verbreitet ist auch die Neigung, die Mitte eines Werkes hervorzuheben. In Wielands „Agathon"-Roman, der als Beispiel chronologischer Umstellung schon erwähnt wurde, ist die Erzählung der Vorgeschichte aus Agathons Mund recht genau in der Mitte angesiedelt. Oft erweist sich der Mittelpunkt zugleich als Höhepunkt. Das gilt besonders für jene Dramen der sogenannten geschlossenen Form[121], die gemäß dem von Gustav Freytag skizzierten Pyramidenschema

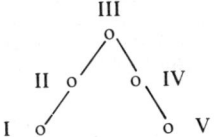

angeordnet sind.[122]

---

118   Z. B. Goethes Ballade „Der Fischer".
119   Vgl. Anm. 57.
120   Z. B. Brechts „Der kaukasische Kreidekreis".
121   Vgl. Volker Klotz: Geschlossene und offene Form im Drama. 5. Aufl. München 1970.
122   G. Freytag: Die Technik des Dramas. 13. Aufl. Leipzig 1922. Nachdruck Darmstadt 1965. Besonders S. 170—184.

Die Konzentration auf die Mitte wird gelegentlich durch eine symmetrische Gestaltung der beiden Hälften ergänzt. In Schillers „Maria Stuart" gehören die Akte I und V der Maria, II und IV ihrer Gegnerin Elisabeth, III der Begegnung beider Frauen. In Gryphius' fünfaktigem Trauerspiel „Papinianus" sticht nicht nur die Mittelszene des dritten Aktes mit dem Konfliktmonolog des Intriganten Laetus als rhetorischer Höhepunkt hervor, die Szenenanzahl pro Akt erscheint auch symmetrisch geordnet (4, 6, 7, 6, 4). Lohensteins umfangreicher „Arminius"-Roman besteht aus zwei Hälften von je neun Büchern, unter denen die zahlgleichen in lockerer Duplizität aufeinander bezogen sind. Klopstock läßt in seiner Ode „An Fanny" einem fünfstrophigen, von anaphorischem[123] „wenn" getragenen Nebensatzteil einen ebenfalls fünfstrophigen Hauptsatzteil mit regierendem „dann" folgen, ehe er das Gedicht mit einer andersartigen elften Strophe abschließt.

Solche Kompositionsschemata erheben den sukzessiven Dichtungstext zu monumentaler Starre. Der Dichter wird, ähnlich wie in den visuellen Gedichten der konkreten Poesie[124], zum bildenden Künstler. Es würde sich lohnen, die Abhängigkeit dichterischer Kompositionsverfahren von den zur jeweiligen Zeit geltenden Architekturprinzipien einmal genauer zu untersuchen.[125]

Unmittelbare Anregungen der Musik an die Literatur hinsichtlich der Bauform sind dagegen eher selten. Am bekanntesten ist noch die Übernahme von Richard Wagners Leitmotivtechnik, etwa durch Thomas Mann. Heimito von Doderer richtete sich in seinen Erzählwerken nach musikalischen Formen, wie Symphonie, Sonate und Divertimento. Paul Celan hat seinem Gedicht „Todesfuge" das kontrapunktische Prinzip der musikalischen Fuge zugrunde gelegt.[126] Im übrigen hat die Musik die Dichter weniger kompositorisch als klanglich angeregt. Das gilt besonders für die Romantiker.

In den Bereich der Bauformen gehören außer den hier behandelten übergreifenden Ordnungsschemata auch die sie ergänzenden sekundären Techniken, nämlich die Verknüpfung von Nachbarabschnitten und die Herstellung

123   Zur Anapher vgl. S. 133.
124   Vgl. B. Asmuth (wie Anm. 36). S. 100 f.
125   Für die Zeit vom 16. bis 18. Jahrhundert, der die genannten Beispiele vorwiegend entstammen, ist vor allem an den Einfluß des noch von Goethe bewunderten Baumeisters Andrea Palladio (1508–80) aus der italienischen Stadt Vicenza und seiner „Quattro libri dell'architettura" (Vier Bücher über Architektur) zu denken. Er seinerseits orientierte sich an den der Musik entlehnten Renaissance-Regeln der harmonischen Proportion.
126   Zu dem ganzen Bereich vgl. auch Oskar Walzel: Wechselseitige Erhellung der Künste. Ein Beitrag zur Würdigung kunstgeschichtlicher Begriffe. Berlin 1917 (= Philosophische Vorträge 15).

von Querbeziehungen (Rückwendungen und Vorausdeutungen) zwischen weiter auseinanderliegenden Teilen.[127]

2. „Rhetorische" Ersatz- und Verbindungsfiguren

Wenn das Material gesammelt und disponiert ist, kann als dritter Schritt seine Ausformulierung erfolgen. Die diesbezüglichen kleinformatigen Ausstattungsmittel sind von der Sache im wesentlichen unabhängig, sie dienen der wirkungsvollen Vermittlung an den Empfänger. In der antiken Rhetorik stand die elocutio nach Reihenfolge[128] und Gewicht im Zentrum, ja machte den Stil erst eigentlich aus. Die antiken Redelehrer entwickelten ein differenziertes System sogenannter rhetorischer Figuren, die alle der affektischen Beeinflussung der Zuhörer dienen sollten. Mit ihrer Übernahme in die Literatur wurden sie vielfach zum bloßen Schmuck (ornatus, flores) neutralisiert. Immerhin hielt man sie noch im 18. Jahrhundert, nun allerdings weniger den persuasiven Eindrucks- als den subjektiven Ausdruckswert betonend, „für eine Sprache der Affecten, für einen Ausdruck starker Gemüthsbewegungen".[129] Daß sie bis heute in vielleicht weniger auffälliger, letztlich aber doch nicht zu übersehender Form in schriftlichen ebenso wie in spontan formulierten mündlichen Texten vorkommen, liegt jedenfalls nicht in erster Linie an ihrer historischen Tradition, sondern daran, daß sie allgemeinen menschlichen Formulierungstendenzen entsprechen. Auch Ungebildete und Kinder gebrauchen sie.[130] Die „rhetorischen" Figuren sind nicht in erster Linie rhetorische, ja nicht einmal sprachliche, sondern kombinatorische, sich nur sprachlich ausdrückende, grundsätzlich auch anders (z. B. im Bereich des Films, der bildenden Kunst und zum Teil der Musik) konkretisierbare Denk- bzw. formale Operationsschritte. Textlich prägen sich diese Schritte außer im hier zu besprechenden Mikrobereich der Formulierung teilweise auch in der Makrostruktur aus (z. B. in Form von Ersatz, Kontrast, Wiederholung).

127   Vgl. als Standardwerk hierzu E. Lämmerts „Bauformen des Erzählens",
      zu Rückwendungen und Vorausdeutungen auch J. Vogt (wie Anm. 31),
      S. 49–53. Vgl. auch P. Pütz: Die Zeit im Drama. Göttingen 1970.
128   Vgl. S. 114.
129   So Gottsched (wie Anm. 38). S. 314. Vgl. Dockhorn (wie Anm. 83).
      S. 97. Zur Rhetorik vgl. auch Belke (wie Anm. 11). S. 33–36, 115–120.
130   Friedrich Hebbel bemerkt 1844 im Vorwort zu seinem bürgerlichen Trauerspiel „Maria Magdalene": „jeder weiß, daß Bürger und Bauern ihre Tropen, deren sie sich ebensogut bedienen wie die Helden des Salons und der Promenaden, nicht am Sternenhimmel pflücken und nicht aus dem Meer fischen, sondern daß der Handwerker sie sich in seiner Werkstatt, der Pflüger sie hinter seinem Pflug zusammenliest, und mancher macht wohl auch die Erfahrung, daß diese simplen Leute sich, wenn auch nicht aufs Konversieren, so doch recht gut aufs lebendige Reden, auf das Mischen und Veranschaulichen ihrer Gedanken verstehen."

Die Einteilung der rhetorischen Figuren wird verschieden gehandhabt. Als fester Kern gelten allgemein die *Tropen* (griech. tropos = Wendung). Das sind Figuren des uneigentlichen oder übertragenen Ausdrucks, darunter als wichtigste die Metapher. Die zu benennende Sache wird nicht mit dem für sie üblichen Wort, sondern ersatzweise anders bezeichnet. Daß die Hilfsbezeichnung uneigentlich gemeint ist, läßt sich anhand des sprachlichen oder auch außersprachlichen Kontexts erkennen. Man kann die Tropen deshalb auch Ersatz- oder Kontextfiguren (genauer: Text-Kontext-Figuren) nennen. Im Unterschied zu ihnen sind die *Figuren* im engeren Sinne, die auch Schemata genannt werden, Verbindungs- oder Textfiguren (genauer: Text-Text-Figuren). Sie beruhen auf einer textinternen Kombination wenigstens zweier Wörter, gelegentlich auch zweier kontrastierender Bedeutungen eines Wortes, und werden vor allem durch die Wiederholungsfiguren repräsentiert. Ersatz- wie Verbindungsfiguren seien im folgenden genauer vorgestellt.

Da über die rhetorischen Figuren eigene Bücher vorliegen (Arbusow, Lausberg, Plett), mag hier ein knapper und unvollständiger Abriß genügen. Nur die Metapher wird wegen ihrer zentralen Bedeutung ausführlicher behandelt. Im übrigen beschränken wir uns auf die kleinformatigen Figuren. Die größerformatigen bleiben ausgeklammert, teils weil sich in ihnen Ersatz- und Verbindungsfunktion in verwirrender Weise mischen[131], teils weil sie zu stark gegenstands- oder kommunikationsverhaftet erscheinen und deshalb nicht in den Rahmen der hier zu behandelnden sachübergreifenden Gestaltungsmittel passen.[132]

Bei allen zu besprechenden Figuren handelt es sich um formale Hülsen, die über den Ausdruckswert ihrer jeweiligen Füllung noch nichts Entscheidendes aussagen. Die Reihe der Figuren und die ihrer affektiven Valenzen sind zwei in verschiedene Richtung weisenden Koordinaten vergleichbar. ,,Schatz" und ,,Schwein" sind als Bezeichnungen für einen Menschen gleichermaßen Metaphern, aber von sehr verschiedener Wirkung. Umgekehrt kann jede dieser Metaphern mit einer nichtmetaphorischen Figur von ähnlichem Ausdruckswert textlich

---

131 Das gilt für die von Lausberg ausführlich behandelten sog. Gedankenfiguren (figurae sententiae), unter denen fast alle Tropen in größerem Format noch einmal wiederkehren.

132 Das gilt für die von Plett behandelten Quantitätsfiguren, die der Differenzierung einer Sache dienen, und Appellfiguren.

zusammenwirken. Die einzelnen Klassen der rhetorischen Figuren haben somit trotz ihrer insgesamt affektiven Tönung eine nicht wesentlich andere Funktion als grammatische Kategorien. Ihre Kenntnis dient nicht unmittelbar der ästhetischen Analyse, sondern zunächst und hauptsächlich einer differenzierten formalen Textbeschreibung. Die Untersuchung des Stilwertes muß in jedem Fall ergänzend hinzutreten. Ob und wie sehr eine Stilfigur drastisch-abfällig, geistreich-witzig oder „poetisch" wirkt, hängt von dem semantischen Verhältnis der jeweils kombinierten Denkinhalte ab, nicht von der formallogischen Struktur, die der Stilfigur den Namen gibt.

Die Metapher als Ähnlichkeitstrope

Bei der *Metapher* (lat. translatio, Übertragung) ist die leihweise zur Bezeichnung dienende Sache der gemeinten Sache ähnlich. Der Satz „Achilles war ein Löwe in der Schlacht" besagt nicht, daß Achill tatsächlich ein Löwe war. „Löwe" hat hier vielmehr den Sinn von „Held". In Wirklichkeit haben Löwe und Held nichts miteinander zu tun. Ein gemeinsames Drittes (tertium comparationis), in diesem Fall eine Mischung aus Angriffslust und Überlegenheit, verbindet sie jedoch auf geistigem Wege, läßt sie einander ähnlich erscheinen.

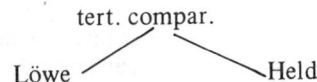

Quintilian hat die Metapher einen verkürzten Vergleich genannt. Auch der Vergleich beruht auf Ähnlichkeit. An ihm gemessen (Achilles kämpfte wie ein Löwe), wirkt die Metapher intensiver, weil sie die ausdrückliche Formulierung der Vergleichsbeziehung (so — wie) ausspart, dadurch die Distanz zwischen Vergleichsbild und gemeinter Sache abbaut und beide zwar nicht wirklich, aber doch sprachlich einander gleichsetzt. In Gebrauchstexten pfeifen abschwächende Vorsichtsformeln (ut ita dicam = sozusagen; gewissermaßen, gleichsam) die Metapher vielfach in die Nähe des Vergleichs zurück.

Eine Vorschule der Metapher ist das kindliche Rollenspiel, bei dem etwa das Kleinkind seinen Vater zum Pferd macht und sich selber zum Reiter. Der Metapher wie dem Spiel liegt der gleiche Denkschritt zugrunde. Nur wird bei der Metapher die Verwandlung nicht wie im eigentlichen Spiel mimisch-gestisch inszeniert, sondern ist zum bloßen Gedankenspiel zurückgenommen.

Das metaphorische Wort ist gewöhnlich ein Gattungsbegriff. Wird der Name einer als typenhaft verstandenen Person zur Bezeichnung verwendet (z. B. „Mäzen" = Kunstförderer, „Nestor" = ältester Mann, „Herkules" = starker Mann, oft in der Formulierung „ein zweiter . . . " oder „ein wahrer . . ."), so ist der Übertragungsvorgang im Grundsatz der gleiche. Wenn diese Art der Übertragung bisher nicht als Metapher gilt[133], so liegt das nur daran, daß der Namencharakter des Hilfsbegriffs fälschlich für wichtiger gehalten wird als die durchaus metaphorische Übertragungsstruktur. Man sollte hier von *Namensmetapher* sprechen.

Bei textanalytischen Untersuchungen werden Metaphern im allgemeinen nicht einzeln, sondern zusammen mit anderen erfaßt. Hierbei bestätigt sich vielfach Lausbergs Feststellung: „Die Metaphern als Wort-Tropen gehören jeweils umfassenderen Bildfeldern an, in denen jeweils zwei Seinsbereiche abbildartig einander zugeordnet werden."[134] Rubrizieren läßt sich das Metaphernarsenal eines Schriftstellers sowohl nach dem Textsinn (Held) wie nach dem ursprünglichen Sinn der metaphorisch gebrauchten Wörter (Löwe). Der zweite Weg hat insofern mehr für sich, als er dem Wirkungscharakter der Metapher eher entspricht.[135]

Aus den von einem Autor bevorzugten Metaphern bzw. Metaphernfeldern läßt sich in etwa sein Interessenprofil ablesen. Ein Reporter, der öfter davon spricht, daß für die Verabschiedung eines Gesetzes grünes Licht gegeben sei, bekennt sich damit möglicherweise indirekt als Autofahrer. Manchmal haben Metaphern geradezu diagnostischen Wert, insofern sie unterschwellige, bewußt nicht eingestandene Interessen zutage fördern.

Wichtiger als die Möglichkeiten der Inventarisierung und der Interpretation im Einzelfall ist jedoch zunächst die allgemeine und zugleich differenzierende Frage nach den verschiedenen Faktoren der Metaphernschöpfung. Die Metapher kann neu entdeckten oder erfundenen Dingen zu einem Namen verhelfen. Der Wortschatz der Eisenbahn rekrutierte sich aus vorher bekannten Bereichen, derjenige des Luftverkehrs wurde der Seeschiffahrt entlehnt. Interessanter ist die Frage nach den Beweggründen, die zum punktuellen Ersatz einer bereits vorhandenen Bezeichnung durch eine Metapher führen. Gegenüber

133 Sie wird gewöhnlich im Anschluß an Vossius als Vossianische Antonomasie bezeichnet. Vgl. Lausberg, § 207. Bekannter ist die Antonomasie in einer anderen Form, nämlich als Namensperiphrase. Vgl. dazu S. 129.
134 Lausberg, § 230.
135 In dieser Weise verfährt z. B. G. Fricke: Die Bildlichkeit in der Dichtung des Andreas Gryphius. Berlin 1933. Nachdruck 1967.

der eigentlichen Bezeichnung erzielt die Metapher in jedem Fall eine höhere Wirkung. Im einzelnen sind für ihr ästhetisches Gewicht und zugleich für die Übertragungsrichtung folgende Faktoren maßgebend: 1. das Übergewicht des dem Menschen näher Stehenden vor dem Entlegeneren, z. B. des Belebten vor dem Unbelebten oder elementarer Gebrauchsdinge (Milch, Wasser, Bett usw.) vor Dingen ohne Gebrauchswert, 2. das Übergewicht des Sinnlich-Konkreten vor dem Geistigen, 3. das Übergewicht des Neuen im Sinne des reizvoll oder bedrohlich Erregenden vor dem Altgewohnten. Diese Faktoren, die in etwa den in II a 4 behandelten Darstellungsprinzipien der Vermenschlichung, Versinnlichung und Aktualisierung entsprechen, können sich ergänzen, wie beim Ersatz von Geistigem durch Sinnliches aus dem menschlichen Bereich, aber auch einander zuwiderlaufen, wie bei der Beseelung von Sinnlichem, das außerhalb des menschlichen Alltags liegt, durch Geistiges.

Am leichtesten zu erkennen sind Metaphern, wenn Sinnliches Sinnliches vertritt und außerdem die Metapher ein Substantiv ist. Das trifft zu für verlebendigende Naturbezeichnungen (ein Berg kann wie ein Lebewesen Fuß, Nase, Schulter, Flanke, Rücken und Kamm haben), für die Benennung von Zivilisationserscheinungen durch Naturelemente (Autoschlange, Häusermeer), für zärtliche oder beleidigende Anreden von Menschen mit Tierbegriffen (Maus, Esel) und für die verniedlichende Verwendung furchterweckender Rollen (Räuber, Hexe). In Verbform wirken Metaphern, die Sinnliches durch Sinnliches ersetzen, eher poetisch (Die Wiesen lachen in der Sonne).

Die Bezeichnung von Geistigem durch Sinnliches ist mehr verbreitet, weil Geistiges sich weitgehend nicht anders fassen läßt. Anderseits sind diese Metaphern durch ihren ständigen Gebrauch kaum noch als solche bewußt, sondern ähnlich verblaßt wie die der Eisenbahn und des Luftverkehrs. Die Wortartenskala ist hier breiter. Die Substantive stehen hier eher im Hintergrund (z. B. Redefluß). Körperliche Tätigkeiten liefern die Bezeichnungen für geistige (sich etwas vorstellen, etwas anfechten), Sinnesqualitäten die Wörter für ästhetische und Gemütswerte (süß, warm, Geschmack), das Wetter dient zur Benennung menschlicher Stimmungen (heiter, trübe), Verstandeskräfte werden vorwiegend mit den Eigenschaften von Licht und Messer bezeichnet (klar, scharf), ursprünglich räumliche Präpositionen und Adverbien geben zeitliche und dann auch logisch-kausale Beziehungen wieder (nach, vor).

Die normalsprachliche Metapher beruht nicht auf angestrengter Suche, sie bietet sich gewissermaßen an. Die durch sie behauptete Ähnlichkeit muß ebenso ins Auge fallen, wie die sich zum Vergleich anbietende Sache bekannt sein muß. Darauf beruht die schlagende, treffende Wirkung der normalen Einwortmetapher sowie der hierfür noch charakteristischeren phraseologischen Metapher (den Nagel auf den Kopf treffen, etwas auf dem Kerbholz haben). Anderseits reizt diese Wirkung zur Nachahmung, die Metapher verliert ihre Frische, falls sie nicht gar verblaßt, d. h. als Metapher nicht mehr bewußt ist. Hieraus ergibt sich ein stetiger Neubedarf bzw. eine allmähliche Verlagerung des gängigen Metaphernpotentials.

Noch schneller als im normalen Gespräch oder in öffentlicher Rede nutzen sich Metaphern in der ästhetisch anspruchsvolleren Dichtung ab. Für den Dichter gilt eine Metapher oft schon dann als verbraucht, wenn ein Kollege sie soeben kreiert hat. Der schnellere Verschleiß zwingt ihn zu rascherer Umorientierung als den Redner, der mit einem weniger ästhetisch als praktisch orientierten Publikum rechnen kann. Hinzu kommt, daß die Metapher als besonderer Gradmesser, ja geradezu als Inbegriff des Poetischen gilt. Das wirkt sich besonders in der Lyrik aus. Zwar kommen viele Gedichte auch ohne Metaphern aus, sie ist also nur ein sekundäres Merkmal der Poesie bzw. Lyrik, aber gerade aus der modernen Lyrik im Gefolge der Romantik und des französischen Symbolismus läßt sie sich kaum noch wegdenken.

Auf der Suche nach unverbrauchten Metaphern greifen die Dichter oft zu künstlichen oder konstruiert erscheinenden Ähnlichkeitsbeziehungen (Celan: „Schwarze Milch"). Lieber noch überschreiten sie den Bereich des Naheliegenden, Bekannten und richten ihre Phantasie auf die entlegenen Dinge der orientalischen, exotischen oder in neuerer Zeit auch der technischen Welt. In beiden Fällen tritt das Ähnlichkeitsbewußtsein hinter den kombinatorischen Effekt zurück, die Metapher erscheint kühn.[136] Anders gesagt, an dem Ähnlichen springt mehr das Verschiedene als das Gleiche ins Auge. Die Suche nach immer neuen und zugleich doch treffenden, also auf mehr oder weniger Bekanntes angewiesenen Metaphern führt den Dichter in ein Dilemma, das sich zur Sprachnot auswachsen kann. Einen Shakespeare-Vers umstülpend, klagt Heine: „Ein Bild! ein Bild! mein Pferd für'n gutes Bild!"[137] Zu beachten bleibt, daß Rätselhaftigkeit und Exotismus der kühnen, logisch oder sachlich (z. B. geographisch) weit hergeholten Metapher in erster Linie keinen Selbstzweck haben, sondern sich aus dem darstellerischen Streben nach Unverbrauchtheit ergeben.

In der absoluten Lyrik der Moderne[138] ist auch die Metapher absolut geworden, falls man hier überhaupt noch von Metapher sprechen darf. Trakls Farbadjektive

---

136 Nach Weinrich (1963, bes. S. 335) ist die logische Entfernung („Schwarze Milch") für die Kühnheit maßgebender als die sachliche.

137 Vgl. Killy, S. 84. Der originale Vers aus „Richard III." (5,4) lautet: "A horse! a horse! my kingdom for a horse!" (Ein Pferd! ein Pferd! mein Königreich für'n Pferd!)

138 Vgl. B. Asmuth (wie Anm. 36). S. 94–98.

(z. B. „weiße Menschen") deuten ein tertium comparationis an, ohne es preis-
zugeben.[139] Immerhin sind hier zumindest die Merkmalsträger, in diesem Fall
die Menschen, noch wirklich gemeint. Surrealistische Dichter, wie Celan, gehen
noch weiter und montieren zwei oder mehr Vorstellungsebenen derart ineinan-
der, daß gemeinte und Vergleichswirklichkeit nicht mehr auseinanderzuhalten
sind (z. B. Celan: „Stimmen, ins Grün/ der Wasserfläche geritzt"), ja daß ein
Vergleichsbewußtsein sich angesichts des kombinatorischen Reizes gar nicht
mehr entwickelt. Ansätze dazu bietet schon die in der Romantik beliebte
Synästhesie, d. h. die Verknüpfung von Wahrnehmungen verschiedener Sinne.

An sich ist die Synästhesie kein Ähnlichkeit registrierender Erkenntnisakt
und damit auch keine Metapher, sondern ein Empfindungsakt. Sie beruht auf
der interindividuell in etwa übereinstimmenden Gefühlsqualität verschiedener
Sinnesbereiche. Rot wirkt z. B. erregend, Blau beruhigend, kurze Vokale wirken erregender als lange, die „hellen" Vokale e und i spitzer als die „dunklen"
o und u. Assoziative Querverbindungen führen dann zum Tönesehen und zum
musikgeschichtlich bedeutsamen Farbenhören.[140] Die synästhetische Metapher ist eine sekundäre Erscheinung. Sie unterwirft die synästhetische Assozia-
tion dem metaphorischen Denkschema und stellt einen der beiden beteiligten
Wahrnehmungsbereiche in den Dienst des andern. In Brentanos „Abendständ-
chen" sind z. B. die optischen den akustischen Empfindungen untergeordnet
(„Golden wehn die Töne nieder / [. . .] Blickt zu mir der Töne Licht").

Die Grenzverschiebungstropen Metonymie, Synekdoche, Emphase und Periphrase

Bei der Metapher besteht zwischen ersetztem und ersetzendem Begriff ein geistig-assoziativer, auf Ähnlichkeit beruhender Zusammenhang. Bei den übrigen Tropen ist der Zusammenhang real, er beruht
auf räumlicher, zeitlicher, kausaler oder logischer Kontiguität. Lausberg spricht von Grenzverschiebungstropen.

Die bekannteste ist die _Metonymie_ (griech. = Umbenennung). Bei
ihr berühren sich die beiden korrespondierenden Dinge, sind aber
deutlich voneinander getrennt:

Der Behälter kann den Inhalt bzw. der Ort die Bewohner vertreten
(ein Glas trinken, der ganze Hörsaal zischte, ganz Berlin war auf den
Beinen), der Hersteller sein Werk (Goethe lesen, einen Opel fahren).

139   Vgl. Killy. S. 96–107.
140   Vgl. dazu den Artikel „Farblichtmusik" in der Brockhaus Enzyklopädie.

Dieser Austausch läßt sich auch als syntaktische Verkürzung begreifen (Goethe = einen Text von Goethe).

Bei der *Synékdoche* (griech. = Mitverstehen) ist eine Sache in der anderen enthalten.

Bei der partikularisierenden Synekdoche ersetzt ein Teil das Ganze (pars pro toto, z. B. *Dach* für *Haus, an Deck* für *auf dem Schiff*). Bei der generalisierenden Synekdoche ist es umgekehrt (*Sterblicher* für *Mensch; Das Tier bellt wieder*).

Die Grenze zwischen Metonymie einer- und Synekdoche andererseits wird in der Fachliteratur nicht einheitlich gezogen. Umstritten sind die Merkmal-Träger-Beziehung (*Lederjacken* für *Rocker, Langohr* für *Hase*) und die Rohstoff-Produkt-Beziehung (*Eisen* für *Schwert*).[141] Im ersten Fall ist entscheidend, ob das Merkmal als äußerliches Etikett (dann Metonymie)[142] oder als notwendiger Bestandteil (dann Synekdoche) verstanden wird. Im zweiten Fall kommt es darauf an, ob das Produkt synchronisch als Bestandteil der ganzen Rohstoffmenge (dann Synekdoche) oder diachronisch als Ergebnis einer Weiterverarbeitung angesehen wird, die den Rohstoff sozusagen hinter sich läßt (dann Metonymie).

Emphase (Eindringlichkeit, Nachdruck) ist die Verwendung eines Wortes im vollen, d. h. engeren, anspruchsvolleren Sinn (z. B. „Sei ein Mann!"). Wertaffine, aber selber an sich wertneutrale Begriffe (Mann, Frau, Vater, Mutter, Charakter, Stil) werden so zu Wertbegriffen. Der Satz „Vater werden ist nicht schwer, Vater sein dagegen sehr" bezieht seine Wirkung aus dem Kontrast von normalem und emphatischem Sinn. Die Emphase ist logisch der generalisierenden Synekdoche vergleichbar, allerdings ersetzt sie keinen engeren Begriff, sondern faßt einen vorhandenen nur enger, um eine sonst erforderliche umständliche Umschreibung zu vermeiden. Von der semantisch-stilistischen Emphase zu unterscheiden ist die bekanntere rednerisch-schauspielerische Emphase, die Ausdrucksverstärkung in Stimme und Gestik. Oft wirken beide Spielarten zusammen.

Die *Periphrase* (= Umschreibung) bietet anstelle und unter Vermeidung der eigentlichen Bezeichnung eine erweiternde, d. h. aus mehreren Wörtern (evtl. auch aus einer Wortzusammensetzung, z. B.

---

141 Lausberg faßt die Merkmal-Träger-Beziehung als Metonymie, die Rohstoff-Produkt-Beziehung als Synekdoche. Wilpert (Sachwörterbuch der Literatur) verfährt genau umgekehrt.

142 Körperteile als Merkmale sind allerdings nicht sachlich, sondern höchstens begrifflich vom Träger zu trennen.

Rebensaft für *Wein*) bestehende Umschreibung, die mehr oder weniger verrätselnd wirkt und meist wie eine poetische Definition erscheint. Häufig verbindet sich die Periphrase mit der Metapher (z. B. *Auge des Gesetzes* für *Justiz*). Die Periphrase ist mit der generalisierenden Synekdoche logisch und funktional enger verwandt als diese mit der partikularisierenden Synekdoche. Beide erwachsen nicht primär aus der Lust an der neuen Bezeichnung, sondern aus dem Bestreben, die alte zu vermeiden.

Opitz empfahl die Periphrase als wichtigstes Mittel pathetischen Sprechens. Die französischen Preziösen des 17. Jahrhunderts machten die „niederen" Dinge des Alltags durch poetische Umschreibung dichtungswürdig. J. C. Männling und J. G. Hamann gaben im frühen 18. Jahrhundert jeweils unter dem Titel „Poetisches Lexicon" eine Periphrasensammlung heraus, in der etwa die Kuh als „des Ochsen liebes Weib", der Käse als „der Speisen letztes Ziel" und „der Maden Spittelhaus" umschrieben werden. Auch räumliche und zeitliche Umstandsbestimmungen (überall, nirgends, immer, nie) sind dichterisch oft ausladend umschrieben worden. Eine besondere Stellung nahm früher die Periphrase von Eigennamen ein (z. B. *Sohn des Laërtes* für *Odysseus*), die man als *Antonomasie* (Umnennung) bezeichnete.[143]

Die Wahrheitstropen Ironie, Litotes, Hyperbel und Euphemismus

Bei den Wahrheitsverschiebungstropen oder kurz Wahrheitstropen, die bisher nicht als eigene Gruppe galten[144], verschieben sich nicht so sehr die Begriffsgrenzen wie der Wahrheitswert. Sie betreffen also weniger das Einzelwort als die gesamte Aussage. Die ihnen eigene kritische Färbung beruht darauf, daß sie Zweifel erwecken.

Von *Ironie* (griech. = Verstellung) spricht man, wenn jemand das Gegenteil dessen sagt, was er meint, wenn er z. B. bei strömendem Regen sagt, heute sei mal wieder schönes Wetter. Erst der situative Kontext macht die Ironie offenkundig. Wer nicht aus dem Fenster sehen kann, wird von der Ironie möglicherweise nichts merken. Macht nicht die wahrnehmbare Situation, sondern ein allgemeineres Wissensreservoir den Kontext aus, so kann der Ironiker sein

---

143   Neben der Eigennamenperiphrase wird allerdings auch die Eigennamenmetapher als Antonomasie bezeichnet. Vgl. dazu S. 124.

144   Lausberg bezeichnet die Ironie wie die Metapher als Sprungtropus, die übrigen rechnet er zu den Grenzverschiebungstropen.

Publikum spalten in Wissende, die seine Worte durchschauen, und Unwissende, die sie für bare Münze nehmen. Er kann auch die Ironie erst allmählich deutlich werden lassen oder verstärken, wie Marc Anton in seiner Leichenrede auf den ermordeten Caesar in Shakespeares „Julius Caesar" mit dem sich mehrfach wiederholenden, immer ironischer erscheinenden Satz „Denn Brutus ist ein ehrenwerter Mann". Wenn man heute von Ironie spricht, meint man in der Regel weniger die hier behandelte punktuelle Stilfigur als die in ihr zum Ausdruck kommende Sprechhaltung. In Verbindung mit Resignation führt sie zum bitteren Sarkasmus.[144 a]

Die *Litótes* (griech. = Schlichtheit) ist der Ironie verwandt, aber von sanfterer Wirkung. Man versteht darunter die Verneinung des Gegenteils der gemeinten Sache. Wenn ein Gast den Wein des Gastgebers „nicht schlecht" findet, will er möglicherweise im Sinne einer Untertreibung (Understatement) seine hohe Qualität rühmen. Vielleicht verschleiert er aber auch nur in diplomatischer Weise, daß er den Wein gerade noch erträglich findet, und suggeriert zugleich, ohne sich einer Höflichkeitslüge bedienen zu müssen, dem Gastgeber, daß er entzückt sei. Man sollte also die untertreibende und die diplomatisch beschönigende Litotes auseinanderhalten. Die Bedeutung des litotetischen Ausdrucks schillert deshalb, weil die Verneinung des Gegenteils nicht ohne weiteres einer Bejahung gleichkommt. Zwischen „gut" und „schlecht" liegt noch eine wertneutrale Zwischenzone.

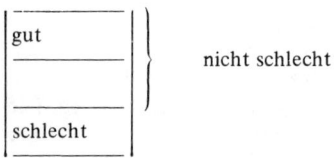

Die Verneinung des Gegenteils wird dann als Litotes bezeichnet, wenn das Gegenteil negativ bewertet ist. Für die Verneinung eines positiven Gegenteils (z. B. Beckett, „Warten auf Godot" I: „nicht gerade sehr menschlich") ist die Bezeichnung Litotes weniger üblich, obwohl diese Form als Wahrheitsfigur ähnlich strukturiert ist und ähnlich wirkt.

Die *Hyperbel* (= Übertreibung) ist das Gegenteil der untertreibenden Litotes. Sie beruht auf affektischer Erregung (ich gehe in die Luft, mir platzt der Kragen), auf der Absicht, extreme Erscheinungen (Herz aus Stein) zu beschreiben, und besonders häufig auf komischer Absicht. Heine erzählt in der „Harzreise" von einem jungen Mann, der „so entsetzlich schwadronierte, daß die

144 a Näheres zur Ironie bei Plett (S. 93–99) und Ernst Behler: Klassische Ironie, romantische Ironie, tragische Ironie. Darmstadt 1972.

Milch auf dem Tische sauer wurde".[145] Meist ist bzw. enthält die Hyperbel zugleich eine Metapher (z. B. Herz aus Stein).

Euphemismus (= Beschönigung) ist eine verhüllende Bezeichnung für Unangenehmes (Anstößiges, Furchterregendes, Tabuiertes, allzu Bestimmtes und dadurch Unhöfliches) (*entschlafen* für *sterben, bitten* für *befehlen*), oft in Form der Periphrase (*Gottseibeiuns* für *Teufel*), der generalisierenden Synekdoche, der diplomatischen Litotes oder auch des Fremdworts (*transpirieren* für *schwitzen*). In Politik und Wirtschaft dienen Euphemismen dazu, Tatsachen zu verschleiern und eventuell Panik zu vermeiden. Euphemistisch sind auch die schnoddrigen Metaphern der Soldatensprache für gefährliche Dinge (*Wachteln* für *Handgranaten*). Bei der Beurteilung ist zu prüfen, ob der Sprecher dem Empfänger gegenüber aus Eigennutz oder Rücksicht spricht oder ob er nur seine eigene Angst verdrängt.

Kontrastfiguren

Die Besprechung der Verbindungsfiguren sei mit den Kontrastfiguren eröffnet, da sie den Tropen und besonders den Wahrheitstropen am nächsten kommen. Bei einer Kontrastfigur – der Begriff ist bislang nicht üblich – kontrastieren die Bedeutungen zweier zusammengehöriger Wörter oder zwei Bedeutungen eines Wortes in geistreich-witziger Weise. Der semantische Bezug kommt auf alogische bzw. antilogische Weise zustande. Zu den Kontrastfiguren zählen Oxymoron, Katachrese, Zeugma und die verschiedenen Arten des Wortspiels.

Das *Oxymoron* ist die paradoxe Verbindung zweier sich widersprechender Begriffe und selber sein bestes Beispiel (griech. oxys = scharf, scharfsinnig, moros = dumm). Ein besonders reicher Bestand an Oxymora findet sich in der erotischen Lyrik in der Nachfolge Petrarcas, des berühmten Dichters einer „bittersüßen" Liebe. Auch als Mittel scharfzüngiger Komik ist das Oxymoron verbreitet (Zigler und Kliphausen: „häßliche Schönheit"; Carlo Gozzi: „Das öffentliche Geheimnis"; Heine: „göttlich liederlich").

Die *Katachrese* (griech. = Mißbrauch), wie man sie heute meist versteht[146], ist die Überlagerung einer verblaßten Metapher durch eine zu deren Ursprungssinn nicht passende neue Metapher. Ein Bonner Politiker meinte 1967, daß ein Projekt nicht „auf den Schultern der öffentlichen Hand" finanziert werden dürfe. Die katachrestische Bildermengung ergibt sich meist unfreiwillig,

---

145 Eine Reihe ähnlicher Beispiele bietet die auf S. 81 f. zitierte Romanstelle von Zigler.

146 Ursprünglich verstand man unter Katachrese die uneigentliche Bezeichnung von Dingen, die keinen anderen Namen haben (z. B. das *Bein* des Tisches).

kann aber auch in komischer Absicht bewußt arrangiert sein (Wenn alle Stricke reißen, hänge ich mich auf) und verknüpft dann oft sogar mehr als zwei Metaphern (Das schlägt dem Faß die Krone ins Gesicht).[147]

Das *Zeugma* (griech. = Joch), beliebtes Stilmittel des humoristischen Romans englischer Herkunft, in Deutschland besonders von Jean Paul angewandt, verbindet (wie das Joch zwei Trag- oder Zuglasten) ein Wort mit zwei anderen, meist ein Verb mit zwei Objekten, in semantisch unterschiedlicher Weise, und zwar in der Regel so, daß ein Objekt die eigentliche, das andere eine übertragene Bedeutung des Verbs voraussetzt (Dürrenmatt im „Meteor": „Ich feilte an meinen Fingernägeln und an meinem Stil herum"; Wolf Biermann: „Statt der Gitarre darf ich nur noch die Schnauze halten"). – Dem Zeugma funktionsverwandt ist die komische Reihung verschiedenartiger Dinge, das hervorstechendste Stilmittel in Heines „Reisebildern" („Im allgemeinen werden die Bewohner Göttingens eingeteilt in Studenten, Professoren, Philister und Vieh").

Das Zeugma beruht auf dem Doppelsinn des Verbs und läßt sich insofern auch als *Wortspiel* auffassen. Auch sonst kann der doppelte Sinn (*Amphibolie*) eines Wortes Anlaß zum Wortspiel geben. Heine spielt in seiner „Harzreise" mit dem Doppelsinn des Wortes „ordentlich", wenn er von „ordentlichen und unordentlichen Professoren" spricht. Aber nicht immer deckt der Kontext die Amphibolie so deutlich auf. Oft bleibt es bei einer Anspielung, die sich nicht zwingend nachweisen und damit auch nicht so leicht beanstanden läßt. Die Zwei- oder besser Doppeldeutigkeit[148] kann auf dem Zusammenspiel zweier Bedeutungsvarianten eines Wortes beruhen (z. B. „links" im räumlichen und politischen Sinn)[149], aber auch auf der etymologisch zufälligen Lautgleichheit zweier lexikalisch verschiedener, sogenannter homonymer (= gleichnamiger) Wörter, die in einem Textwort zusammentreffen (z. B. „Rock" als Kleidungsstück und Tanzart). Auch die Sprachkomik in Komödien (z. B. bei Shakespeare oder Nestroy) und komischen Geschichten gründet sich auf Amphibolie, die hier allerdings meist, oft in eigenen Narrenszenen, dialogisch entfaltet oder gar in kuriose Handlung umgesetzt wird. Eulenspiegel beispielsweise führt die Anweisung seiner Gesprächspartner gewöhnlich anders aus, als diese sie gemeint haben.[150] In anderer Weise wird die Amphibolie auch im Witz zeitlich auseinandergezogen. Die Wirkung vieler Witze beruht darauf, daß die Zuhörer mit der Schlußpointe die bis dahin verschleierte Amphibolie einer früheren Formulierung blitzartig erkennen.

Beim Wortspiel im engeren Sinne, der *Paronomasie* (griech. = Wortumbildung), spielen nicht zwei Bedeutungen eines Textwortes, sondern zwei ähnliche Textwörter zusammen. Wie die Amphibolie, so kann auch die Paronomasie sowohl auf semantischer wie auf bloß phonetischer Basis zustande kommen.

---

147   Weitere Beispiele bei Reiners. S. 333 f.
148   Das Wort „zweideutig" ist heute fast nur noch für sexuelle Anspielungen üblich.
149   Die lexikalische Mehrdeutigkeit eines Wortes nennt man Polysemie.
150   „Eulenspiegel: alle Hauptspäße des Buchs beruhen darauf, daß alle Menschen *figürlich* sprechen und Eulenspiegel es *eigentlich* nimmt." (Goethe: Maximen und Reflexionen).

Bei der semantischen Paronomasie besteht zwischen den beiden Wörtern ein etymologischer Zusammenhang (z. B. „betrogener Betrüger"). Hierher gehört auch das Zusammenspiel zweier syntaktisch verschiedener Varianten eines Wortes (*Polýptoton*, z. B. Schiller, „Maria Stuart" 3, 3, 2190: „wenn Haß dem Haß begegnet") oder Wortstamms (*figura etymologica*, z. B. „einen guten Kampf kämpfen"). Die phonetische Paronomasie, auch *Parechése* (= Anklang) genannt, verbindet wortgeschichtlich beziehungslose, aber lautähnliche Wörter. Semantischer Gegensatz der Wörter verstärkt den Kontrast („Klein, aber fein"; Schiller, „Wallensteins Lager" 8: „Der Rheinstrom ist worden zu einem Peinstrom"; Hoffmannswaldau, „Die Welt": „Halt ihre Lust für eine schwere Last"), Koordination dämpft ihn („in Saus und Braus").

Wiederholungsfiguren

Wiederholung bewirkt Nachdruck und zugleich Verständnissicherung. Die Wiederholungsfiguren sind das wichtigste Instrument pathetischen Sprechens und der Rhetorik überhaupt.[151] Von den bloßen Klangfiguren sei hier abgesehen. Sie gehören, sofern sie nicht am Aufbau von Versen mitwirken[152], eher in die Nähe des Wortspiels (Paronomasie). Ansonsten sind Text-, Sinn- und Stellungswiederholungen zu unterscheiden.

Am bekanntesten sind die Textwiederholungen, bes. in Form der Einzelwortwiederholung. Hier sei nur die *Anapher* herausgegriffen, die Anfangsgleichheit benachbarter Sätze oder Verse (Goethe: „Das Wasser rauscht', das Wasser schwoll").[153]

Die Sinnwiederholung nennt man auch *Häufung*. Sie kommt besonders in der rhetorisch orientierten Dichtung der Barockzeit vor. Zu unterscheiden sind 1. die amplifizierende Synonymenhäufung, also die Häufung von Wörtern oder auch Sätzen ungefähr gleicher, nur jeweils leicht variierter Bedeutung, 2. die Häufung verschiedener Unterbegriffe eines Oberbegriffs, also die Häufung von Sachen oder Reihung. Dazu je ein Beispiel. In Gryphius' „Leo Armenius" heißt es, wer Gott zum Streit herausfordere, „Wird asch und staub und dunst und rauch und wind" (III 64). In Lohensteins „Cleopatra" finden sich die Verse:

151 Zur allgemeinen Redundanz mündlicher Texte vgl. S. 75.
152 Zu Alliteration, Assonanz und Reim vgl. B. Asmuth (wie Anm. 36). S. 61–64.
153 Zu Epipher, Epanalepse, Anadiplose, Kyklos und weiteren Figuren vgl. Arbusow (S. 36–40), Lausberg (§ 244 ff.), Plett (S. 33–35) oder Wilpert („Sachwörterbuch der Literatur").

Es sind Wolfs-Auge, Fisch, der Scorpionen Bild,
Ameisse, Habicht, Krebs, Frosch, Natter, Schlange, Pfauen
Auf so viel Steinen nicht vergebens anzuschauen. (V 722 ff.)

Die Beispiele sind für die beiden Dichter charakteristisch. Gryphius ist mehr an (metaphorischen) Wörtern, Lohenstein mehr an Sachen interessiert.

Die bekannteste Stellungswiederholung ist der für die alttestamentlichen Psalmen kennzeichnende *Parallelismus membrorum,* d. h. die parallele Anordnung je zweier beinahe synonymer Sätze. Psalm 6, 2–3 lautet in der Übersetzung von Guardini: „Herr, o sprich mich nicht schuldig in Deinem Zorn, strafe mich nicht in Deinem Grimm. Habe Erbarmen mit mir, o Herr, denn ich bin schwach, heile mich, Herr, denn mein Gebein ist erschüttert." In der antiken Rhetorik nannte man eine solche Stellungswiederholung *Isokolon.*

Neben der einfachen Wiederholung ist bei allen genannten Arten von Wiederholungsfiguren die dreigliedrige Form, das *Trikolon*, beliebt. Man denke an Caesars „Veni, vidi, vici" (ich kam, ich sah, ich siegte). Der Steigerung entspricht oft eine quantitative Zunahme (Gesetz der wachsenden Glieder).

Figuren ungewöhnlicher Satzstellung

Anders als die Kontrast- und Wiederholungsfiguren stiften die Figuren ungewöhnlicher Satzstellung weniger eine Verbindung, als daß sie von der normalen Syntax abweichen. Die meisten von ihnen, z. B. Inversion, Chiasmus, Asyndeton, Ellipse und Aposiopese, übergehe ich hier.[154] Ihre Bedeutung erschöpft sich im wesentlichen in der Regelverfremdung. Herausgegriffen seien stattdessen Enállage und Anakolúth, die auch eine semantische Verschiebung bewirken.

Von einer *Enallage* (auch Hypallage, griech. = Vertauschung) spricht man, wenn ein Adjektiv dem zugehörigen Substantiv entzogen und einem anderen beigefügt ist. Meist ist es vom Genitivattribut zum regierenden Substantiv befördert. In der Verwaltungssprache durch gedankliche Nachlässigkeit hervorgerufen (in baldiger Erwartung Ihrer Antwort), umgangssprachlich im Zusammenhang metonymischen Sprechens zum Teil eingebürgert (ein gutes Glas Wein), kommt die Enallage als poetisches oder komisches Wirkungsmittel zu bewußtem Einsatz (Rilke: „der Glieder angespannte Stille"; Heine: „ein übelriechendes Lächeln spielte um den Mund").

Das *Anakoluth* (= Satzbruch) ist ein Element bzw. Mittel volkstümlichen Sprechens. Der Sprecher führt die begonnene Verwirklichung eines Satzbau-

---

154   Vgl. dazu Arbusow (S. 45–48, 79–82), Lausberg (§ 240, 330–335, 392, 411–414), Plett (S. 28–31, 57–60) oder die Artikel in Wilperts „Sachwörterbuch der Literatur". Zur Antithese vgl. S. 94.

plans nicht richtig zu Ende. Meist hält er das logisch erforderliche Nebensatz-bewußtsein nicht durch und springt vorzeitig auf die Hauptsatzebene zurück. In Luthers Bibel-Übersetzung heißt es: „Sehet euch vor vor den falschen Propheten, die in Schafskleidern zu euch kommen, inwendig aber sind sie reißende Wölfe" (Matth. 7,15). Viele Anakoluthe finden sich in Hebels volks-tümlichen Kalendergeschichten. Auch in Brechts Dramen kommt das Anako-luth recht häufig vor. Seine Mutter Courage sagt von sich: „Courage heiß ich, weil ich den Ruin gefürchtet hab, Feldwebel, und bin durch das Geschützfeuer von Riga gefahrn mit fünfzig Brotlaib im Wagen."

3. Indirekte Darstellung, besonders durch Sinnbilder

Das Verpacken des Nötigen in Angenehmes

Belletristische Texte geben oft ihre eigentliche Absicht bzw. Aussage nicht vordergründig zu erkennen. Ihre Affinität zu indirekter Darstel-lung ist fast noch kennzeichnender als ihre Nähe zum Fiktionalen. Deshalb verlangen sie nach hermeneutischem Zugriff.[155] Texte, die nichts verbergen, bedürfen kaum der auslegenden, deutenden Inter-pretation. Grundsätzlich können sich auch andere Texte einer indi-rekten Darstellung befleißigen. In der schöngeistigen Literatur ist sie jedoch weitaus stärker entwickelt.

Vielfach machen die Dichter aus der Not eine Tugend. Das gilt immer dann, wenn sie nötige, aber leicht langweilig wirkende, weil zu allgemeine oder zu gedrängte, in jedem Fall situationsferne Infor-mationen attraktiv verpacken. Die *Exposition* der personellen und faktischen Handlungsvoraussetzungen zum Beispiel, die Dramatiker zu Beginn ihrer Stücke meist bieten, ist gelegentlich in einer ebenso

---

155 Hermeneutik (von griech. hermeneuein = auslegen, erklären), früher die Lehre von der Auslegung von Texten mit verborgenem Sinn und hier in dieser Bedeutung gemeint, wird seit dem 19. Jh. auch allgemei-ner als Verstehenslehre begriffen. Damit hat sich das Schwergewicht von der Beziehung des sprachlichen Zeichens zum Bezeichneten auf die Beziehung des Empfängers zum Zeichen verschoben. Vgl. den Her-meneutik-Artikel von P. Rusterholz in H. L. Arnold/V. Sinemus: Grundzüge der Literatur- und Sprachwissenschaft. Bd. 1: Literatur-wissenschaft. München 1973. S. 89–105. Außerdem H. Geiger/A. Klein/J. Vogt: Literatur und Literaturwissenschaft. Materialien zur Einführung. Düsseldorf 1973 *(= Grundstudium Literaturwissenschaft 1)*. S. 103–134.

wirkungsvollen wie inhaltlich sonst nebensächlichen Eröffnungsszene versteckt.

Daß etwa Marie Wesener am Anfang von Jakob Michael Reinhold Lenz' „Soldaten" einen Brief schreibt, ist zumindest nicht bedeutsamer als die Mischung aus ständischer Unterlegenheit und mißglücktem Drang nach Höherem, die ihre Briefsprache erkennen läßt und die ihr späteres Handeln bestimmen wird. Auch Zwischeninformationen werden oft szenisch eingefaßt, so das päpstliche Verbot der Kopernikus-Lehre in der aufwendigen Ballszene von Brechts „Galilei". Am schwierigsten gestaltet sich die Exposition für Dramatiker, die sich an die drei Einheiten von Handlung, Ort und Zeit binden. Wollen sie ihre – doch meist langfristige – Handlung nicht unwahrscheinlich schnell vorantreiben, bleibt ihnen meist nichts anderes übrig, als nur die Endphase auf der Bühne vorzuführen und alles Frühere als Vorgeschichte den Figuren im Zuge der Expositon in den Mund zu legen. Räumlich Entferntes wird durch Zwischenberichte einbezogen. Hier vor allem zeigt sich, daß man, genau genommen, zwei Schritte auseinanderhalten muß: 1. die Auslagerung von **Stoff**teilen aus dem eigentlichen Bühnenspiel unter dem Druck vorgegebener **Bedingungen** (begrenzte Spielzeit, drei Einheiten), 2. das wirkungsvolle Verpacken dieser sogenannten verdeckten Handlung. Alles in allem werden die Vorweg- und Zwischeninformationen des Autors an den Zuschauer auf die Gegenstandsebene der Handlung verlagert und führen hier zu eindrucksvollen Szenen, die die Unlust an der bloßen Information aufwiegen. Dennoch sind diese Szenen nicht in jedem Fall nur Verpackung und Vorwand. Wirkungsvolle Eröffnungen finden sich auch, wo es nichts zu verpacken gibt. Gerade am Textanfang scheint es, daß das Bedürfnis nach attraktivem Einstieg und die Notwendigkeit exponierender Information zu einer Symbiose verbinden. Diesen Eindruck gewinnt man auch in epischen Texten. Denn auch Erzähler, die sich mit den Basisinformationen durchaus selber zu Wort melden könnten, kleiden diese in einen eröffnenden szenischen Rahmen. Man denke an die Kahnpartie in Fontanes „Effi Briest" oder an das amüsante Katechismusexamen in Thomas Manns „Buddenbrooks".
Ein anderes Tarnverfahren, nämlich die Übersetzung zuständlicher Gegebenheiten in Handlung, wurde schon früher besprochen.[156]

Von solchen partiellen Manövern abgesehen, hat die Verpackung des Nützlich-Unangenehmen in Nutzlos-Angenehmes die ganze Dichtungstheorie vor allem didaktisch orientierter Autoren und Zeiten bestimmt.

Julius Caesar Scaliger nannte in seiner Poetik von 1561 als Aufgabe der Dichtung „docere cum delectatione". Der Franzose Huet stellte 1670 in seinem Traktat über den Ursprung der Romane („Traité de l'origine des romans") die Belehrung als obersten Zweck dieser Gattung hin und ließ die Unterhaltung nur als täuschenden Nebenzweck zu, weil sie den Widerwillen gegen die Belehrung auszu-

---

156   Vgl. S. 106.

schalten vermöge. Im gleichen Sinne setzte sich Lohenstein mit seinem lehrhaften „Arminius"-Roman (1689/90) von den bloßen Liebes- und Abenteuerromanen ab. Er dachte sich, „ob man nicht unter dem Zucker solcher Liebes-Beschreibungen auch eine Würtze nützlicher Künste und ernsthaffter Staats-Sachen [. . .] mit einmischen, und also die zärtlichen Gemüther gleichsam spielende und unvermerckt oder sonder Zwang auf den Weg der Tugend leiten [. . .] könte."[157]

Von hier aus ist es nur noch ein Schritt zu den sinnbildlichen Darstellungsformen, die das eigentlich Gemeinte nicht nur in den Hintergrund rücken, sondern völlig verschwinden lassen oder es allenfalls, vom eigentlichen Gegenstand getrennt, in Form einer „Moral" oder anderweitigen Interpretation mitliefern. Gottsched definierte die Fabel, Lieblingsgattung der Aufklärer, als „eine erdichtete Begebenheit, welche erfunden worden, eine gewisse Sittenlehre darunter zu verbergen, oder vielmehr durch sie desto sinnlicher zu machen."[158] Von den sinnbildlichen Großformen im Sinne ganzer Sinnbildgeschichten bzw. -handlungen, zu denen außer der Fabel auch die Parabel und das biblische Gleichnis zählen, sei hier jedoch abgesehen.[159] Wichtiger, weil grundlegender ist in unserem Zusammenhang die Besprechung der kleineren, vorwiegend nichtsukzessiven Sinnbilder, nämlich des Symbols, der Allegorie und des Emblems.

Das Symbol

Die wichtigste und bekannteste Form des Sinnbilds ist das Symbol. Symbol im weitesten Sinne ist jedes sinnliche Zeichen. Das Zeichen als Bedeutungsträger (Signifikant) steht nicht für sich selber, sondern für einen andersartigen Bedeutungsinhalt (Signifikat). Im einzelnen lassen sich verschiedene Arten unterscheiden.

Formale oder *Bezeichnungssymbole,* wie die mathematischen (+ −), logistischen (∧ = und, ∨ = oder auch) und musikalischen Zeichen (Noten), ersetzen das Gemeinte in beliebiger, meist graphischer Form. In diesem Sinne lassen sich Buchstaben als Symbole von Lauten, Lautkombinationen (Wörter) als

157 Anonymer Vorbericht zum „Arminius".
158 Gottsched (wie Anm. 38). S. 436. Ähnlich äußerten sich vorher Lafontaine und nachher Lessing. Vgl. auch Anm. 92.
159 Vgl. dazu etwa Reinhard Dithmar: Die Fabel. Geschichte, Struktur, Didaktik. Paderborn 1971 (= UTB 73).

Symbole von Begriffen bzw. Sachen auffassen. Das Pfeifen des Schiedsrichters symbolisiert einen Befehl an die Spieler, das Winken mit einem weißen Taschentuch je nach der Situation Abschiedsgefühl oder Kapitulationsbereitschaft.

Attributive oder *Erkennungssymbole* unterstreichen oder ergänzen vorhandene Merkmale, hauptsächlich die natürlichen Merkmale sozialer Gruppen. Sie geben die Zugehörigkeit zu der jeweiligen Gruppe zu erkennen. Hierzu gehören geschlechtsspezifische Kleidung und Kosmetik, Uniformen aller Art, Vereinsabzeichen, Wappen, nationale und konfessionelle Symbole. Für Einzelpersonen kommen attributive Symbole nur in Betracht, soweit die Personen künstlerisch konventionalisiert sind, wie der Teufel (Pferdefuß), viele Heilige (z. B. Dominikus mit Lilie oder Rosenkranz) und allegorische Figuren (z. B. die Gerechtigkeit mit Waage, Augenbinde und Schwert). Die letztgenannten Beispiele markieren bereits den Übergang zur folgenden Art.

Als Beispiel für das *künstlerische* oder *Verweisungssymbol,* zu dem auch das literarische Symbol zählt, sei die flüchtige weiße Wolke genannt, die Brecht in seinem Gedicht „Erinnerung an die Marie A." mehrfach erwähnt. Sie ist offensichtlich nicht nur als schöne Impression festgehalten, sondern bedeutet mehr als sich selbst, vermutlich die Vergänglichkeit der Liebesbeziehung.

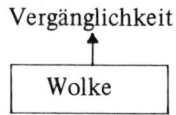

Von den formalen und attributiven Symbolen unterscheidet sich das künstlerische, speziell das literarische Symbol in folgenden Punkten:
1. Der Symbolträger ist eine selbständige, unabhängig von seiner Symbolfunktion existierende Sache, die nur zusätzlich symbolisch aufgeladen wird.[160]
2. Die Bedeutung des literarischen Symbols ist meist nicht im Rahmen einer sozialen Gruppe fest vereinbart und eindeutig zu erkennen, sondern wird vom Autor privat geregelt. Die Symbolik ist deshalb oft schwer festzustellen. Mehrfache oder auffällige Erwäh-

---

160 In Texten ergibt sich ein doppeltes Signifikant-Signifikat-Verhältnis. Brechts Wort „Wolke" bezeichnet zunächst die entsprechende Naturerscheinung. Diese ihrerseits, Signifikat und in höherer Weise zugleich Signifikant, bedeutet Vergänglichkeit.

nung einer Sache, die keine Gebrauchsfunktion hat, läßt symbolische Absicht vermuten.

3. Das literarische Symbol hat meist keine sinnlich-konkrete, sondern — im Gegensatz vor allem zum formalen Symbol — eine geistig-abstrakte Bedeutung.

Die beiden zuletzt genannten Punkte sind für das literarische Symbol nicht konstitutiv, beherrschen aber doch die neuere, von Goethe herkommende Symbolauffassung. Ihm zufolge ist das Symbol ein Besonderes, das ein Allgemeineres durchscheinen läßt. Er verstand die ganze Welt und vor allem die Natur symbolisch. „Alles ist ja nur symbolisch zu nehmen, und überall steckt noch etwas dahinter", meinte er. Poetisch formulierte er: „Alles Vergängliche ist nur ein Gleichnis." Vor einer symbolischen Interpretation als dichtungsanalytischem Generalverfahren, wie sie etwa Ulshöfer bevorzugt[161], ist indes zu warnen. Gegenüber Goethes Werken durchaus angebracht, behindert sie in anderen Fällen eine unbefangene Literaturbetrachtung und verführt zur Überinterpretation. Der Text muß durch nachweisbare Kriterien die Symbolik erkennen lassen, der Interpret darf nicht seine zufälligen Assoziationen in ihn hineinlesen.

Im übrigen lenkt die Goethesche Symbolauffassung den Blick allzu einseitig auf den ideellen Bereich und degradiert den Dichter zum bloßen Nachzeichner von als objektiv vorgegeben angesehenen Symbolbezügen, wie sie, weitgehend irrational gefärbt, in der Lyrik tatsächlich vorherrschen. Daß das Symbol in epischer und dramatischer Literatur stoff- bzw. textintern als darstellerisches Steuerungsmittel allerersten Grades zum Einsatz gelangt, gerät dabei allzu leicht in Vergessenheit. Der *Naturparallelismus,* der seelische Hochstimmungen, besonders Liebesszenen, symbolisch untermalt, wurde schon einmal erwähnt.[162] Noch wichtiger ist die Verzeitlichung der Symbolbeziehung, genauer gesagt, die Verwendung des Symbols als hervorstechendsten Mittels der *Vorausdeutung* bzw. Verklammerung, insbesondere im Hinblick auf katastrophale oder unheimliche Ereignisse, in oft leitmotivisch wiederkehrender Form. Dazu dienen rätselhafte Dinge (z. B. das schwarze Halstuch mit rotem Rand in Hebels Kalendergeschichte „Unverhofftes Wiedersehen"[163] oder die Judenbuche bei Droste-Hülshoff), Naturvorgänge (z. B. das Gewitter in Schillers „Tell"), Tiere oder gar Menschen (z. B. der schwarze Geiger in Kellers „Romeo und Julia auf dem Dorfe").

161 R. Ulshöfer: Methodik des Deutschunterrichts. 2. Mittelstufe I. 4. Aufl. Stuttgart (1960). Besonders S. 71. Ulshöfer setzt übrigens die symbolische fälschlich mit der funktionalen Interpretation gleich. In Wirklichkeit gehören die von ihm ins Auge gefaßten Funktionen der Gegenstandsebene an, das Symbol hingegen primär der Darstellungsebene.
162 Vgl. S. 100.
163 Vgl. den Text bei Vogt (wie Anm. 31). S. 43 f.

Wirklich konstitutiv für das literarische Symbol ist nur die in Punkt 1 erwähnte Selbständigkeit des Symbolträgers. Durch sie unterscheidet es sich nicht nur von den außerkünstlerischen Symbolen, sondern auch von der Metapher und überhaupt von den Tropen. Die Metapher von Achilles als einem Löwen in der Schlacht weckt einen flüchtigen Gedanken an den Löwen, ohne daß dieser wirklich gemeint ist oder schärfer ins Bewußtsein rückt. Der Text ist klar auf Achilles zugeschnitten, er und damit auch die Metapher sind eindeutig. Anders das Symbol und überhaupt das Sinnbild. Hier steht das Bild als situativ wahrnehmbare oder künstlerisch wiedergegebene Realität im Vordergrund, der hintergründige Sinn tritt hinzu. Das Sinnbild ist also, genau genommen, doppelsinnig. Es bedeutet sich selbst (Bild) und zugleich mehr (Sinn). Dieser *Unterschied zwischen Tropen und Sinnbildern,* wie er sich besonders in der Gegenüberstellung von Metapher und Symbol fassen läßt, kann nicht scharf genug betont werden, zumal er in der einschlägigen Fachliteratur kaum formuliert wird.[163 a] Dort herrscht in dieser Hinsicht eher Verwirrung.[164] Die Metapher ist also kein Sinnbild, das Symbol keine Trope.

Das Symbol im Sinne Goethes unterscheidet sich von der Metapher auch im Hinblick auf den vorhin genannten Punkt 3: Bei ihm weist meist ein konkretes Bild auf einen allgemeinen Sinn, die Beziehung erscheint vertikal. Die Metapher dagegen ersetzt — jedenfalls dann, wenn sie als solche bewußt wird — meist Konkretes durch Konkretes, das Verhältnis der beiden ähnlichen Sachen erscheint also horizontal.

Im einzelnen allerdings kann die Beziehung zwischen Zeichen und Bezeichnetem im Bereich des Symbols — und zwar nunmehr nicht nur des künstlerischen — ähnlich unterschiedlich sein wie bei den Tropen. Sieht man von den Fällen ab, in denen diese Beziehung willkürlich verabredet ist, wie bei den formalen Symbolen oder im künstlerischen Bereich bei den sogenannten Leitmotiven, so lassen sich genau wie bei den Tropen auch beim Symbol Ähnlichkeits- und Kontiguitätsbeziehung auseinanderhalten. Das gilt also auch für die attributiven oder Erkennungssymbole. Ähnlichkeitssymbole sind z. B. die Lilie als Symbol der Reinheit, der Ehering und am deutlichsten die meisten Sexualsym-

163 a) M. W. nur bei Kerkhoff (S. 51) bezüglich Metapher und Symbol.
164   Elisabeth Frenzel (Stoff-, Motiv- und Symbolforschung, Stuttgart 1963, Sammlung Metzler 28, S. 35) spricht z. B. von einem „metaphorischen Symbol" in der Lyrik. Man kann sich allenfalls streiten, ob die als Metaphern geltenden Erscheinungen der modernen Lyrik, z. B. das Weiße an Trakls „weißen Menschen" (vgl. S. 126 f.), nicht eher Symbole seien. — Ursache der Verwirrung ist die mangelnde Koordination zwischen den Symbol-Disziplinen Hermeneutik und Stoff- und Motivforschung und der Metapher-Disziplin Rhetorik.

bole. Kontiguitäts- oder Verschiebungssymbole sind ein Totenkopf als Gefahrensignal oder in Baumrinde geschnittene Herzen. Brecht nennt nur das Ähnlichkeitssymbol Symbol, um es zugleich für sich abzulehnen. Er setzt sich für die Verwendung von „Zeichen" oder „Kennzeichen" ein, die ein realistisches Ganzes durch realistische Teile vertreten (z. B. ein Zimmer durch Fensterrahmen, Möbel, Türstock). Diese Kennzeichen, die man zu den Kontiguitätssymbolen rechnen könnte, sind für ihn keine Symbole.[165]

Die Allegorie

Schwieriger als die Abgrenzung des Symbols von den Tropen erscheint seine Abgrenzung von der Allegorie. Dieser Unterschied ist eher historisch als strukturell bedingt. Vor 1800 nannte man jedenfalls vieles Allegorie, was heute Symbol heißt.[166] „Allegorie" ist einer der schillerndsten literarischen Begriffe.

Von Allegorie (allegorein = anders, bildlich sprechen) im weitesten Sinne spricht man oder sprach man zumindest vor 1800 bei Dingen, die in der Hauptsache nicht sich selbst, sondern etwas anderes bedeuten. In diesem Sinne wäre auch das Symbol eine Allegorie[167], wäre die symbolische Interpretation eine Form des allegorischen Deutungsverfahrens, der sogenannten Allegorese. Dem heutigen Bewußtseinsstand entspricht es jedoch eher, Allegorie als Gegenbegriff zu Symbol zu verstehen, vielleicht auch als eine besondere Spielart des Symbols. Als Beispiel halte man sich etwa die Allegorie der Minnegrotte in Gottfrieds von Straßburg „Tristan" vor Augen.[168] Die Allegorie unterscheidet sich vom literarischen Symbol bzw. von dessen normaler Form in folgenden Punkten:

1. Zwar stimmen Allegorie und Symbol hinsichtlich ihrer Betrachtungsweise überein — hier wie da geht der Betrachter vom Bild

165 Schriften zum Theater III. Frankfurt/M. 1963. S. 242—246. Die Praxis der Stücke steht dieser Theorie zum Teil entgegen. Man denke etwa an den roten Mond in „Trommeln in der Nacht", der die Revolution symbolisiert und zugleich die konventionelle, empfindsam-romantische Vorstellung vom silbernen Mond verfremdet.
166 Vgl. Sörensen, bes. S. 261 f.
167 So noch bei Lausberg, § 423.
168 Verse 16 679 ff. Die erklärende Allegorese beginnt mit Vers 16 923. — Inhaltsangabe bei Gottfried Weber: Gottfried v. Straßburg, Tristan. Text, Nacherzählung, Wort- und Begriffserklärungen. Darmstadt 1967. S. 777 bis 785.

aus —, die Entstehungsweise der Allegorie ist jedoch gegenüber der des Symbols umgekehrt. (Der für die Symbolskizze verwendete Pfeil müßte bei der Allegorie nicht von unten nach oben, sondern von oben nach unten zeigen.) Das „Bild" ist nicht als selbständig vorgegeben, sondern erscheint als ein nach der eigentlich gemeinten Sache („Sinn") entworfenes Werk. In dieser Weise begriff das Mittelalter die Welt als ein von Gott geschaffenes allegorisches Zeichensystem. Gewöhnlich prägt sich die Allegorie jedoch in einem von Menschen künstlich geschaffenen „Bild" aus.

2. Die Allegorie beruht nur auf Ähnlichkeit bzw. auf Analogie, der Ähnlichkeit von Relationen, nicht auch, wie manchmal das Symbol, auf Kontiguität.

3. Zwischen Bild und Sinn eines Symbols besteht meist eine einfache Beziehung, bei der Allegorie ist sie komplexer. Dem Zeichensystem des Bildes entspricht ein analoges System auf der Ebene des gemeinten Sinns. Im übrigen können sich mehrere allegorische Sinnebenen überlagern. In der mittelalterlichen Exegese der Bibel und dann auch anderer Texte nahm man neben der normalen Bedeutung drei allegorische Ebenen an, ging also von einem insgesamt vierfachen Schriftsinn aus.[169]

4. Die Beziehung zwischen Bild und Sinn erscheint im allgemeinen weniger geheimnisvoll. Zwischen Autor und Publikum herrscht meist ein größeres Einverständnis als beim Symbol. Wo es nicht von vornherein da ist, wird die Interpretation vielfach mit- oder nachgeliefert, wie z. B. bei Gottfried.

Am wichtigsten ist der erste Punkt, der die Allegorie als geschaffenes Symbol bzw. als künstliche Variante des Symbols erscheinen läßt.

Nicht minder problematisch als die Beziehung der Allegorie zum Symbol ist ihr Verhältnis zur *Personifikation.*

---

169 Neben dem historischen oder Buchstabensinn (Beispiel: Jerusalem = historische Stadt) unterschied man den allegorischen Sinn im engeren Sinne (Jerusalem = Kirche), den moralisch-tropologischen Sinn (Jerusalem = Seele des Christen) und den anagogisch-eschatologischen Sinn (Jerusalem = himmlische Gottesstadt).
Vgl. Friedrich Ohly: Vom geistigen Sinn des Wortes im Mittelalter. Darmstadt 1966. Bes. S. 10 f.

Von Allegorie spricht man bei der stellvertretenden Darstellung konkreter Personen oder Sachen durch andere Personen oder Sachen, die der Mythologie oder einer schon sagenhaften historischen Vergangenheit angehören. Zum Beispiel ist der Cheruskerfürst Arminius in Lohensteins gleichnamigem Roman als allegorische Verkörperung des habsburgischen Kaisers Leopold I. gedacht. Vor allem aber versteht man unter Allegorie die „Verbildlichung eines abstrakten Begriffs oder Vorgangs"[170], oft in Form einer Personifikation, wie sie in der bildenden Kunst (z. B. in der Darstellung des Todes als Sensenmanns) und im mittelalterlichen Drama (z. B. mit dem Auftritt des Gewissens) vorkommt.[171] Diese Auffassung ist berechtigt, verführt jedoch in der einschlägigen Literatur vielfach zu einer nivellierenden Gleichsetzung von Allegorie und Personifikation oder zur Definition der Personifikation als eines Unterbegriffs der Allegorie. In Wirklichkeit sind Allegorisierung und Personifikation zwei sehr verschiedene Auffassungs- bzw. Darstellungsweisen, die sich nur teilweise überschneiden. Personifikationen, die nicht durch sich selbst oder ihre Attribute (z. B. die Waage der Iustitia) auf etwas anderes verweisen, sondern nur der darstellerischen Verlebendigung oder einer urtümlichen magisch-animistischen Weltsicht entsprechen (vgl. Goethes Gedicht „Willkommen und Abschied", z. B. die Zeile „Der Abend wiegte schon die Erde"), lassen sich mit dem Wortsinn der Allegorie schlechterdings nicht mehr vereinbaren.[172] Vielfach bleibt sogar in poetisch höchst reizvoller Weise unklar, ob ein Subjekt tatsächlich personifiziert gemeint ist oder ob nicht eher das Prädikat eine Metapher ist (Goethe im „Fischer": „Labt sich die liebe Sonne nicht, / Der Mond sich nicht im Meer?"). Im übrigen ist die Personifikation selbst keineswegs „eine Art der Metapher", wie sie in Wilperts „Sachwörterbuch der Literatur" genannt wird. Sie ist eine urtümliche, literarisierbare Auffassungsweise, die wohl zur Quelle von Metaphern in ihrem Umkreis werden kann, nicht aber selber als Metapher gelten kann. Die kombinatorische Qualität, die den Tropen und in anderer Weise auch den Sinnbildern zukommt, fehlt ihr.

Die größte, weil uralte und international wirkende Quelle von Mißverständnissen bezüglich der Allegorie ist ihr Verhältnis zur *Metapher*. In der Tradition von Quintilians antiker Rhetorik[173] wird die Allegorie als erweiterte Metapher (continuata metaphora) verstanden und damit zu den Tropen gerechnet. Die Grenze zwischen Tropen und Sinnbildern wird auf diese Weise nicht nur aufgeweicht, sondern überhaupt nicht gesehen. Es sei deshalb empfohlen, die erweiterte Metapher (z. B. Ciceros Bemerkung, daß ein Redner in den Wogen

---

170 Brockhaus Enzyklopädie. Bd. 1. Wiesbaden 1966.
171 Diese Tradition wirkt noch im Barockdrama nach, z. B. im „Cenodoxus" des Jesuiten Jakob Bidermann.
172 Vgl. auch S. 105.
173 So auch bei Lausberg (§ 423) und Plett (S. 90).

von Wahlversammlungen Unwetter und Stürme ertragen müsse[174])
in Zukunft nicht mehr als Allegorie zu bezeichnen. Die metaphorische Vorstellung ist hier zwar über mehrere Wörter hin ausgespon-
nen, bleibt aber doch durch den Kontext deutlich untergeordnet
und wird nicht als selbständig empfunden.[175] Anderseits sollte man
die Sinnbild-Allegorien nicht mehr zu erweiterten Metaphern degra-
dieren. Sie sind nicht Vergleichsassoziationen von momentaner, bloß
gedanklicher Existenz, sondern künstlerisch realisiert oder zumindest
als realisiert wiedergegeben, und sei es auch in fiktionaler Form. Die
Metapher kann wohl das Konzept liefern – barocke Feste, Aufzüge
und Anlagen sind häufig nichts weiter als Realisation einer Metapher[176] –, aber mit der Verwandlung in künstliche Wirklichkeit
hört die Metapher als solche auf, beginnt die Allegorie. Die Allegorie
ist also keine erweiterte, sondern eine realisierte, sich mit der Reali-
sierung aufhebende Metapher. Tropen und Sinnbilder verhalten sich
zueinander wie Idee und Wirklichkeit. Tropen sind nur beiläufige
Gedankenblitze, Sinnbilder sind wahrnehmbar oder werden doch als
wahrnehmbar wiedergegeben. Eine Metapher läßt sich nur in metaphorischem Sinn als Bild bezeichnen, ein Sinnbild ist ein Bild in ei-
gentlicherem Sinn. Der Einwand, auch beim Sinnbild und zumal bei
der Allegorie sei der Bildbereich nicht selbständig, hält nicht stand.
In unserem Zusammenhang kommt es nicht auf die semantische
Selbständigkeit an, die dem Sinnbild und besonders der Allegorie
tatsächlich abgeht, sondern auf die ästhetische Selbständigkeit im
Sinne der Wahrnehmbarkeit. Diese hat das Sinnbild den Tropen voraus.

Zusammenfassend gesagt, läßt sich die Allegorie sowohl als künstliche Variante des Symbols wie auch als Realisation der Metapher begreifen.

---

174 Cicero, Pro Milone 2,5. Lausberg zitiert die Stelle als Beispiel einer Alle-
     gorie.
175 Allegorisch kann sie allenfalls indirekt sein, wenn sie auf eine Allegorie,
     wie die der Horaz-Ode 1,14, anspielt. Das dort angeredete Schiff wird
     meist als Bild des Staates verstanden. Bei Mörike gehen unallegorische
     Personifikation und Anspielung auf traditionelle, an ihren Attributen
     erkennbare Allegorien ineinander über, z. B. in seinem Gedicht „Ge-
     lassen stieg die Nacht ans Land, / Lehnt träumend an der Berge Wand, /
     Ihr Auge sieht die goldne Waage nun / Der Zeit in gleichen Schalen stille
     ruhn; / [. . .]".
176 Ähnliches findet sich heute noch oft bei den Karnevalszügen.

Das Emblem

Die Epoche, die wir heute als Barock bezeichnen, war für Herder
ein Zeitalter, das er „beinahe das emblematische nennen möchte".[177]
Das Emblem, ein Seitentrieb allegorischen Denkens, ist die für diese
Zeit charakteristische Form des Sinnbilds.[178] In ihm berühren sich
bildende Kunst und Literatur. Hierzu ein Beispiel[179]:

INTACTA VIRTUS.

Sic illaesa malis constat pulcherrima virtus:
Laurus ut est diris integra fulminibus.

„Intacta virtus" bedeutet die unberührte Tugend. Die beiden Verse unter dem
Bild besagen: „So unangefochten von Bösem steht fest in Schönheit die Tugend, wie der Lorbeerbaum unversehrt ist von schrecklichen Blitzen."

177 Herder-Ausgabe von Suphan. Bd. 16. S. 230.
178 Vgl. das Standardwerk von A. Henkel/A. Schöne: Emblemata. Handbuch
     zur Sinnbildkunst des 16. und 17. Jahrhunderts. Stuttgart 1967. – Au-
     ßerdem A. Schöne: Emblematik und Drama im Zeitalter des Barock.
     München 1964.
179 Entnommen aus Schöne. S. 87.

Folgendes fällt auf:

1. Symbol und Allegorie setzen eine wirkliche oder künstlich geschaffene Realität voraus, die durch bildende Kunst oder Literatur vermittelt sein kann, grundsätzlich aber unabhängig davon zu denken ist. Das Emblem dagegen geht nicht unmittelbar von der Realität, sondern immer nur von ihrer Wiedergabe in gemalter Form (pictura) aus.[180]

2. Die Bildinhalte des Emblems kommen uns kurios, entlegen, ja unwirklich vor. Für die Zeitgenossen waren sie realistischer als die der Allegorie.[181] Die gemalte Wirklichkeit des Emblems repräsentiert den Übergang von den erfundenen, oft ja ebenfalls bildnerisch vermittelten Gegenständen der Allegorie zu den unmittelbar wirklichen Symbolgegenständen.

3. Künstlerisches Symbol und Allegorie werden vielfach literarisch wiedergegeben, sind aber grundsätzlich ohne Text denkbar. Beim Emblem tritt zum Bild ein ergänzender Text in Form einer erläuternden *subscriptio* (wörtlich „Unter-Schrift") in Epigramm-Versen, zu der meist noch eine *inscriptio* („In-Schrift") in oder über dem Bild als themagebendes Motto hinzukommt.

4. Dieser Text macht den Sinn offenkundig, der beim Symbol und manchmal auch bei der Allegorie ganz oder für längere Zeit verborgen bleibt.

5. Der Sinn selbst ist nicht ein personifizierbarer Begriff oder ein konkreter Sachverhalt mit verschiedenen Merkmalen, sondern eine allgemeine Aussage. Der meist epigrammatische Sinnspruch enthält gewöhnlich eine moralische Erkenntnis oder Forderung, zieht also aus dem Bild für den Menschen eine Lehre.

Wichtig ist vor allem die Verbindung von Bild und Text. Der Reiz dieser Verbindung beruht auf dem Zusammenspiel von gedanklicher Analogie einerseits und der Verschiedenartigkeit von Bild- und Sinnbereich andererseits.

Die Embleme waren durch eine Reihe von Emblembüchern in der Barockzeit so bekannt, daß die Dichter in ihren Werken oft darauf anspielen. Solche emblematischen Anspielungen, die also selber keine Embleme sind, finden sich besonders in den Trauerspielen der Schlesier Gryphius und Lohenstein, teils in Form von Metaphern, teils in Form von Exempeln, auf die sich der Argumentierende wie auf Präzedenzfälle beruft. Dazu je ein Beispiel. Gryphius behandelt in seinem „Papinianus" die Ermordung Getas durch seinen kaiserlichen Bruder Caracalla. Hierzu heißt es in Form einer erweiterten, an das obige Emblem erinnernden Metapher:

180 Sinn*bild* im vollen und ursprünglichen Sinne des Wortes ist tatsächlich nur das Emblem. Das Wort „Sinnbild" kam im 17. Jahrhundert als Übersetzung für „Emblem" auf und wurde erst später auch für „Symbol" verwendet.

181 Vgl. Schöne. S. 30—32.

Welch Höllendonner hat den Lorber-Baum zuschlagen [= zerschlagen]?
Baum unter dessen Zweig man Schutz und Ruhe fand. (V 476 f.)[182]

In Lohensteins „Epicharis" reagiert der der Verschwörung gegen Kaiser Nero angeklagte Quinctianus, als man ihm das Geständnis eines anderen Angeklagten vorhält, in Form eines emblematischen Exempels:

> Die Krähe, die bestrickt
> Schon an dem Pflocke ligt, ist durch Geschrey bemühet,
> Daß sie noch andre mehr ins Stellers Fäßel zihet. (III 654 ff.)

Das Emblembuch, auf das Lohenstein sich in der Anmerkung zu dieser Stelle bezieht, zeigt „eine vom Vogelsteller angepflockte Krähe, auf dem Rücken liegend, die eine zweite mit ihren Krallen umklammert hält, während die dritte Artgenossin schon herniederfliegt".[183]

Die Beziehung von Bild und Text blieb auch in nachbarocker Zeit bedeutsam, ist aber jetzt von anderer Art. Ob nun illustrierende Zeichnungen oder Fotos in Büchern und Zeitschriften das Anschauungsmanko des Textes beheben oder ob eher das Bild im Vordergrund steht, wie in Bildergeschichten (Wilhelm Busch, Comics) oder in den visuellen Medien (Film, Fernsehen), allemal dienen Bild und Text der Vermittlung des gleichen Gegenstandes. Die Aufgabe des Bildes erschöpft sich meist in der Abbildung dessen, was es optisch darstellt. Wo es mehr bedeutet, verweist es doch nicht auf einen völlig anderen Bereich, wie der Lorbeerbaum auf die Tugend, sondern ist allenfalls ein konkreter Ausschnitt aus einem allgemeineren Sachzusammenhang. Zum Beispiel kann ein einzelnes Kriegsfoto die Schrecklichkeit des jeweiligen Krieges oder des Krieges schlechthin aufzeigen. Falls modernen Bildern also überhaupt sinnbildliche Qualität zukommt, so beruht sie meist nicht auf Analogie, wie diejenige barocker Embleme, sondern auf Kontiguität.[184]

---

182   Auf das Lorbeer-Emblem nimmt auch Vers II 286 f. Bezug. Vgl. auch Lohensteins „Agrippina" I 337 f.
183   Schöne. S. 5. Dort ist das Emblem auch abgebildet.
184   Vgl. auch Arbeitsvorschlag 26.

III. Stilanalyse und Stildidaktik

a) Stilanalyse

Die funktionale Integration der Stilmittel

Form und Funktion sind zweierlei. Die *Formelemente* (Stilmittel) zu erfassen und zu benennen, macht bei der stilanalytischen Untersuchung eines Textes die meiste Arbeit. Hauptziel der bisherigen Darlegungen war es, dafür die nötigen Begriffe und Unterscheidungskriterien zu liefern. Je besser jemand die grammatischen, rhetorischen und sonstigen Kategorien der formalen Textbeschreibung beherrscht, um so schärfer wird seine Beobachtungsfähigkeit. Dennoch ist das Isolieren der Formelemente nur eine Vorarbeit. Wichtiger erscheint die Frage nach ihrer *Funktion.*

Grundlage der Funktionsbestimmung ist der stilistische *Eindruck,* den der Text auf den Empfänger und damit auch auf den Analytiker macht. Dieser Eindruck ist meist, jedenfalls bei erstem Lesen oder Hören des Textes, mehr oder weniger verschwommen und objektiv schwer beschreibbar. Es handelt sich gewöhnlich um einen Gesamteindruck, der sich als Summe mehrerer Funktionen begreifen läßt. Die einen Text durchgehend bestimmenden Funktionen werden auch *Stilzüge* genannt.[1] Hinter jeder Funktion (z. B. Feierlichkeit, Volkstümlichkeit, Komik) steht als Ursache ein gleichnamiges Darstellungs- oder *Formprinzip.* Dies kann sich aus der jeweiligen Sache ergeben (wie die in IIa 4 behandelten Prinzipien), aber auch unabhängig davon sein. Die einzelnen Funktionen bzw. Stilzüge bzw. Prinzipien gilt es in dem Gesamtbündel zu isolieren und, was die größte Schwierigkeit ausmacht, richtig auf die formalen Textelemente zu beziehen. Ob die Analyse vom Eindruck und den ihn verursachenden Formkräften ausgeht und ihn dann durch die Formelemente abstützt oder ob sie

---

1 So bei Michel, Sowinski und Graubner. Demgegenüber verstand Kayser (S. 100 f.) unter Stilzügen die für einen Text typischen Form*elemente,* z. B. das ungewöhnliche Fehlen des Artikels.

umgekehrt mit einer möglichst umfassenden Bestandsaufnahme der Elemente beginnt und diese dann auf ihre Funktionen hin befragt, ist letztlich gleichgültig. In der Regel werden sich beide Verfahren in der Art des hermeneutischen Zirkels wechselseitig ergänzen. Wer ausschließlich den ersten Weg wählt, läuft Gefahr, nur die eigene, oft zunächst einseitige Meinung in differenzierterer Form bestätigt zu erhalten und in andere Richtung weisende Elemente zu übersehen. Wer umgekehrt verfährt, kann sich leicht in Details verlieren oder ihnen unter dem Zwang, sie zu deuten, Funktionen zuordnen, die sie gar nicht haben.

Ein Formelement kann verschiedene Funktionen haben, z. B. kommt Bühnenrequisiten neben ihrem praktischen Gebrauchswert oft auch ein Symbolwert zu. Häufiger ist jedoch der umgekehrte Fall, daß sich ein Formprinzip in mehreren Elementen ausprägt. Er kommt schon deshalb öfter vor, weil die Zahl der Elemente die der Prinzipien (Funktionen) bei weitem übertrifft. So äußert sich etwa prunkvolles Reden gleichermaßen in Metaphern, schmückenden Adjektiven und Wiederholungsfiguren.

Die Synthese der Elemente zu Funktionen bzw. Prinzipien darf sich normalerweise nicht auf einen engeren (z. B. Adjektivgebrauch) oder weiteren Ausdrucksbereich (z. B. Wortwahl) beschränken. Zuverlässige Ergebnisse lassen sich oft nur bei einer integrierenden Zusammenschau der verschiedenartigen Darstellungsmittel erzielen. Daß ein Formprinzip (z. B. Beschränkung auf das Nötigste) sich gleichermaßen lexikalisch, syntaktisch und phonetisch äußern kann, wird in der Fachliteratur verschiedentlich betont.[2] Zu ergänzen ist, daß die Wirkung sich auch auf die sprachübergreifenden Gestaltungsmittel erstrecken kann.[3] Besonders interessant erscheint die gelegentlich zu beobachtende Entsprechung von klein- und größerformatigen Mitteln. In der auf S. 81 f. zitierten Romanstelle von Zigler gehorchen z. B. die Einzelaussagen („Die reine Haut gab die blauen Adern lieblich zu erkennen") ebenso wie in größerem Rahmen das Verhältnis der beiden Personenbeschreibungen zueinander dem Kontrastprinzip.

---

2 Vgl. Michel (S. 42–45) und Graubner (S. 185), ansatzweise schon Kayser (S. 328).
3 Um eine funktionale Integration sprachlicher und sprachübergreifender Elemente bemüht sich etwa Lothar Wittmann: Johann Peter Hebels Spiegel der Welt. Interpretationen zu 53 Kalendergeschichten. Frankfurt/M. 1969. Vgl. bes. S. XXI.

Mit der Ermittlung des oder der Formprinzipien ist die Funktionsbestimmung eines Textes aber noch nicht in jedem Fall abgeschlossen. Die Prinzipien haben oft keinen Selbstzweck, sondern auch ihrerseits oft wieder instrumentalen Charakter. So dient das Kontrastprinzip bei Zigler zusammen mit anderen Formprinzipien (z. B. Übertreibung) der einprägsamen, auf höchste Wirkung mehr als auf Aussage bedachten Darstellung. Es genügt also nicht, die einzelnen Formelemente zu Funktionen bzw. Formprinzipien zu bündeln. Diese wollen oft auch ihrerseits gebündelt oder hierarchisch gestaffelt sein. Aus einer Reihe von Teilprinzipien das herrschende oder vorherrschende, letztlich maßgebende oberste Gestaltungsprinzip herauszuschälen, ist das eigentliche Ziel der Stilanalyse. Damit wächst sie zugleich über die bloße Textbeschreibung hinaus und nähert sich der ästhetischen Wertung, soweit diese vom Kunstwerk Einheitlichkeit verlangt.[4]

So wie die Gestaltungsprinzipien die Formelemente bedingen, so verbergen sich hinter den literarischen Gestaltungsprinzipien oft ihrerseits außerliterarische Bedingungen.[5] Die Tendenz zu prunkvoller Rhetorik und übertreibender Verherrlichung ist z. B. besonders in monarchistischen und diktatorischen Herrschaftssystemen ausgeprägt. Es erscheint also grundsätzlich notwendig, die künstlerischen Prinzipien im Hinblick auf mögliche gesellschaftliche Voraussetzungen zu hinterfragen. Dieser Zusammenhang bietet allerdings methodisch weit größere Schwierigkeiten als die Beziehung zwischen Formprinzipien und -elementen. Viele Untersuchungen hierzu, wie sie sich gerade in den letzten Jahren häufen, bleiben in ideologisch-spekulativem Wunschdenken stecken. Im übrigen läßt sich keineswegs jedes künstlerische Gestaltungsprinzip als primär gesellschaftsbedingt erweisen.

Regelstufen der Formelemente

Wer von Stilmitteln spricht, setzt voraus, daß der Sprecher diese Mittel bewußt zu irgendeinem Zweck einsetzt. Längst nicht alle Formelemente eines Textes sind jedoch in diesem Sinne Stilmittel. Die Wahrscheinlichkeit, daß sie es nicht sind, nimmt in dem Maße zu, in

---

4 Zur Integration der Teile als Wertungskriterium vgl. Walter Müller-Seidel: Probleme der literarischen Wertung. 2. Aufl. Stuttgart 1969. S. 95–97. – Die künstlerische Geschlossenheit darf allerdings nicht zu eng ausgelegt werden. Auch die kontrastive Mischung des Verschiedenartigen kann ein durchgängiges und damit einheitsstiftendes Prinzip sein.
5 Vgl. auch S. 46–48.

dem sie zur Gewohnheit bzw. zur Regel geworden sind. Nach dem Gewohnheits- bzw. Regulierungsgrad lassen sich Formelemente folgendermaßen gliedern:

0 — frei verfügbare Formen im Sinne absichtsvoll eingesetzter Stilmittel von stellenspezifischer, oft einmaliger Funktion (z. B. Celans „Schwarze Milch der Frühe"),

1 — typische Formen, die Stil als charakteristische Eigenart einer Person (z. B. Kleists Satzbau, bes. sein „dergestalt daß"), eines persönlichen Zustandes (Schwerhörigkeit, Trunkenheit) oder auch einer sozialen Gruppe (preußischer Offiziersjargon) oder Situation (Gerichtssaal) begründen und von der für den Empfänger normalen Sprechweise abheben,

2 — konventionelle, durch Mode oder Tradition vorgegebene, meist dem Autor wie dem Empfänger geläufige Formen (z. B. die meisten Versmaße und Strophenformen),

3 — sachlich oder sprachlich vorgegebene, nicht zu umgehende Formen (z. B. grammatische Regeln).

Die Formen der Stufen 1 bis 3 werden im folgenden genauer besprochen.

Stil als Eigenart

Je stärker ein Formelement durch wiederholtes, oft stereotypes Vorkommen als Stil*merkmal,* also als Erkennungszeichen des Autors oder auch als Ausdruck seiner geistigen Physiognomie oder sozialen Zugehörigkeit, hervortritt, um so weniger ist es noch als Stil*mittel* anzusprechen. Diese Einsicht hebt den stilistischen Grundsatz, daß die Aussage des Sprechers auch anders formulierbar sein müsse, nicht auf, relativiert ihn jedoch. Das Prinzip der Auswahl wird in der Fachliteratur gewöhnlich zu umfassend formuliert, nämlich so, als ob der Sprecher oder Schreiber über das Arsenal möglicher Stilelemente frei verfügen könnte.[6] In Wirklichkeit ist sein Stil für ihn selbst jedoch meist zur

---

6 Vgl. z. B. Ullmann (S. 114 f.) und Sowinski (S. 23—27). Graubner (S. 170) weist zwar auf die Einschränkung der Wählbarkeit hin, nennt als einschränkende Faktoren aber nur überindividuelle Konventionen (z. B. Epochenstil). Zum Auswahlprinzip vgl. auch S. 26—28.

festen, unveränderlichen Gewohnheit geworden. Das gilt zumindest für die meisten spontan formulierten Texte. Von seinem Stil wird normalerweise nicht der Sprecher selber, sondern nur der Empfänger reden. Nur dieser empfindet in der Regel auch die Veränderbarkeit der stilistischen Form. Läßt der Formulierende seinen Text auf sich selber wirken, indem er ihn genießt oder kritisch überprüft, ist der Sachverhalt komplizierter, jedoch nur insofern anders, als der Autor die Rolle eines Empfängers mit übernimmt.

Stil als bloße Eigenart ist selten Kunst, kann allerdings zum Kunstmittel werden, wenn der Autor nicht den eigenen Stil präsentiert, sondern fremde Stile *zitiert*. In dramatischer und epischer Literatur sind oft zwei Figuren, vielfach eine von höherem, die andere von niedrigerem Stand, in ihrer Sprechweise kontrastiv abgetönt. Das geht, jedenfalls in komischen Texten der neueren Zeit, gewöhnlich auf Kosten der vornehmeren Person, deren Pathos dann dem Spott preisgegeben wird. In volkstümlicher Literatur, z. B. im Fastnachtsspiel, agieren oft Typencharaktere, die einen Berufsstand (z. B. den prahlenden Soldaten, den sich anpreisenden Arzt) in satirisch übertriebener Form verkörpern. In anderen Fällen ergibt sich der Kontrast zwischen dem normalen Stil des Autors und einem von ihm zwischendurch parodierten fremden Stil. Ähnliche Wirkung hat die moderne Montage von Textteilen verschiedenen Stils (z. B. in Döblins „Berlin Alexanderplatz"). Die kontrastive Hervorhebung fremder Stile ist nicht nur ein Mittel indirekter Charakteristik und komischer Wirkung, sondern vielfach zugleich Ausdruck moralischer Kritik an der mit dem betreffenden Stil verbundenen Gesinnung. Eine Analyse zitierter Stile hat nicht nur die Eigenart des jeweiligen Stils und den Verfremdungsgrad des Zitierens zu ermitteln, sondern vor allem auch die mit dem Stil selbst sowie die mit seiner Wiedergabe verbundenen Implikationen aufzudecken.

Die Stilforschung hat die kontrastive Verwendung fremder Stile bisher nicht gebührend zur Kenntnis genommen, obwohl diese dem Kunst- und Wirkungscharakter des Stils weit eher entspricht als die Beziehung von Stil und Autor, die seit etwa 200 Jahren im Vordergrund steht. Die geistesgeschichtliche Umwälzung des 18. Jahrhunderts wurde von der Stilistik bislang nur recht einseitig ausgewertet. Meist liest man, seit dieser Zeit werde Stil nicht mehr als rhetorisches Regelwerk, sondern als Ausdruck des sprechenden Subjekts verstanden. Das ist nicht falsch, berührt aber nur eine, nämlich die individualistisch-irrationale Seite jenes Gesamtprozesses, der dem bürgerlichen Selbstbewußtsein gegenüber dem feudalistischen Obrigkeitsstaat und dem ihm entsprechenden Regeldenken zum Durchbruch verhalf. Der verinnerlichte Subjektivismus ist nicht das einzige stilistisch erhebliche Ergebnis des gewandelten Geistes, hinzu treten die Abwendung vom Nachahmungsdenken, wie sie sich besonders in der Romantik in der kombinatorischen Erschaffung phantastischer Mischwelten (Märchen, Groteske) dokumentiert, und — das ist in unserem Zusammenhang noch wichtiger — das breite Aufkommen einer komisch-kritischen Literatur im Gefolge der Aufklärung. Nach Anfängen in der spätmittelalterlichen Schwankliteratur, im Grobianismus des 16. und in der gegenhöfischen Satire des 17. Jahrhunderts entfaltet sie sich im humoristisch-ironischen Roman, in bürgerlicher Komödie und Volksstück und schließlich, bis heute wirksam, in Feuilleton und Kabarett.[7] Die heroische hat ihre Vorherrschaft an die komisch-kritische Haltung abgegeben. Stil verdient sicher auch weiterhin als Ausdruck der geistigen Physiognomie des Autors Beachtung, gerade in der neueren Literatur aber mindestens ebensosehr als Rollenausweis der vom Autor gestalteten Zweitfiguren und damit als Hebel sozialer Kritik.

Die Rolle der Konvention

Nicht alle Formen, die zum Stil eines Autors gehören, sind für ihn speziell kennzeichnend. In Gedichten von Gryphius fallen uns Elemente auf, die zum barocken Standard zählen (z. B. Metaphernhäufung) oder gar in einer älteren Tradition wurzeln (z. B. Sonettform, speziell das von Ronsard stammende und von Opitz empfohlene Reimschema abba abba ccd eed), also konventionell sind. Wer die Wirkung solcher Texte in ihrer Zeit ermessen will, muß über den Konventionsgrad ihrer Elemente Bescheid wissen, um ihn in Abzug bringen zu können. Entsprechendes gilt, wenn den Beurteiler nicht historische, sondern geographische oder soziale Grenzen von einem Text trennen. Das Duzen ist z. B. unter Arbeitern eines Betriebes und neuerdings weitgehend auch unter Studenten allgemeine Konvention und nicht etwa als Zeichen persönlicher Verbundenheit mißzuverstehen.

Konvention (lat. conventio) bedeutet Vereinbarung, Übereinkunft. Politische Verträge werden gelegentlich als Konventionen bezeichnet. Der sprachliche Code beruht auf Konvention. In diesem allgemeinen Sinn ist das Wort hier jedoch nicht gemeint. Gemeint ist Konvention als ästhetische Norm. So gesehen, ist Konvention mehr als zeit- oder gruppenspezifische, nur nach außen wirkende Eigenart. Konventionell in diesem Sinne ist, was „man" gruppenintern tut, wie „man" sich

7 Vgl. auch die Begründung der Ästhetik, speziell der Theorie des Lächerlichen (Komischen), im 18. Jahrhundert.

äußert. Das bedeutet vielfach zugleich eine Abwertung von Alternativen, die vielleicht eine vorher oder woanders noch geltende, jetzt und hier überholt bzw. komisch erscheinende andere Konvention verkörpern.[8] Die damit angesprochenen Konventionsverschiebungen (Stilwandel) und -konflikte, die sich auch im individuellen Bewußtsein spiegeln, stellen ein besonderes Problem dar.

Die Erfassung der jeweils vorauszusetzenden Konvention oder gar mehrerer konkurrierender Konventionen ist die zentrale, nie erschöpfend zu lösende Aufgabe der stilistischen Textanalyse. Erst die Kenntnis der Konvention erlaubt eine Antwort auf die Frage, wieweit der Stil eines Textes konventionell ist bzw. wieweit er sich aus der Opposition zu einem konventionellen Stil erklärt, indem er diesen vermeidet oder übertreibend parodiert. Jede Zeit, ja jede soziale Gruppe hat ihr eigenes Normensystem. Ein Text der Vergangenheit nimmt sich vor dem Hintergrund seiner Zeit ganz anders aus als vor dem heutigen. Wo die Kenntnis der ursprünglichen Konvention fehlt oder unvollständig bleibt, steht die Stilanalyse auf schwankendem Boden. Das gilt für alle Texte vergangener Zeiten, insbesondere für den verhältnismäßig schmalen Literaturbestand der sogenannten toten Sprachen der Antike. Seine umgangssprachliche Basis ist kaum bekannt, und so lassen sich der Normcharakter und damit der Stilwert oft nur höchst ungefähr ermessen. Noch schwerer läßt sich die wechselseitige Abhängigkeit zwischen der Wirkungsgeschichte einzelner literarischer Werke und den Veränderungen des allgemeinen ästhetischen Normensystems bestimmen. Aber auch bei Gegenwartstexten stößt die Normermittlung an eine Grenze, insofern sie vom statistischen Durchschnittsempfänger der angesprochenen Zielgruppe ausgeht, das Normenbewußtsein des jeweiligen Einzelempfängers also nur annähernd erfaßt.

Kommentare zu Dichtungswerken der Vergangenheit erläutern meist nur Realien, selten ästhetische Normen. Besser informiert wird man darüber gewöhnlich in Interpretationen. Den besten Zugang zur jeweils vorauszusetzenden Konvention sichert indes eine breit angelegte Lektüre zeitgenössischer Texte. Dabei sind Primärliteratur und normative Werke zu Poetik und Rhetorik gleichermaßen zu berücksichtigen.

Begreift man den Stil eines Sprechers als ein in sich geschlossenes

8 Die Wörter *Konvention* und *konventionell* werden heute vorzugsweise tadelnd für überholte Konventionen gebraucht.

System von Gewohnheiten, gewissermaßen von individuellen Normen, so ergibt sich seine ästhetische Wirkung aus der Differenz gegenüber dem konventionellen Normensystem, das der Erwartungshaltung des durchschnittlichen Empfängers entspricht. *Stil, als charakteristische Eigenart verstanden, ist also das formale Normensystem des Textes, insofern es von dem allgemein geltenden Normensystem, speziell dem des Empfängers, abweicht.* Für den Sprecher selbst ist, falls er nicht bewußt auf ästhetische Wirkung seiner Worte bedacht ist und sich damit in Empfängerhaltung begibt, der Stilwert seiner eigenen Texte gleich Null. Nach diesem Differenzmodell läßt sich auch die Wirkung früherer Epochenstile (Konventionen) auf den heutigen Leser bestimmen. Aus der Summe dieser Differenz (von Epochenkonvention und heutiger Konvention) und der früher anzunehmenden Differenz (von Autorenstil und Epochenkonvention) ergibt sich die Stilwirkung eines früheren Autors auf den heutigen Leser. Bei Texten fremder Zeiten oder Gruppen genügt also keine zwei-, sie erfordern eine dreistufige Betrachtung.

Sachlich und sprachlich vorgegebene Formen

In noch strengerem Sinn als Konventionen sind diejenigen Formelemente vorgegeben, die sich aus dem Sachzusammenhang oder aus dem System der jeweiligen Sprache (z. B. der deutschen) ableiten.

Sachbedingt sind etwa die natürliche Reihenfolge von Ereignissen in wiedergebenden Texten, Pronomina der 1. und 2. Person in situativen, das gnomische Präsens in gedanklichen Texten. Solche Formen haben an sich keinerlei Stilwert. Stilistisch relevant ist jedoch die Art ihrer Verwendung, z. B. auffällige Überbetonung oder Vermeidung der Ichform. Außerdem können sie stilistische Reaktionen auslösen. So haben sich die in II a 4 behandelten Darstellungsprinzipien als Gegenreaktionen gegen sachbedingte Rezeptionsschwierigkeiten erwiesen.

Noch deutlicher als die sachbedingten liegen die sprachlichen Formen, soweit sie nicht Synonyme zulassen, außerhalb des stilistischen Geltungsbereichs. Das gilt besonders für grammatisch geregelte Formen. Wenn Leo Spitzer die Grammatik als „gefrorene Stilistik" bezeichnete[9], so brachte er damit allerdings zum Ausdruck, daß das

---

9 Vgl. S. 31.

grammatische Regelsystem nicht von Anfang an den heutigen Verbindlichkeitsgrad hatte.

Stil- und Sinnanalyse

Stil ist eine sekundäre Erscheinung. Man darf deshalb von der Stiluntersuchung nicht zuviel erwarten. Sie bildet den Schwerpunkt ästhetischer Textbetrachtung, vermag aber eine kritische Sinn- oder Aussagenanalyse nicht zu ersetzen. Der Stil läßt nur zum Teil Rückschlüsse auf die Aussagesubstanz zu. Je geringer die ästhetische Wirkung bzw. der damit meist verbundene künstlerische Anspruch eines Textes ist, um so mehr muß die Stil- hinter die Sinnanalyse zurücktreten.

Das gilt insbesondere für gedankliche (darunter auch wissenschaftliche) Texte, die ein besonderes Maß von kritischer Prüfung verlangen. Situative und wiedergebende Texte sind auf textexterne Gegebenheiten, nämlich die Situation bzw. den zu vermittelnden Gegenstand, bezogen, die auch den Maßstab für die Klarheit bzw. Wahrheit der Texte liefern. Gedankliche Texte knüpfen zwar auch an textexterne Voraussetzungen an, eigentlicher Prüfstein ihrer Kritik ist jedoch der textinterne Begründungszusammenhang. Im einzelnen ist zu prüfen, welche Absicht der Text hat, mit welcher Strategie er sie verfolgt, ob das Gesagte ernst gemeint ist oder nur als Vorwand dient, ob der Gedankengang schlüssig ist oder Brüche aufweist, was der Text behauptet, mit welchen Argumenten die Behauptungen begründet werden, ob jedes Argument klar formuliert und stichhaltig ist, ob unbewiesene Prämissen eine Rolle spielen, ob die tragenden Begriffe eindeutig definiert werden oder doch als definiert vorausgesetzt werden können, wo sie durch irreführende Synonyme ersetzt werden, welche Begriffe suggestiv oder metaphorisch verwendet sind.[10]

---

10 Zu den Problemen wissenschaftlichen Argumentierens vgl. Wilhelm Kamlah/ Paul Lorenzen: Logische Propädeutik oder Vorschule des vernünftigen Redens. Mannheim 1967 (= BI-Hochschultaschenbücher 227/227 a). Vgl. auch Helmut Seiffert: Einführung in die Wissenschaftstheorie. 2 Bände. München 1969/70 und öfter.

b) Stildidaktik

Stilbildung als Problem des Deutschunterrichts

Um keine Mißverständnisse aufkommen zu lassen: hier wird nicht
durch eine didaktische Rechtfertigung ein evaluativer Stilbegriff, eine
stilistische Norm wieder eingeführt, die auf früheren Seiten gerade ab-
gewiesen wurden. Vielmehr sollen nun, nachdem über Möglichkeiten
der Stilanalyse zu lesen war, einige Gedanken zur „Stilsynthese" (im
weitesten Sinne Sprech- und Schreibfertigkeit) entwickelt und diese
in den Zusammenhang „Sprachstilistik im Deutschunterricht" eingeordnet werden.
   Stilerziehung wird gemeinhin mit Spracherziehung gleichgesetzt,
d. h., je stärker sich die sprachliche Kompetenz entwickelt, desto besser wird der Stil und umgekehrt: stilistische Exerzitien befördern das
Sprachvermögen. So formulierte noch Hermann Helmers: „Unter Beachtung der sozialen Faktoren des Spracherwerbs führen die Stilübungen systematisch in die Feinstruktur der Hochsprache ein. [. . .] Der
größere Rahmen, in dem die Stilübungen wirken, ist die *Erweiterung
des Sprachschatzes.* Das ist freilich eine Aufgabe, an der alle Teilbe-
reiche des Deutschunterrichts mitarbeiten. Doch die Stilübungen sind
hier besonders betroffen, weil sie das Anhäufen des Sprachmaterials
direkt fördern".[11] Stilistische Bemühungen zielen hier auf eine unre-
flektierte Einübung in hochsprachliche Formen und Normen; die prin-
zipiellen Fähigkeiten zu solchen Übungen werden vorausgesetzt, da es
im wesentlichen nur noch um die „Feinstruktur" geht. Wie jedoch die
„sozialen Faktoren" bedeutsam werden können, ist nicht gesagt. Wenn
in diesem Zusammenhang noch einmal auf die simple Stildefinition
„Stil = Art und Weise des Schreibens bzw. Sprechens"[12] rekurriert
wird, dann nur, um auf die vom Sprachcode unabhängigen stilistischen
Strategien des Wählens und Wirken-Wollens zu verweisen. Abhängig
allerdings ist die Anzahl der Wahlmöglichkeiten und das Spektrum
unterschiedlicher Wirkungen.
   Stilbildung als sprachlicher Selbstzweck — Sammeln von Synonymen, Zusammenstellen von Wortfeldern etc. — vermag dem Schüler

---

11 Hermann Helmers: Didaktik der deutschen Sprache. 6. neu bearb. Aufl.
   Stuttgart 1971. S. 250. (Hervorhebung im Original)
12 Siehe S. 12.

keine Einsicht darin zu vermitteln, mit welcher Absicht und mit welcher Wirkung er schreibt bzw. spricht. Er muß zuerst wissen, welche kommunikativen Möglichkeiten ihm die Sprache offeriert oder auch, woran sie ihn indirekt hindert, ehe er sich mit Einzelheiten befaßt, die aus dem sozial funktionierenden System herausgelöst wurden. Dieser Einwand soll nicht bedeuten, daß sprachliches Training irrelevant wäre — im Gegenteil: in dem Maße, wie die sprachlichen Fähigkeiten allgemein erweitert werden, erhält der Sprecher/Schreiber die Möglichkeit einer umfassenderen stilistischen Wahl und einer flexibleren Kommunikation. Jedoch gilt es, die Abhängigkeit der Lernziele voneinander zu fixieren: sozialer Erkenntnisgewinn durch praktische Sprachübungen.

An diesem Punkt setzen Überlegungen an, Stil als pragmatisch determiniert[13] der sprachlichen Gestaltung zuzuweisen. „Richtiger" Stil ist dann nicht mehr generell „elaborierter", sondern situationsabhängiger und -angemessener Stil, d. h. im Sinne rhetorischer Überlieferung: „Der Redner muß darauf bedacht sein, die richtigen Mittel zur Erreichung richtiger Zwecke im richtigen Augenblick richtig einzusetzen".[14] Nun soll aus dem Schüler kein versierter Redner gemacht werden, er sollte aber erkennen (Lehrziel der kognitiven Dimension), wie stark Sprache die Menschen um ihn herum und deren Aktionen beeinflußt, und er sollte befähigt werden (Lernziel der pragmatischen Dimension), selbst aktiv in soziale Prozesse mit Hilfe der Sprache einzugreifen. Sprachliches Training nützt, die Beziehung zwischen Sprachbeherrschung und Beherrschung durch Sprache zu durchschauen.

In der Aufsatzerziehung lassen sich stildidaktische Intentionen am deutlichsten zeigen, da hier Lernziele nicht nur in der theoretischen Formulierung, sondern auch in der praktischen Effizienz überprüfbar sind. Die zahlreichen Entwürfe zu diesem Komplex „lassen sich vergröbernd in die Alternative ordnen [. . .] ,Sprache als welt- und sinnerschließendes Mittel' gegenüber ,Sprache als Kommunikationsmittel zur Gestaltung der eigenen gesellschaftlichen Situation' ".[15] Der tradierte Aufsatzkanon enthält etliche Formen (Schilderung, Nacherzählung, auch Besinnungsaufsatz), deren didaktischer Sinn zweifelhaft,

13 Siehe S. 40.
14 Belke: Gebrauchsformen. S. 35.
15 Wolfgang Boettcher/Jean Firges/Horst Sitta/Hans Josef Tymister: Schulaufsätze — Texte für Leser. Düsseldorf 1973. S. 100.

deren Kommunikationsanlaß günstigstenfalls konstruiert ist. Genau genommen findet hier nur eine Pseudo-Kommunikation zwischen Schüler und Lehrer statt mit der Absicht, weniger über Inhalte als über Zensuren ins Gespräch zu kommen. Der Schüler versucht, mit stilistischen Mitteln weniger Verständigung als Wohlgefallen zu erreichen.

Andererseits gibt es die sogenannten „Zweckformen" (Lebenslauf, sachlicher Brief, Bewerbungsschreiben u. ä.), die bereits die pragmatische Situation als Schreibstimulans und -korrektiv haben. Sie entsprechen in ihrer Gestaltung etwa dem „Stil des öffentlichen Verkehrs"[16], sind also funktionsbestimmt. Da sie jedoch der Kreativität des Schülers wenig Raum lassen, gelten sie als minderwertig, nur wesentlich für Hauptschüler, die ja doch bald „ins Leben treten".[17] Diese Auffassung kennzeichnet recht deutlich didaktisch-elitäre Vorstellungen.

Der kommunikative Aufsatz bietet zwei Möglichkeiten der Ausarbeitung: 1. kann ein Kommunikationsanlaß simuliert werden („stell dir vor, du schreibst an den Kultusminister, um dich wegen deines Zeugnisses zu beschweren"); 2. kann man eine reale Kommunikation einleiten, die dem Schüler einen echten Rezipienten seines Aufsatzes gegenüberstellt mit allen möglichen Reaktionen. Während der erste Situationstyp bereits zum gängigen Themenrepertoire des Deutschlehrers gehört, ist der zweite noch relativ neu. Die Hessischen Rahmenrichtlinien für Deutsch z. B. nennen sowohl Realsituationen (Protokoll, Exzerpt) wie Spielsituationen. Eine noch konsequentere Forderung besagt: nur im realen, durch Sprecher und Rezipienten konstituierten Kommunikationsakt, sind für den Schüler stilistische Strategien zu verstehen und anzuwenden.

„Schreiben kann nur eingesetzt und geübt werden, wo konkrete, interessebesetzte Intentionen vorhanden sind und Wirkungen erzielt werden sollen, wo konkrete Partner vorhanden sind, nach denen sich die Wahl des jeweiligen Soziolekts und der Schreibform richten muß. Dabei müssen die bereits in der Gesellschaft entwickelten Textsorten überprüft, gegebenenfalls revidiert und eventuell ganz neue Textsorten entwickelt werden, wenn die Situation und die beabsichtigten Wirkungen dies nötig machen. Und erst auf solche intendierten Wirkungen bei gekannten Partnern hin kann an der Sprache gearbeitet werden, nur relativ zu solchen Situationen kann erprobt und bestimmt werden, welches

16 Vgl. dazu S. 61; entsprechend ließen sich auch alle anderen funktionalen
    Stile didaktisch aufbereiten, um sie als Aufsatzformen verfügbar zu machen.
17 Vgl. dazu auch Boettcher u. a.: Schulaufsätze. S. 104 f.

Maß an ‚Genauigkeit' angemessen und ökonomisch ist, welches die ‚treffenden' Wörter sind (nämlich die wirkungsintensivsten Wörter), und nur hier zeigt sich, welche Wahlmöglichkeiten von der Sprache her überhaupt zur Verfügung stehen, ob Wortwiederholungen sinnvoll sind oder gerade bei diesem Adressaten unerwünschte Wirkungen auslösen usw."[18]

Bei derartig motivierten Redesituationen besteht kaum die Gefahr, daß Anlässe gewählt werden, die dem Erfahrungsbereich des Schülers fremd und daher nur schwer zu „versprachlichen" sind. Sollte es aber doch einmal geschehen, lassen unvermeidliche Störungen im Kommunikationsvorgang für Schüler und Lehrer den Fehlgriff deutlich werden. Wichtig ist auch, daß nicht nur Situationen des offiziellen Bereichs verarbeitet werden: einerseits dienen diese zwar der Bewußtmachung von gesellschaftlich sanktioniertem Sprachverhalten und damit der Erkenntnis sprachlicher Abhängigkeiten; andererseits aber besteht bei dem Üben nur solcher Formen die Gefahr, daß die Schüler die Sprache in einen a-sozialen privaten und einen gesellschaftlich offiziellen Bereich auseinanderdividieren.

Bei der Entwicklung neuer Aufsatzformen müssen die bisherigen nicht unbedingt gänzlich abgelehnt werden, jedoch bieten die kommunikationstheoretischen Überlegungen einen Maßstab für die didaktische Einschätzung der jeweiligen Schreibmuster.

Die reale Situation erlaubt, die stilistischen Verfahren des Aufsatzes als Indizien für gelungene oder gestörte Kommunikation zu nehmen — die Lernzielkontrolle wird, je nach Thema, möglicherweise aus dem Schulbereich verlagert und von anderen Instanzen als vom Lehrer vorgenommen. Vielleicht ergeben sich daraus auch Konsequenzen für das vieldiskutierte Problem der Aufsatzzensuren![19] Für die Beurteilung des Stils eines Aufsatzes ist auch das Alter eines Schülers von Bedeutung; man spricht geradezu vom „Stilalter"[20] und nimmt dabei die temporalen und syntaktischen Gestaltungsweisen des Kindes zur Grundlage.

18 Boettcher u. a.: Schulaufsätze. S. 44 f. Dieser Band bietet auch Anregungen zur kommunikationsorientierten Projektarbeit, in der sprachliche Wirkungen vom Schüler real erfahren werden. Vgl. auch Siegfried Weinmann: Schaffung komplexer Schreibsituationen. In: Der Deutschunterricht. Jg. 22. H. 5. 1970.

19 Vgl. dazu z. B. Karlheinz Ingenkamp (Hrsg.): Die Fragwürdigkeit der Zensurengebung. 3. Aufl. Weinheim 1972.

20 Jean Firges: Bedeutung der Kindersprach- und Stilforschung für die Aufsatzbeurteilung und den Aufsatzunterricht. In: Der Deutschunterricht. Jg. 22. H. 5. 1970. S. 16–25.

Zum Schluß muß noch auf eine weitere Möglichkeit hingewiesen werden, stilistische Fähigkeiten zu entwickeln: wie die Produktion von Texten vermag auch deren Rezeption zur Stilbildung beizutragen. Allerdings ist darauf zu achten, daß eine solche Analyse nicht isoliert unternommen wird, sondern immer auf die sprachliche Aktivität des Schülers bezogen bleibt.

Arbeitsvorschläge

(Die Arbeitsvorschläge schließen z. T. an die vorgetragenen Gesichtspunkte an, z. T. bieten sie Gelegenheit zu selbständiger Weiterarbeit. Die Arbeitsvorschläge 1–10 beziehen sich vornehmlich auf Teil I, 11–27 auf Teil II und IIIa.)

1. Verschaffen Sie sich einen Überblick über die historische Entwicklung der Stilforschung sowie deren Beziehungen zur Rhetorik anhand folgender Bücher:

   Richard M. Meyer: Deutsche Stilistik. München 1906.

   Wilhelm Wackernagel: Poetik, Rhetorik und Stilistik. Halle 1906.

   Theodor A. Meyer: Das Stilgesetz der Poesie. Nachdruck der Ausg. von 1901. Darmstadt 1968.

   Ernst Elster: Stilistik. Prinzipien der Literaturwissenschaft 2. Halle 1911.

2. Versuchen Sie, das 9. Kapitel in Wolfgang Kaysers Buch „Das sprachliche Kunstwerk" (6. Aufl. und folgende) im Hinblick auf dessen methodischen und ideologischen Ansatz zu analysieren. Ordnen Sie es einer der Hauptrichtungen der Stilistik zu und begründen Sie Ihre Entscheidung.

3. Analysieren Sie einen Abschnitt aus dem 11. Kapitel von Hitlers „Mein Kampf", indem Sie u. a. die Bedeutung der Wortwahl für die Aussageabsicht des Autors herausstellen. Versuchen Sie dabei, semantisch Zusammenhängendes und Kontrastierendes (z. B. Begriffsfelder Gesundheit – Krankheit) zu sammeln und auf ihre kommunikatorische Wirkung zu überprüfen.

4. Untersuchen Sie die soziostilistischen Aspekte von Heirats- oder Bekanntschaftsanzeigen – soziale Erwartungen des Annoncierenden; Ansprüche der Adressaten; Sprachmuster, die von der Zeitung und ihrem jeweiligen Leserkreis vorgegeben sind. (Z. B. Die Zeit; Frankfurter Rundschau; Westdeutsche Allgemeine Zeitung; diverse Lokalblätter mit geringerer Auflage.)

5. Untersuchen Sie die Kinderbücher Erich Kästners (z. B. „Das fliegende Klassenzimmer"; „Der 35. Mai") im Hinblick auf folgende Fragen:
   a) Lassen sich Stilistika nachweisen, die auf den Adressatenkreis (Kinder von ca. 10–14 Jahren) ausgerichtet sind?
   b) Gibt es stilistische Verfahren, die eine ungehinderte literarische Kommunikation stören?
   c) Welche Erklärungen lassen sich für bestimmte Stil-Strategien geben?

   Ziehen Sie andere Kinderbücher zum Vergleich heran.
   (Als Arbeitshilfe vgl. Kurt Beutler: Erich Kästner. Eine literaturpädagogische Untersuchung. Weinheim/Berlin 1967.)

6. Versuchen Sie, die Sprache der Zeitschrift „Der Spiegel" und der „Bild-Zeitung" auf soziostilistische Kriterien zu überprüfen. Nutzen Sie dabei den kommunikationstheoretischen Ansatz, der Schreiber und Rezipienten gleichermaßen berücksichtigt. (Als Arbeitshilfe vgl. Ekkehart Mittelberg: Sprache in der Boulevardpresse. Stuttgart 1970.)

7. Zeigen Sie die stilistischen Mittel der Polemik an den Wahlkampfanzeigen zur Bundestagswahl 1972 (Beispiele in: Klassenkampf von oben? Hrsg. von Jörg Richter. Hamburg 1973. S. 95–201). Zum Problem der Polemik vgl. auch Horst Belke: Literarische Gebrauchsformen. Grundstudium Literaturwissenschaft. Bd. 9. Düsseldorf 1973.

8. Überprüfen Sie Grundlagen und Intentionen einer „normativen Stilistik" an folgenden Beispielen:

   Broder Christiansen: Eine Prosaschule. Stuttgart 1949.

   Ludwig Reiners: Stilkunst. Ein Lehrbuch deutscher Prosa. München 1967.

   Ders.: Stilfibel. dtv 154. 7. Aufl. München 1968.

9. Untersuchen Sie die Stilmittel der Schlagersprache am Beispiel der Lieder Peter Alexanders (pragmatischer Bezug sprachlicher Formen; sozial determinierte Aufnahmesituation; ökonomisch orientierte Kommunikation).

10. Versuchen Sie, die Stilmittel der Parodie unter semantischem, pragmatischem und rhetorischem Aspekt darzustellen am Beispiel von Felix Rexhausen: Mit deutscher Tinte. Fischer Bücherei 880. Frankfurt/M. 1968.

11. Untersuchen Sie die erzählerische Integration zuständlicher Gegebenheiten (vgl. S. 116 f.)
    a) in den Versen IV 1—63 von Goethes „Hermann und Dorothea",
    b) in der Eingangsszene von Thomas Manns „Buddenbrooks".

12. Daß ein Text bildhaft sei, ist eine Angabe, die in jedem Fall der Spezifizierung bedarf. Machen Sie sich anhand folgender Gedichte den Unterschied von deskriptiver, vergleichend-metaphorischer und symbolischer Bildhaftigkeit (Bildlichkeit) klar:
    a) Gryphius: „Menschliches Elende (Was sind wir Menschen doch?)",
    b) Goethe: „Kennst du das Land, wo die Zitronen blühn",
    c) C. F. Meyer: „Zwei Segel".

13. Untersuchen Sie die Technik des Erzähleingangs in folgenden Werken:
    a) Wieland: „Geschichte des Agathon",
    b) E. T. A. Hoffmann: „Der goldene Topf",
    c) G. Keller: „Romeo und Julia auf dem Dorfe",
    d) Fontane: „Effi Briest",
    e) Musil: „Die Verwirrungen des Zöglings Törleß".

    Achten Sie dabei 1. auf das Verhältnis von Hintergrund- und Vordergrunddarstellung, 2. auf die Verpackung von Informationen, die der Exposition dienen, in szenische Form.

14. Analysieren Sie im Hinblick auf das Darstellungsprinzip der Vermenschlichung
    a) die Beschreibung der Kreuzspinnen in G. Kellers Roman „Der grüne Heinrich" (Buch IV, Kapitel 2: „Vom freien Willen"),
    b) Wolfdietrich Schnurre: „Lieben heißt loslassen können" (in: W. Sch.: Was ich für mein Leben gern tue. Neuwied 1967).

15. Untersuchen Sie die Mittel und den Zweck parodistischer Darstellung
    a) in der Sprechweise des Titus Feuerfuchs in Nestroys Posse „Der Talisman" (bes. Szenen I 8, II 17),
    b) in der Rede des Mynheer Peeperkorn in Thomas Manns „Zauberberg" (Kapitel VII 2),
    c) in Ror Wolfs Fußball-Buch „Punkt ist Punkt" (Frankfurt/M. 1971), z. B. in dem Beitrag „Zu Gast bei" (S. 29 f.).

16. Untersuchen Sie die Auffassung von Natur und Liebe in der Rokokodichtung (z. B. bei Gleim, Geßner, Wieland) und ihre gegenständlichen (z. B. Liebe zum Kleinen und Bewegten) und sprachlichen Auswirkungen (z. B. Transitivierung von Verben durch präpositionale Vorsilben, etwa „umspielen").
    Benutzen Sie als Textgrundlage bzw. Erschließungshilfe:
    a) Alfred Anger (Hrsg.): Dichtung des Rokoko. Tübingen [2] 1969 (= Deutsche Texte 7),
    b) Alfred Anger: Literarisches Rokoko. Stuttgart [2] 1968 (= Sammlung Metzler 25).

17. Ermitteln Sie die kennzeichnenden Elemente von Klopstocks Dichtersprache, wie sie z. B. in seiner Ode „Die Frühlingsfeier" vorkommen. Benutzen Sie dabei das Buch von Karl Ludwig Schneider (Klopstock und die Erneuerung der deutschen Dichtersprache im 18. Jahrhundert. Heidelberg [2] 1965. Kapitel III).

18. Untersuchen Sie die gedankliche Struktur von Lessings 17. Literaturbrief (in: Benno von Wiese (Hrsg.): Deutsche Dramaturgie vom Barock bis zur Klassik, Tübingen [3]1967, Deutsche Texte 4). Achten Sie dabei

a) auf die verschiedenen Arten gedanklicher Verknüpfung, bes. auf den Anteil von logisch-kausalen, dialektischen und vergleichend-gegenüberstellenden Denkoperationen,

b) auf die Rangordnung der Thesen und Argumente im Hinblick auf die Hauptaussage(n) (eine oder mehrere Hauptaussagen?),

c) auf die rhetorischen Wirkungsmittel, bes. auf ihre Häufung im Zusammenhang der Polemik gegen Gottsched in der ersten Texthälfte (bes. Abschnitt 3).

19. a) Untersuchen Sie das Hervortreten des Erzählers in Hebels Kalendergeschichte „Der schlaue Pilgrim" (in: J. P. H.: Aus dem Schatzkästlein des Rheinischen Hausfreunds. Stuttgart 1970. Reclams Universal-Bibliothek Nr. 6705). Achten Sie dabei auf das Zusammenspiel situativer und gedanklicher Elemente.

b) Ermitteln Sie die Elemente volkstümlicher Darstellung in Hebels Kalendergeschichten. Notieren und systematisieren Sie zunächst eigene Beobachtungen, und ziehen Sie dann das Buch von Lothar Wittmann (Johann Peter Hebels Spiegel der Welt. Frankfurt/M. 1969) zur Überprüfung und Ergänzung heran.

20. Untersuchen Sie die für die Romantik kennzeichnende Mischung verschiedener Wirklichkeits- bzw. Sinnesbereiche (Mensch/Tier, Optik/Akustik) in E. T. A. Hoffmanns Sammlung „Fantasie- und Nachtstücke" (hier zitiert nach der Lizenz-Ausgabe der Wissenschaftlichen Buchgesellschaft, Darmstadt 1968, die der des Winkler-Verlags entspricht), und zwar

a) bei der Wiedergabe des Holunderbuschkonzerts (S. 182 f.; = „Der goldene Topf", 1. Vigilie),

b) bei der Beschreibung der Hexe Frau Rauerin und ihres Hauses (S. 208 f.; = „Der goldene Topf", 5. Vigilie),

c) bei der Beschreibung des Advokaten Coppelius (S. 334 f.; = „Der Sandmann").

Lesen Sie in diesem Zusammenhang in Wolfgang Kaysers Buch „Das Groteske" (zuerst Oldenburg 1957) in dem Kapitel III 2 den Abschnitt über „Die Nachtgeschichte" (1957: S. 72–81).

21. Bestimmen Sie die geistreich-witzigen Wirkungsmittel, die Heine auf den ersten Seiten seiner „Harzreise" (bis zur Ankunft in Osterode) verwendet.

22. Ermitteln Sie die Elemente des „Sekundenstils" in den Erzählungen „Papa Hamlet" und „Ein Tod" von Arno Holz und Johannes Schlaf (Reclams Universal-Bibliothek 8853/54). Ziehen Sie dann zur Überprüfung und Ergänzung die Interpretation des „Papa Hamlet" von Fritz Martini heran (in: F. M.: Das Wagnis der Sprache. Interpretationen deutscher Prosa von Nietzsche bis Benn. Stuttgart [5] 1964).

23. Untersuchen Sie die sprachlichen und außersprachlichen Mittel naturalistischer Milieudarstellung im zweiten Akt von Gerhart Hauptmanns Schauspiel „Die Weber". Hinweise auf die außersprachlichen Mittel enthalten die kursiv gedruckten Bühnenanweisungen.

24. Untersuchen Sie die ironische Erzählweise von Thomas Manns „Buddenbrooks" anläßlich des ersten Auftretens von Bendix Grünlich (= Teil III, Kapitel 1).

25. Untersuchen Sie in Brechts Schauspiel „Der kaukasische Kreidekreis" die unterschiedliche Sprechweise der Hauptpersonen (Grusche, Azdak, Simon Chachawa, Fürst Kazbeki, Großfürst) im Hinblick auf ihre formalen Besonderheiten und ihre Funktion.

26. Lesen Sie Reinhold Grimms Aufsatz „Marxistische Emblematik. Zu Bertolt Brechts ‚Kriegsfibel' " (in: Wissenschaft als Dialog. Studien zur Literatur und Kunst der Jahrhundertwende. Hrsg. von Renate von Heydebrand und Klaus Günther Just. Stuttgart 1969. S. 351–379). Untersuchen Sie die Gemeinsamkeiten und Unterschiede zwischen den von Grimm behandelten und abgebildeten „Photogrammen" Brechts und barocken Emblemen (vgl. S. 145 bis 147).

27. Diskutieren Sie die Frage, warum und wieweit stilistische Gestaltungsprinzipien sich in fiktionalen Texten auch auf die Gegenstände (Geschehen, Beschaffenheit von Personen und Schauplätzen) auswirken, so daß die Form nicht als Zutat zum Inhalt erscheint, sondern dieser seinerseits formbestimmt ist. Vergleichen Sie hierzu auch die Arbeitsvorschläge 16 und 20.

Literatur in Auswahl

Ausführlichere Literaturverzeichnisse bieten Spillner (über 600 Titel, nach Sachgruppen geordnet, darunter 21 Bibliographien), Plett 1975 (etwa 500 Titel) und – in dem Buch von Schanze – Breuer/Kopsch (rund 1.100 Titel von Rhetoriklehrbüchern des 16. bis 20. Jahrhunderts).

Arbusow, Leonid: Colores rhetorici. Eine Auswahl rhetorischer Figuren und Gemeinplätze als Hilfsmittel für akademische Übungen an mittelalterlichen Texten. Göttingen [2]1963.

Barner, Wilfried: Stilbegriffe und ihre Grenzen. Am Beispiel „Barock". In: DVjs. 45 (1971). S. 302–325.

Christiansen, Broder: Eine Prosaschule. Die Kunst des Schreibens. Stuttgart 1966 (= Reclams Universal-Bibliothek 8028–33).

Der Deutschunterricht. Gesamt-Register für die Jahrgänge 1–20 (1947–1968). Stichwort „Stil".

Dressler, Wolfgang: Einführung in die Textlinguistik. Tübingen 1972 (= Konzepte der Sprach- und Literaturwissenschaft 13).

Dubois, Jacques u. a.: Allgemeine Rhetorik. Übersetzt und hrsg. v. Armin Schütz. München 1974 (= UTB 128).

Duden-Stilwörterbuch der deutschen Sprache. Die Verwendung der Wörter im Satz. Bearb. von G. Drosdowski. Mannheim [6]1971 (= Der große Duden 2).

Engel, Eduard: Deutsche Stilkunst. Wien [31]1931.

Enkvist, Nils Erik / John Spencer / Michael Gregory: Linguistik und Stil. Heidelberg 1972.

Faulseit, Dieter / Gudrun Kühn: Stilistische Mittel und Möglichkeiten der deutschen Sprache. Leipzig [3]1965.

Fischer, Ludwig: Rhetorik. In: Heinz Ludwig Arnold / Volker Sinemus (Hrsg.): Grundzüge der Literatur- und Sprachwissenschaft. Bd. 1: Literaturwissenschaft. München [4]1976 (= dtv 4226). S. 134–156.

Frank, Horst Joachim: Geschichte des Deutschunterrichts von den Anfängen bis 1945. München 1973. S. 75–115, 361–367.

Geißner, Hellmut: Rhetorik. München 1973 (= bsv-Studienmaterial).

Graubner, Hans: Stilistik. In: Heinz Ludwig Arnold / Volker Sinemus (Hrsg.): Grundzüge der Literatur- und Sprachwissenschaft. Bd. 1: Literaturwissenschaft. München [4]1976 (= dtv 4226). S. 164–187.

Harweg, Roland: Stilistik und Textgrammatik. In: Zeitschrift für Literaturwissenschaft und Linguistik 2 (1972). H. 5. S. 71–81.

Hatzfeld, Helmut (Hrsg.): Romanistische Stilforschung. Darmstadt 1975 (= Wege der Forschung 393).

Ihwe, Jens (Hrsg.): Literaturwissenschaft und Linguistik. Ergebnisse und Perspektiven. Bd. 1: Grundlagen und Voraussetzungen. Frankfurt/M. 1971. Kapitel 3: Zum Stilbegriff.

Jacobs, Roderick A. / Peter S. Rosenbaum: Transformationen, Stil und Bedeutung. Frankfurt/M. 1973 (= Fischer Athenäum Taschenbücher 2020).

Jens, Walter: Rhetorik. In: Reallexikon der deutschen Literaturgeschichte. 2. Aufl. Berlin 1955 ff. Bd. 3. S. 432–456.

Kainz, Friedrich: Zur Entwicklung der sprachstilistischen Ordnungsbegriffe im Deutschen. Darmstadt 1967 (Sonderdruck aus: Zeitschrift für deutsche Philologie 61. 1936. S. 4–48).

Kayser, Wolfgang: Das sprachliche Kunstwerk. Eine Einführung in die Literaturwissenschaft. Bern [15]1971.

Kerkhoff, Emmy L.: Kleine deutsche Stilistik. Bern/München 1962 (= Dalp Tb. 364).

Killy, Walther: Wandlungen des lyrischen Bildes. Stuttgart 1956. [6]1971 (= Kleine Vandenhoeck-Reihe 22/23).

Krahl, Siegfried / Josef Kurz: Kleines Wörterbuch der Stilkunde. Leipzig 1970.

Kreuzer, Helmut / Rul Gunzenhäuser (Hrsg.): Mathematik und Dichtung. Versuche zur Frage einer exakten Literaturwissenschaft. München [4]1970 (= Sammlung Dialog 3).

Lämmert, Eberhard: Bauformen des Erzählens. Stuttgart [6]1975.

Lausberg, Heinrich: Elemente der literarischen Rhetorik. München [4]1971. (Zitat: Lausberg.)

–: Handbuch der literarischen Rhetorik. München [2]1973.

Lotman, Jurij M.: Die Struktur literarischer Texte. München 1972 (= UTB 103).

Lyons, John: Einführung in die moderne Linguistik. München [4]1975.

Maas, Utz / Dieter Wunderlich: Pragmatik und sprachliches Handeln. Mit einer Kritik am Funkkolleg „Sprache". Frankfurt/M. 1972 (= Athenäum-Skripten Linguistik 2).

Merkelbach, Valentin: Kritik des Aufsatzunterrichts. Eine Untersuchung zum Verhältnis von schulischer Sprachnorm und Sozialisation. Frankfurt/M. 1972 (= Diesterwegs rote Reihe).

Michel, Georg u. a.: Einführung in die Methodik der Stiluntersuchung. Ein Lehr- und Übungsbuch für Studierende. (Ost-)Berlin 1968. [2]1972.

Nickisch, Reinhart M. G.: Die Stilprinzipien in den deutschen Briefstellern des 17. und 18. Jahrhunderts. Mit einer Bibliographie zur Briefschreiblehre (1474–1800). Göttingen 1969.

–: Gutes Deutsch? Kritische Studien zu den maßgeblichen praktischen Stillehren der deutschen Gegenwartssprache. Göttingen 1975.

Plett, Heinrich F.: Einführung in die rhetorische Textanalyse. Hamburg 1971. [2]1973. (Zitat: Plett.)

–: Textwissenschaft und Textanalyse. Semiotik, Linguistik, Rhetorik. Heidelberg 1975 (= UTB 328).

Quintilianus, Marcus Fabius: Ausbildung des Redners. Zwölf Bücher (Institutionis oratoriae libri XII). Hrsg. und übersetzt von Helmut Rahn. 2 Bände. Darmstadt 1972/75.

Reiners, Ludwig: Stilkunst. Ein Lehrbuch deutscher Prosa. München 1961 (zuerst 1943).

Riffaterre, Michael: Strukturale Stilistik. München 1973 (= List Taschenbücher der Wissenschaft 1422).

Riesel, Elise: Abriß der deutschen Stilistik. Moskau 1954.

–: Stilistik der deutschen Sprache. Moskau [2]1963.

–: Der Stil der deutschen Alltagsrede. Leipzig [2]1970 (= Reclams Universal-Bibliothek 376).

–: Stil und Gesellschaft. In: Victor Lange / Hans-Gert Roloff (Hrsg.): Dichtung. Sprache. Gesellschaft. Akten des IV. Internationalen Germanisten-Kongresses 1970 in Princeton. Frankfurt/M. 1971.

Sanders, Willy: Linguistische Stiltheorie. Göttingen 1973 (= Kleine Vandenhoeck-Reihe 1386).

Sandig, Barbara: Probleme einer linguistischen Stilistik. In: Linguistik und Didaktik 1 (1970). S. 177–194.

Schanze, Helmut (Hrsg.): Rhetorik. Beiträge zu ihrer Geschichte in Deutschland vom 16. bis 20. Jahrhundert. Frankfurt/M. 1974 (= FAT 2095).

Schmidt, Siegried J.: Texttheorie. Probleme einer Linguistik der sprachlichen Kommunikation. München 1973 (= UTB 202).

Schneider, Wilhelm: Ausdruckswerte der deutschen Sprache. Eine Stilkunde. Darmstadt ²1968.

—: Stilistische deutsche Grammatik. Die Stilwerte der Wortarten, der Wortstellung und des Satzes. Freiburg ⁵1969.

Schöne, Albrecht: Emblematik und Drama im Zeitalter des Barock. München 1964 (²1968).

Sebeok, Thomas A. (Hrsg.): Style in Language. Cambridge/Mass. ²1964.

Sörensen, Bengt Algot (Hrsg.): Allegorie und Symbol. Texte zur Theorie des dichterischen Bildes im 18. und frühen 19. Jahrhundert. Frankfurt/M. 1972 (= Ars poetica. Texte 16).

Sowinski, Bernhard: Deutsche Stilistik. Beobachtungen zur Sprachverwendung und Sprachgestaltung im Deutschen. Frankfurt/M. 1973 (= Fischer Tb. 6147).

Spillner, Bernd: Linguistik und Literaturwissenschaft. Stilforschung, Rhetorik, Textlinguistik. Stuttgart 1974.

Staiger, Emil: Stilwandel. Studien zur Vorgeschichte der Goethezeit. Zürich 1963.

Strohschneider-Kohrs, Ingrid: Literarische Struktur und geschichtlicher Wandel. Aufriß wissenschaftsgeschichtlicher und methodologischer Probleme. München 1971.

Ullmann, Stephen: Sprache und Stil. Aufsätze zur Semantik und Stilistik. Deutsche Fassung von Susanne Koopmann. Tübingen 1972.

Weinrich, Harald: Semantik der kühnen Metapher. In: DVjs. 37 (1963). S. 325–344.

—: Tempus. Besprochene und erzählte Welt. Stuttgart 1964 (²1971).

Wellek, René / Austin Warren: Theorie der Literatur. Frankfurt/M. 1972 (= Fischer Athenäum Tb. 5). Kapitel 14 f.

Wunderlich, Dieter (Hrsg.): Linguistische Pragmatik. Frankfurt/M. 1972 (= Schwerpunkte Linguistik und Kommunikationswissenschaft 12).

Wunderlich, Dieter: Referenzsemantik. Sprechakte. In: Funk-Kolleg Sprache. Eine Einführung in die moderne Linguistik. Bd. 2. Frankfurt/M. 1973 (= Fischer Tb. 6112). S. 102–123.

Register

Ist der Autor bzw. die Sache nur in einer Fußnote erwähnt, so steht die Seitenangabe in Klammern.

1. Autoren

Weiss, W. (33)
Wieland, Ch. M. 74, 96, 115, 119, 164 f.
Wilpert, G. v. (118), (128), (133 f.), 143
Wittgenstein, L. 35
Wittmann, L. (149), 166
Wolf, R. 165

Wunderlich, D. 37 f., 72, (74), (76), 77−79, (95)

Zigler und Kliphausen, H. A. v. 81, (82), 83, 100 f., 131, 149 f.
Zola, E. 85 f.

2. Sachen (vgl. auch das Inhaltsverzeichnis)

LESEN 1

Karl W. Bauer / Jochen Vogt (Hrsg.)

Kinder — Bücher — Massenmedien

224. Seiten. Folieneinband

Inhalt:
Theorie und Analyse: W. Grebe, Wie kommt das Kind ans Buch? / H. Hengst, Schwellenangst als Literaturbarriere / J. Merkel, Die Toleranz der Unterdrükker / J. Richard, Schulspiel und proletarisches Kindertheater / W. Gast, Aufklärung durch Familienserien? / K. Hickethier, Medienarbeit. ● Information und Kritik: M. Buselmeier, Schwierigkeiten linker Medienwissenschaft / D. Richter, „Als Hitler das rosa Kaninchen stahl . . ." / B. Raitz, „Antiautoritäre" Kinderbücher der zweiten Generation / R. Wenzel, Von der Ratlosigkeit der Ratgeber — oder: Kapitulation der käuflichen Kritik / H. Hengst, Probleme beim Erforschen der Jugendliteratur / E. Dingeldey, Grundlegung ohne Gesellschaftsanalyse / K. W. Bauer, Spielraum und soziale Wirklichkeit / J. Kasper, Kinderfernsehen.

LESEN 2

Walter Raitz / Erhard Schütz (Hrsg.)

Der alte Kanon neu
Zur Revision des literarischen Kanons in Wissenschaft und Unterricht.

254 Seiten. Folieneinband

Inhalt:
Grundlegung: W. M. Lüdke, Bedingungen der Kanonbildung und ihrer Revision / K. Inderthal, Altes und Neues: Hermeneutik und dialektische Kritik in der Literaturwissenschaft. ● Analysen und Vorschläge: G. Bauer, Revision von Lessings „Nathan". Anspruch, Strategie, Politik und Selbstverständnis der neuen Klasse / J. Merkel u. R. Steinlein, Schillers „Die Räuber". Modellversuch bürgerlich-revolutionärer Umgestaltung des feudalistischen Deutschland / D. Grathoff, Beerben oder enterben? Probleme der gegenwärtigen Abneigung von Kleists „Käthchen von Heilbronn" / G. Sautermeister, Erziehung und Gesellschaft in Gottfried Kellers Novelle „Kleider machen Leute" / J. Bark, Rezeption als Verarbeitung von Texten. Am Beispiel von Antologien und Lesebüchern. ● Kritik: E. Schütz, Historismus und Textdestruktion. Gründe gegenwärtiger Unfähigkeit, sich zureichend auf vergangene Literatur einzulassen / H. Montag, Nachhilfeunterricht (Hans Christoph Buch, Hrsg.: Von Goethe lernen?) / E. Fahlke, Auswahl mit Schlagseite (Hans Kaufmann, Hrsg.: Positionen der DDR-Literaturwissenschaft).

 **WESTDEUTSCHER VERLAG**

LESEN 3

Walter Raitz (Hrsg.)

Deutscher Bauernkrieg
Historische Analysen und Studien zur Rezeption.

ca. 220 Seiten. Folieneinband

Inhalt:

Historische Analysen: A. Seiverth, Dogma und häretische Kritik als Voraussetzung des Bauernkriegs / H. Fischer, Thomas Müntzer: Religion und Kommunismus / M. Dutschke, Bauernkrieg und bürgerliche Opposition. ● Studien zur Rezeption:. D. Kartschoke, Ludus Martius / K. Siblewski, Bürgerliche Rezeption von Bauernkrieg und Reformation im Vormärz / Autorenkollektiv, „Die ganze Welt muß neu geboren werden" / M. Schurig, Bauernkrieg im Geschichtsunterricht / K. Siblewski, Martin Walsers „Sauspiel". ● Information und Kritik: W. Raitz, Die politischen Ziele des Bauernkriegs — reformistisch, konservativ-revolutionär, revolutionär? / B. Raitz, Bauernkrieg im Kinder- und Jugendbuch — Ein Monopol der DDR.

LESEN 4

Raoul Hübner / Erhard Schütz (Hrsg.)

Literatur als Praxis?
Aktualität und Tradition operativen Schreibens

240 Seiten. Folieneinband

Inhalt:

Theorie und Analyse: B. Witte, Über die Notwendigkeit des Schreibens. Plädoyer für einen produktiven Umgang mit Literatur / R. Hübner, Dokumentarliteratur als Produktivkraft / E. Schütz, Facetten zur Vorgeschichte der Reportage. Kritik eines operativen Genres an seinen Traditionsversuchen / H. G Helms, Vom Proletkult zum Bio-Interview. Sergej Tretjakovs Entwicklung einer „operativen" Literatur unter dem Aspekt ihrer heutigen praktischen Anwendung / M. Jäger, Die Gegenwartsreportage in der DDR als literarisch-publizistische Gebrauchsform / M. Buselmeier, In Gefahr und größter Not bringt der Mittelweg den Tod. Operativität bei Alexander Kluge / R. Hübner, Mitbestimmte Literatur. Zur Methode Michael Scharangs / R. Safranski, Werkkreisliteratur und Arbeiterbewegung. ● Information und Kritik: B. Frei, Kisch und die Wissenschaft / E. Schütz, Über das Erben von Hypotheken (Walter Fähnders/Martin Rector, Linksradikalismus und Literatur) / B. Witte, Eine Seminarschrift (Peter F. Schütze: Zur Kritik des literarischen Gebrauchswerts) / H. Montag, Brauchbares über Gebrauchsliteratur (Horst Belke: Literarische Gebrauchsformen) / S. Reinhardt, Planspiele mit Rothäuten und Engländern (Dieter Kühn: Festspiel für Rothäute; Unternehmen Rammbock).

 WESTDEUTSCHER VERLAG